古 代 漢 語

（校訂重排本）

第 一 册

主 編　王 力

編 者　（以姓氏筆畫爲序）

吉常宏　祝敏徹　馬漢麟　郭錫良

許嘉璐　趙克勤　劉益之　蕭 璋

中 華 書 局

圖書在版編目(CIP)數據

古代漢語　第 1 册：校訂重排本/王力主編．—4 版．—北京：中華書局，2018.6（2025.8 重印）

ISBN 978-7-101-13243-4

Ⅰ．古…　Ⅱ．王…　Ⅲ．古漢語–高等學校–教材

Ⅳ．H109.2

中國版本圖書館 CIP 數據核字(2018)第 094977 號

責任印製：管　斌

古　代　漢　語
（校訂重排本）
第　一　册

主　編　王　力

編　者　吉常宏　祝敏徹　馬漢麟　郭錫良

許嘉璐　趙克勤　劉益之　蕭　璋

*

中 華 書 局 出 版 發 行

（北京市豐臺區太平橋西里 38 號　100073）

http://www.zhbc.com.cn

E-mail：zhbc@zhbc.com.cn

北京新華印刷有限公司印刷

*

850×1168 毫米 1/32・12¼印張・260 千字

1962 年 11 月第 1 版　　1981 年 3 月第 2 版

1999 年 5 月第 3 版校訂重排　　2018 年 6 月第 4 版

2025 年 8 月第 81 次印刷

印數：3578251–3628250 册　　定價：22.00 元

ISBN　978-7-101-13243-4

目　録

修訂本序 …………………………………………………………………… 1

序 …………………………………………………………………………… 1

凡　例 ……………………………………………………………………… 1

教學參考意見 ……………………………………………………………… 1

緒　論 ……………………………………………………………………… 1

第一單元

文選:左傳 …………………………………………………………………… 7

　　　　鄭伯克段于鄢(8)　　　齊桓公伐楚(13)

　　　　宮之奇諫假道(16)　　　燭之武退秦師(19)

　　　　蹇叔哭師(22)　　　　　晉靈公不君(24)

　　　　齊晉鞌之戰(30)　　　　楚歸晉知罃(34)

　　　　祁奚薦賢(37)　　　　　子産不毀鄉校(39)

　　常用詞(一) …………………………………………………………… 40

　　古漢語通論:(一)怎樣查字典辭書 ………………………………… 67

　　　　　　　　(二)古今詞義的異同 ………………………………… 81

（三）單音詞,複音詞,同義詞 ……………………… 87

（四）詞的本義和引申義 ……………………… 92

第二單元

文選：戰國策 ……………………………………… 99

馮諼客孟嘗君（100）　　趙威后問齊使（106）

江乙對荊宣王（108）　　莊辛説楚襄王（110）

魯仲連義不帝秦（115）　　觸讋説趙太后（125）

常用詞（二）………………………………………… 130

古漢語通論：（五）漢字的構造 ……………………… 159

（六）古今字,異體字,繁簡字 ……………… 168

第三單元

文選：論語 ………………………………………… 177

學而（178）　　　爲政（179）　　　里仁（180）

公冶長（180）　　雍也（182）　　　述而（183）

泰伯（184）　　　子罕（184）　　　鄉黨（185）

先進（185）　　　顏淵（189）　　　子路（191）

憲問（193）　　　衞靈公（195）　　季氏（196）

陽貨（198）　　　微子（199）　　　子張（202）

禮記 ……………………………………………… 204

有子之言似夫子（204）　　　戰于郎（206）

苛政猛於虎（207）　　　　　大同（208）

教學相長（211）　　博學（212）　　誠意（212）

常用詞（三）………………………………………… 214

古漢語通論：(七)判斷句,也字 ………………………… 242

　　　　　　(八)敍述句,矣字,焉字 ……………… 250

　　　　　　(九)否定句,否定詞 ……………………… 260

　　　　　　(十)疑問句,疑問詞 ……………………… 269

第四單元

文選：孟子 …………………………………………… 283

　　　寡人之於國也(284)　　齊桓晉文之事(287)

　　　文王之囿(295)　　　　所謂故國者(296)

　　　夫子當路於齊(297)　　許行(301)

　　　攘雞(309)　　　　　　陳仲子(310)

　　　弈秋(312)　　　　　　舜發於畎畝之中(313)

常用詞(四) ……………………………………………… 314

古漢語通論：(十一)詞類的活用 …………………… 341

　　　　　　(十二)人稱代詞,指示代詞,者字,所字 ……… 351

修訂本序

　　《古代漢語》出版後,得到了廣大讀者的熱情鼓勵,也陸續收到了許多寶貴意見。時間過去將近二十年了,1978 年教育部在武漢召開教學工作會議,又重新確定這部書作爲全國高等學校文科的統一教材之一,理應進行必要的修訂。但原編寫組的劉益之、馬漢麟兩位同志已先後去世,吉常宏、趙克勤兩位同志變動了工作崗位,要進行修訂工作,實屬不易。今年教育部調集了原編寫組現有成員組織修訂小組,用半年時間,進行一次全面修訂。

　　在修訂以前,我們曾派編寫人員到一些高等學校徵求意見,得到了各校領導和任課教師的熱情支持。有些老教授帶病參加座談會,有些任課教師把意見逐條寫在紙上,交給我們。特別是南京大學洪誠教授去世前不久還在病榻上給我們提出了自己的寶貴意見。這對我們的修訂工作,是很大的鼓勵和幫助。大多數意見,我們都接受了。有些意見,未能接受,這有兩方面的原因:一是因爲有的問題我們還有自己的想法;二是有的意見雖然我們完全贊同,但修訂組的成員本職任務重,修訂時間短,不可能做很大的改動。這次修訂,我們首先是把已經發現的錯誤改正過來,同時努力吸收近二十年來古代漢語教學和研究中的某些成果;由於具體執筆修訂諸同志的認真努力，修改增補分量遠遠超過預訂計劃，僅字數就增加了十餘萬，使本書的內容得到進一步充實，質量也相應有所提高。

本書修訂工作由主編王力(北京大學)全面負責，具體執筆修訂的成員五人，分工如下：

文選部分：

　　許嘉璐(北京師範大學)

　　趙克勤(商務印書館)

常用詞部分：

　　吉常宏(山東大學)

通論部分(包括緒論及附錄)：

　　郭錫良(北京大學)

　　祝敏徹(蘭州大學)

原編寫組文選部分負責人北京師範大學蕭璋教授也花了很多時間，認真審閱了文選部分的修改稿。我的助手張雙棣同志參加了常用詞部分的引例核查工作。

這次修訂，改正了書中的不少錯誤，這是與許多同志的熱情關懷、積極提供寶貴意見分不開的。我們謹致以深切的謝忱。但由於修訂組大多數同志已經多年未從事古代漢語的教學工作，加以時間緊迫，肯定還將留下一些錯誤，希望廣大讀者特別是從事古代漢語教學工作的同志們仍然不吝賜教，以利將來進一步修訂。

　　　　　　　　　　　　　　　　王　力

　　　　　　　　　　　　　　　1980 年 6 月

序

　　古代漢語這一門課程，過去在不同的高等學校中，在不同的時期內，有種種不同的教學內容。有的是當做歷代文選來教，有的是當做文言語法來教，有的把它講成文字、音韻、訓詁，有的把它講成漢語史。目的要求是不一致的。

　　經過 1958 年的教育革命，大家進一步認識到教學必須聯繫實際，許多高等學校都重新考慮古代漢語的教學內容，以爲它的目的應該是培養學生閱讀古書的能力，而要達到這一個目的，必須既有感性知識，又有理性知識。必須把文選的閱讀與文言語法、文字、音韻、訓詁等理論知識密切結合起來，然後我們的教學纔不是片面的，從而提高古代漢語的教學效果。至於漢語史，則應該另立一科；漢語史是理論課，古代漢語是工具課，目的要求是不相同的。

　　北京大學在 1959 年進行了古代漢語教學的改革，把文選、常用詞、古漢語通論三部分結合起來，取得了較好的教學效果。此外還有許多高等學校都以培養閱讀古書能力作爲目的，改進了古代漢語的教學。

　　北京大學 1959 年度的古代漢語講義祇印了上中兩册，1960 年經過了又一次改革，另印了上中下三册，都沒有公開發行。講義編寫主要由王力負責，參加工作的有林燾、唐作藩、郭錫良、曹先擢、吉常宏、趙克勤、陳紹鵬。此外，北京大學中國語言文學系語言專業 1957 級同學也參加了 1960 年度的古代漢語中下兩册的文選部分的編寫工作，研究生陳振寰、進修教師徐朝華也參加了上册的部分編寫工作。

　　1961 年 5 月，高等學校文科教材編選計劃會議開過後，成立了古代漢語編寫小組，決定以北京大學古代漢語講義爲基礎並參考各校古代漢語教材進行改寫，作爲漢語言文學專業的教科書。編寫小組集中了北京大學、北京師範大學、中國人民大學、南開大學、蘭州大學古代漢語教學方面一部分人力，分工合作，進行編寫。

　　本書除由主編王力負責全盤工作外，編寫小組內部再分爲文選組和常用詞通論組。文選組由蕭璋負責，常用詞通論組由馬漢麟負責。具體分工如下：

文選部分執筆人：

　　蕭　璋（北京師範大學）　　　劉益之（中國人民大學）

　　許嘉璐（北京師範大學）　　　趙克勤（北京大學）

常用詞部分執筆人：

　　王　力（北京大學）　　　吉常宏（北京大學）

通論部分（包括緒論及附錄）執筆人：

　　馬漢麟（南開大學）　　　郭錫良（北京大學）

　　祝敏徹（蘭州大學）

　　編寫小組的任務是艱鉅的。北京大學的講義祇是初稿，距離公開出版的要求尚遠。這次幾個學校的同志在一起合作，除了肯定文選、常用詞、通論三部分結合的總原則以外，一方面充分利用了北京大學原有的成果；另一方面又在很大程度上加以必要的修改和補充。文選部分更換了一些篇目，重寫了解題和說明，特別是在注釋方面作了很大的變動。常用詞部分變更了一些體例和解釋，並且隨着文選的更換而改變了詞條的次序。通論的章節和内容也都作了很大的變動。

每一篇稿子都經過組内討論，組外傳觀並簽注意見，最後由主編人決定。有些比較重要的問題還經過全體討論。我們自始至終堅持了這種討論方式；我們認爲這樣做可以集思廣益，更好地貫徹百家爭鳴的精神和發揮集體主義精神，從而進一步提高了書的質量。

1962 年 1 月，上册討論稿出版。在這個時候，召集了座談會，出席者有丁聲樹、朱文叔、吕叔湘、洪誠、殷孟倫、陸宗達、張清常、馮至、魏建功諸先生，姜亮夫先生也提出了詳細的書面意見。會議共開了一個星期，主要是討論上册的内容，但最後也對中下册的内容交換了意見。

上册討論稿分寄各高等學校和有關單位後，陸續收到了回信。有些是集體的意見，有些是專家個人的意見。

從 1962 年 1 月下旬起，我們開始進行上册的修訂工作，同時考慮到，上中下三册應該壓縮爲上下兩册，以便更適合於教學計劃的要求。體例上也作了改動，把文選各篇的説明移作注解，或逕行删去。我們的修訂工作除充分地吸收專家們和各校的意見，進行必要的修改外，還趁此機會再深入發現問題，改寫了不少的地方，上册增加了一個單元，其他單元也進行了部分的改寫。因此，直到同年 7 月底，纔算把上册修訂完畢。

本書全稿曾請葉聖陶先生審閲。

總起來説，這一本《古代漢語》上册已經四易其稿。我們知道其中的缺點還是很多的；如果有若干成績的話，那是和黨的領導分不開的，也是和全國專家們以及擔任古代漢語的教師同志們的鼓勵和幫助分不開的。我們編寫小組雖然祇有九個人，但是這一本書的編成，則有千百人的勞動在內。我們謹在這裏向曾提寶貴意見的專家們和同志們表示深切的謝忱。

　　最後，我們希望讀者特別是從事古代漢語教學工作的同志們隨時不吝賜教，讓我們能够根據廣大群衆的意見來修訂這本書，使它逐漸趨於完善。

王　力

1962 年 7 月

凡　例

一、本書包括三個内容：1.文選；2.常用詞；3.古漢語通論。這三個内容不是截然分離的三個部分，而是以文選爲綱，其他兩部分跟它有機地結合在一起的。因此，在安排這些内容的時候，不但要照顧縱的方面的系統性，即三者本身特別是文選的系統性，而且要照顧橫的方面的系統性，即三者之間結合上的系統性。在常用詞和通論的縱的方面系統性顯得不够的地方，常常是爲了照顧橫的方面的系統性和文選的縱的方面的系統性，因爲三部分的密切結合是這一部教材的特點。有必要指出，所謂三部分密切結合，也不是强求三者處處機械地相結合。如果勉强那樣做，勢必多所遷就，結果會破壞了三者本身特別是文選的系統性。

二、本書原分爲上下兩册，再各分一、二兩分册。每册七個單元，每一個單元都包括文選、常用詞、通論三個部分。修訂本改爲一、二、三、四册。

三、文選的次序安排，大致是既按時代，又按文體，有的還照顧到由易到難、循序漸進的原則。一、二册選的基本上是先秦時代的作品；三、四册選的是漢魏南北朝唐宋元的作品。一、二册先列《左傳》《戰國策》，次列《論語》《禮記》及諸子，後列《詩經》《楚辭》。

三、四册先列散文,次列駢體文、辭賦,後列詩歌。

四、對於重要著作和重要作家,前面都有簡單的介紹。

五、注釋一般採用傳統的説法。其中有跟一般解釋不一樣的,則注明"依某人説"。但不兼採衆説,以免增加學生負擔。特别是避免客觀主義,如説另一解釋"亦通"。教員如不同意這一種解釋,可以採用别家的説法。

六、本書注釋遇着的確難懂的地方就承認它不好懂,姑且援引一説以供參考,或者注"疑有誤字""疑有衍文"等,不勉强解説,以免牽强附會。

七、本書不作煩瑣的考證。有些明顯的錯字就根據其他版本或後人的校訂改了,但對傳誦較廣的經書,雖經後人校訂,而無其他版本可據,則不改。有時候,由於版本不同而字異,改不改無關重要,也不改。無論是哪一種情況,都在注中略加説明。

八、本書解釋詞義,指的是那詞本身固有的意義,而不是從上下文猜測出來的意義。如果在本文中必須解釋得更靈活一些纔能使學生更容易了解,就用"等於説""指""這裏指"等字樣,指出那詞在這樣語言環境可以這樣了解的意義,並且一般都先注出那詞本身固有的意義。這表示,那詞在這裏所有的意義是在它的固有意義的基礎上產生的,而且到了别的語言環境就不再具有這種意義。

九、有些詞語是一般注釋家所不注的,爲了便利初學起見,凡是跟現代漢語距離較遠的,我們都注上了。三、四册隨着學生古文水平的提高,注釋逐漸減少。

一〇、在注釋中,我們特别注意關於語法的説明。這樣,文選部分可以跟通論部分更密切地結合,而且可以補充通論之所不及。

不過也不能注得太繁了;教員遇必要時還可以加以適當的補充。

一一、本書注釋的術語不用文言,例如不説"怒貌"而説"發怒的樣子",不説"猶言"而説"等於説"。對於詞語的解釋,力求用跟古代漢語相當的現代漢語。祇有在找不到合適的現代漢語詞句來解釋的時候,纔酌用淺近的文言。對於句子的串講,也儘量用跟原句語法結構相同或相近的現代漢語。如不可能則意譯,用"大意是"標出。

一二、一、二册的常用詞大致是以《春秋三傳》《詩經》《論語》《孟子》《莊子》書中出現十次以上的詞爲標準,而予以適當的增減。減的是人名、地名和本書文選中不出現的詞,以及古今詞義沒有差別的詞,增的是古今詞義差別較大而又相當常用的詞。三、四册的常用詞一部分也是先秦的常用詞,另一部分是漢魏南北朝的常用詞。至於唐宋以後產生的新詞,則不再收録。

一三、常用詞的次序安排,儘可能做到以類相從。但是,由於照顧到跟文選相配合,同類的詞可以在不同的單元中出現。書後另附檢字表,以便檢查。

一四、每一單元所收常用詞在 60—80 之間。這些詞必須是在文選中出現過的。但是它們的詞義有些可以是後面的文選中纔講到的,甚至有些(極少數)是本書的文選所講不到的。

一五、常用詞一般祇收單音詞。雙音詞和詞組酌量收一些(極少數),附在單音詞後面。

一六、在常用詞之中,我們也祇收常用的意義。不常用的意義,特別是僻義,因爲實踐意義不大,學生可以暫時不掌握它們。

一七、一個詞有兩種意義以上者,先講本義,再講引申義。《説文》中所講的本義有些是不可靠的,所以這裏所講的本義不一定跟

《説文》符合。在講本義時，也不指明是本義，學生可以自己領會。有時候，《説文》所講的本義並不錯，但是由於不是常用的意義，我們也就不講了。

一八、引申義分爲近引申和遠引申兩種。近引申義衹附在本義（或它所從出的意義）後面，不另立一種意義；遠引申義則另立一種意義。假借義也另立一種意義。

一九、我們是用現代漢語解釋古代漢語，而不是用古代漢語解釋古代漢語。例如“往”被解釋爲“去”，意思是説古代的“往”等於現代的“去”，不是説古代的“往”等於古代的“去”。凡遇古今詞義相等時，則以本字釋本字。例如“來”被解釋爲“來”，意思是説古代的“來”等於現代的“來”。

二〇、古今差別較大的詞義，加⊙號以喚起注意。

二一、在常用詞中，凡遇後起的意義都注明“後起義”字樣。凡未注明“後起義”的地方，即使舉了後代的例子，這個意義也是繼承上古的。

二二、常用詞舉例儘可能舉文選中已經讀過的或將來會讀到的。舉已經讀過的，可以總結已知的詞義；舉將要讀到的，可以先打一個基礎。對於本書文選中所沒有的例子，必要時加以適當的解釋。

二三、每一種詞義不一定衹舉一個例子。對於古今詞義差別較大的地方，往往多舉一兩個例子，表示這個意義在現代雖然消失了或罕見了，但它在古代却是常見的。

二四、詞義和語法有一定的聯繫，常用詞部分解釋詞義，有時也談某些語法現象，以便更好地了解詞義。

二五、對於某些義近的詞，另立詞義辨析一項，以〔辨〕爲標識。

如果義近的兩個詞分別在兩個單元中出現,就等它們全都出現後再進行詞義辨析。如果是兩個以上的詞,就不一定等它們全都出現。有些詞,由於它們的詞義跟現代漢語没有什麽差别,在常用詞中没有爲它們另立詞條,但是在詞義辨析中仍舊拿來跟義近的詞作比較,這樣對於古代詞義的掌握,是有更大的好處的。

二六、通論不都是系統性的理論,其中有些是學習古代漢語所必備的基本知識。通論所涉及的範圍很廣,但是儘可能做到祇講最基本的東西。

二七、通論大致包含六方面的知識:

(1)關於字典及古書注釋的知識。這些知識是學生開始接觸古代漢語原始材料時所必須具備的。

(2)關於詞彙方面的知識,其中包括文字學的知識,訓詁學的知識,名物典章制度的基本知識等。

(3)關於語法方面的知識。

(4)關於音韻方面的知識,主要是説明詩騷用韻問題,詩詞曲的聲律問題。

(5)關於修辭的問題以及古書句讀、古文結構等問題。

(6)關於文體的特點問題,主要是講賦的構成和駢體文的構成。

二八、通論的次序安排,依照下面的兩個原則:

(1)循序漸進的原則。例如剛開始時先教學生怎樣查字典辭書,怎樣辨别古今詞義的異同,然後講文字學的基本知識和語法上的主要問題,等等。

(2)配合文選的原則。例如在文選講到《詩經》時,通論就講《詩經》的用韻;在文選講到賦和駢體文時,通論就講賦的構成和駢體文的構成；在文選講到唐詩、宋詞、元曲時，通論就講詩律、詞律和曲律。

二九、文字學主要是講字形和字義的關係。衹是舉例說明，不是逐字分析。

三〇、語法衹講古今語法差別較大的地方。虛詞衹講一些重要的和常見的。所講的虛詞也衹講它們的一般用法。其餘的虛詞和其餘的用法則在文選的注釋中隨時講解。

三一、關於名物典章制度，衹是把它作為一個重要的問題提出來加以強調，引起學生的重視。這種知識要靠長期積累，不是短時間就能充分掌握的。因此，這一部分力求簡要。

三二、通論舉例，儘可能從已讀的文選中舉出，也可以舉將來纔讀到的文選中的例子。有時候，某一個問題必須加以說明，而本書文選中沒有合適的例子可舉，也可以從古書中另找一些易懂的例子（少數）。

三三、通論不能講得太多太細；二、四册後面都有若干附錄，以備學生要求深入者參考。

教學參考意見

（1980 年修訂本）

本書此次修訂，得到了許多任課教師的寶貴意見。由於各種原因，有一些意見未能接受。我們認爲有責任在這裏解釋一下，以供教學上的參考。

（1）關於教材分量的問題

此書四大册，許多學校特別是師範學院表示講不完，希望我們壓縮一半。我們認爲各校古代漢語的課時不一樣，材料多了，可以有選擇地教，不必全教。有些學校古代漢語課時較多，如果我們削減教材，對這些學校反而不便。

課時不夠，可以删去《古代文化常識》不講；再不夠，可以删去一些長篇文章（如《淮陰侯列傳》《霍光傳》）和長篇詞曲（如《鶯啼序》《西廂記》）。總之，要删到分量適合課時，不宜趕進度，勉强把全書教完。

（2）關於文選、常用詞、通論三結合的問題

我們仍舊堅持三結合的原則。有人主張把文選、常用詞、通論分爲三册，我們不贊成。那樣就成爲三個課程，不是一個課程了。我們認爲文選、常用詞、通論三個内容應該是有機聯繫，應該互相穿插地教。此次徵求意見，也有同志鼓勵我們堅持三結合原則。

這是這部教材的特點，我們堅持這樣做。

（3）關於常用詞的教學問題

有的同志認爲，常用詞不好教，學生記不住常用詞的各個義項，看不懂例句，不如取消常用詞。現在有了《古漢語常用字字典》，學生讀古書不懂字義時，可以查看《古漢語常用字字典》。

我們認爲，這是教授法的問題。常用詞不需要講授。教師先指導一下，然後讓學生自學。也不需要死記每一個詞的每一個義項，祇要注意記住古今不同的義項（以⊙號爲記）。記不牢也不要緊，將來遇到類似的語句，會想起這個詞義來的。某些例句看不懂也不要緊，祇懂得一個大意就行了。

教材中的常用詞的作用，和《古漢語常用字字典》的作用是不同的。人們閱讀古書，祇有看不懂某一語句時，纔去查字典。有時候，自己以爲看懂了，其實是不懂。在這種情況下，他是不會去查字典的。例如，《左傳·隱公元年》：“小人有母，皆嘗小人之食矣，未嘗君之羹。”《史記·項羽本紀》：“吾翁即若翁，必欲烹而翁，則幸分我一杯羹。”許多人誤解“羹”爲“羹湯”，不會再去查字典。如果學了常用詞，知道“羹”是帶汁的肉，就不會誤解爲“羹湯”了。教材中的常用詞是識字教育，與作爲工具書的字典的作用是截然不同的。

（4）關於語法的教學問題

有的同志批評說，本書的語法講得太零碎，不全面，不系統。希望我們講得更詳細些。

這也是教授法的問題。我們把古漢語的語法講得比較簡單，是假定學生先學習了現代漢語語法。古今語法差別不大，古今相同的語法不必再講，以免浪費時間，教學效果不好。本來許多學校古代漢語的課時就嫌不夠，如果我們全面系統地講授語法，勢必影響講授文選的時間，那就得不償失。如果講課教師知道班上學生沒有學過現代漢語語法，可以根據需要，爲他們補課。

這也關係到課程的目的性問題。本課程的目的是培養學生閱讀古書的能力。我們認爲，古代漢語的問題，主要是詞彙的問題，語法的關係不大，因爲語法富於穩定性，古今語法的差別是不大的。學生們讀不懂古書，在多數情況下，都是因爲他們不懂文字的意義，而不是因爲他們不懂古代語法。我們在古代漢語課程中，不講語法是不對的，大講語法也是不必要的。

（5）關於語法體系的問題

有的同志認爲，本書講語法時應該採用中學課本的暫擬語法系統。特別是師範學院，在別的課程中用的是暫擬語法系統，在古代漢語這一課程中用的是另一語法體系，非常不便。

我們認爲，王力主編的《古代漢語》不用王力的語法體系，是説不過去的①。況且本書涉及的語法體系（如以“之”字爲介詞，“所”字爲代詞）並不是王力自己的語法體系，而是馬建忠以及許多語法學家的語法體系。講課教師如果認爲不合適，可以改用暫擬語法系統或其他語法體系。在語法問題上，應該提倡百家爭鳴。

（6）關於難句的注釋問題

古書中有些難句，後人有各種不同的解釋，我們採用其中一説，注明依某人説。有的同志認爲，應該把諸説羅列出來，以供選擇。我們認爲這種做法不妥。因爲我們的學生初學古代漢語，還

---

① 王力注：我最近寫了一本《古代漢語常識》，爲了照顧中學教課的方便，採用了暫擬語法系統，引起了很多人的誤會，以爲我放棄了我的語法體系了，我在這裏聲明一句，我沒有放棄我的語法體系。

没有分析判斷的能力，羅列衆説反而使他們無所適從。教師如果不同意我們所採的一説，也可以另採他説講授。

　　有些句子本來並非難句，後來被曲解了，我們爲了恢復其本來面目，採用了傳統的解釋，也注明依某人説。例如《詩經·魏風·伐檀》：“不稼不穡，胡取禾三百億兮？”注：“億，十萬，指禾把的數目（依鄭玄説）。”言外之意，是反對俞樾的曲解（他以“億”爲“繶”）。

緒　論

中國的文化是悠久的,我們擁有極其豐富的文化遺産,必須批判地予以繼承。要繼承文化遺産,就要讀古書,讀古書就要具有閱讀古書的能力,所以我們必須學習古代漢語。時代越遠,語言與現代的距離也就越大;正是由於中國文化是悠久的,所以古代漢語的學習更顯得重要。我們必須掃除語言的障礙,纔能充分地接觸我們的文化遺産;然後纔能談得上從中剔除其糟粕,吸收其精華。如果連書都讀不懂,哪能辨別精華和糟粕呢?

"古代漢語"是中國語言文學系的基礎課之一,其教學目的是培養學生閱讀中國古書的能力。我們必須明確地認識到:"古代漢語"是一門工具課;通過這一課程的學習,使我們能更好地掌握古代漢語,以便閱讀古代文獻,批判地繼承我國古代的文化遺産。

古代漢語是一個比較廣泛的概念,大致説來它有兩個系統:一個是以先秦口語爲基礎而形成的上古漢語書面語言以及後來歷代作家仿古的作品中的語言,也就是通常所謂的文言;一個是唐宋以來以北方話爲基礎而形成的古白話。根據本課程的目的任務,我們學習和研究的對象主要是前者,即上古的文學語言以及歷代模仿它的典範作品。這裏所謂文學語言,是語言巨匠們在全體人民所使用的語言的基礎上高度加工的結果。重點是先秦的典範作品。這不僅因爲先秦時代距離現在較遠，作品比較難懂；而且因爲先秦的典範作品的語言是歷代文學語言的源頭，影響極爲深遠。學習先秦典範作品的語言，可以收到溯源及流、舉一反三的效果。至於古白話，由於它同現代漢語非常接近，比較容易讀懂，所以我們不拿它作爲學習和研究的對象。

這門課程的對象確定了，還要考慮它的教學内容和教學方法。前人學習古代漢語，重視感性認識，强調多讀熟讀，所謂"讀書百遍，其義自見"。在工具書的幫助下，日積月累，也就逐漸地掌握到一定數量的文言語彙，領會到文言用詞造句的一些規律。但是没有上昇到理性認識，往往認識模糊，知其然而不知其所以然。如果要提高一步，還要學習所謂"小學"（文字、音韻、訓詁）。"五四"以後，高等學校在古代語文教學方面，分設了文字、音韻、訓詁、語法等課。這些都是基礎知識課，並不以培養閱讀古書能力爲目的。顯而易見，這兩種做法都有很大的片面性，不適合於今天的需要。

有人曾經希望學習古代漢語時有一把鑰匙，學生掌握了這把鑰匙，就能開一切古籍之門，不是講一篇懂一篇，不講就不懂。這種願望是可以理解的。但是有没有這樣一把鑰匙呢？如果想不經過循序漸進的認真學習，很輕易地就具備閱讀古書的能力，這樣的鑰匙自然是没有的。如果説，認真考慮教學内容，講究教授和學習的方法，使學生能够觸類旁通，執一馭萬，那是完全可能的。

理性認識依賴於感性認識，感性認識有待於發展爲理性認識，這是辯證唯物主義的認識論。學習古代漢語必須把對古代漢語的感性認識和理性認識結合起來，纔可望收到預期的效果。

感性認識是學習語言的必要條件，感性認識越豐富越深刻，語言的掌握也就越牢固越熟練。要獲得古代漢語的感性認識,就必須大量閱讀古代的典範作品。因此,本書文選部分佔有極其重要的地位。所選的文章一般是歷代的名篇,都是語言有典範性的優秀作品,而絕大多數又是思想性和語言的典範性相結合的。其中有講讀的,有閱讀的。我們要求結合注釋,徹底讀懂,並希望多讀熟讀,最好能够背誦若干篇,這不但可以踏踏實實地掌握一些古代的語言材料,而且還可以培養我們對古代漢語的"語感",這種基本的實踐工夫,大大有助於豐富我們的感性認識。如果能够堅持不懈,必然會有得於心。反之,如果離開感性認識而侈談古代漢語的規律,那麼所得到的不過是一些抽象的空洞的概念,對於培養閱讀古書的能力是不會有多大幫助的。

　　我們這樣説,絲毫沒有輕視理論知識的意思,恰恰相反,我們認爲學習古代漢語的基本理論知識也是非常重要的。因爲認識有待於深化,認識的感性階段有待於發展到理性階段。單靠大量閱讀後的一些零星體會和心得,那是很不够的,還必須繼承前人對古代漢語的研究成果。所以本書中有古漢語通論部分,闡述古代漢語詞彙、文字、語法、音韻以及修辭表達、文體特點等方面的基本理論知識,以加深學生對古代漢語的認識,使學生能把讀過的作品拿來跟它相印證。這樣既有材料,又有觀點,對古代漢語纔算有了比較全面的了解。但是,我們講通論的目的並不在於傳授有關古代漢語的系統理論,而是從幫助提高古漢語的閱讀能力出發的;因此,各部分知識並不强求其完整性和系統性。

　　學習古代漢語,對於語音、語法、詞彙這三方面的知識,都應該學習,但首先應該强調詞彙方面。因爲音韻祇在閱讀古代的詩詞歌賦時,問題纔比較突出;至於語法,古今差別不大,問題容易解決;而詞彙是處在差不多不斷變化之中,有些詞,古代常用,現在變得罕用或根本不用了,有些詞古今意義或者完全不同,或者大同小異,讀古書時,一不留神,就會指鹿爲馬,誤解了詞義。因此,我們學習古代漢語,重點必須放在詞彙上。至於詞彙,重點又需放在掌握常用詞上。古代漢語裏的詞並不都是同樣重要的,有些僻字僻義祇出現在個別的篇章或著作裏,它們不是常用詞,我們祇在讀到這些作品時纔須要了解它們的意義,翻檢字典辭書,就可以解決問題,可以暫時不必費很大的力量去掌握。至於常用詞就不同了,祇要我們閱讀古書,幾乎無時無地不和它們接觸;我們如果掌握了它們一般的常用的意義,我們就能掃除很多的文字障礙。過去有人專門鑽研僻字僻義,那不是學習本課程的迫切任務;正是這些常用詞似懂非懂,纔使人們對古代作品的了解,不是囫圇吞棗,就是捕風捉影。掌握常用詞也可以説是掌握了一把鑰匙,它把文言詞彙中的主要問題解決了,就不會再是頭痛醫頭,腳痛醫腳,講一篇懂一篇,不講就不懂了。常用詞的掌握一方面是感性認識,另一方面也是理性認識。説它是感性認識,因爲詞彙的系統性遠不像語法那樣強,要掌握每個詞的詞義和用法,非一個一個地掌握不可。我們如果有計劃地掌握一千多個常用詞,也就能基本上解決閱讀古書時在詞彙方面的困難。這些常用詞不可能在課堂上一一講授,要求學生在課外自習時切實掌握,特別注意古今詞義上的細微差別,防止一知半解,一覽而過。我們説常用詞的掌握也是理性知識,因爲把各書的常用詞的詞義集中在一起,需要一番概括的工夫。古人對古書詞義的注釋,往往祇照顧到在特定的上下文裏講得通就算了,而有些字典按字收列許多古代注釋家的訓詁,就顯得五花八門,雜然紛陳。其實,許多表面上看來像是分歧的意義,都可以概括爲一個基本意義，或者再加上一兩個或者再多一點的引申義，就可以説明百分之九十以上的問題。這樣删繁就簡，芟剪枝節，突出主幹，也就是高度概括的過程。學生有了這種訓練，就有了一些真工夫，會大大提高閲讀古書的能力。

　　文選、常用詞、古漢語通論，不是彼此孤立的，而是相互爲用的。如果祇掌握常用詞而不講讀作品，那就祇能獲得一些關於字義的零碎知識。如果祇講讀作品而不掌握常用詞，那就講一篇，懂一篇，不講的仍舊不懂。如果祇熟讀一些作品和掌握一些常用詞，而没有關於古漢語的基本理論知識，那就不能融會貫通，概括全面。如果祇有關於古漢語的基本理論知識，而不掌握實際材料（文選、常用詞），那就是空中樓閣，對於培養閲讀古書的能力，不會起多大的作用。因此，我們要學好“古代漢語”這一課程，就非全面地掌握這三部分的内容不可。

　　語言是思想的直接現實，我們不能離開文章的思想内容專從所謂語言的角度去培養閲讀古書的能力。如果我們不了解古人的思想，也就無法了解古人的語言；如果我們對某一作品的思想内容没有正確的認識，也就不能認爲我們已經真正讀懂了它。

　　語言是有繼承性的，現代漢語是古代漢語的繼承和發展。現代漢語的語法詞彙和修辭手段都是從古代文學語言裏繼承和發展過來的。在語法方面，有許多古代虚詞和結構形式就常常運用在現代漢語尤其是現代書面語言裏，在詞彙方面也是這樣。因此，學習古代漢語雖然以培養閲讀古書能力爲主要目的，但是，古代的文學語言掌握好了，對於提高我們現代漢語的語言修養也會有很大的幫助。毛澤東同志在《反對黨八股》裏説：

　　　　我們還要學習古人語言中有生命的東西。由於我們没有努力學習語言，古人語言中的許多還有生氣的東西我們就没有充分地合理地利用。當然我們堅決反對去用已經死了的語彙和典故，這是確定了的，但是好的仍然有用的東西還是應該繼承。①

要想學習古人語言中有生命的東西，就必須熟悉古人所用的文學語言。

我們應該重視語言的繼承性，但是也應該看到現代漢語比古代漢語更加豐富，更加精密完善。學習古代漢語，無論是爲了培養閱讀古籍的能力還是爲了提高現代漢語的語言修養，我們都必須以“古爲今用”爲原則，反對厚古薄今，以古非今，這是堅定不移的。

---

① 《毛澤東選集》第三卷 838 頁。

第一單元

文　　選

左　　傳

　　《左傳》是我國第一部敘事詳細的完整的歷史著作。關於《左傳》的作者和成書時代，歷來有過許多爭論，比較可信的說法是：《左傳》是春秋時魯國史官左丘明所作，後來經過許多人增益。一般人認爲它原是一部獨立的歷史著作，但也有人認爲是傳（zhuàn）《春秋》的（《春秋》是魯國的一部大事年表性質的歷史書）。到了晉代，杜預纔把它分年附在《春秋》的後邊。

　　《左傳》所記載的歷史年代大致和《春秋》相當，同起於公元前722年，但訖年比《春秋》晚28年，即止於公元前453年。它比較系統地詳細地記述了春秋時代各國的政治、經濟、軍事和文化等方面的一些事件，在一定程度上真實地反映了那個時代的面貌，是研究中國古代社會的很有價值的歷史文獻。

　　《左傳》在文學上和語言上的成就很大。作者既善於突出事物的本質，用簡括的語句寫出複雜紛繁的事物（特別是善於寫戰爭），也善於用極少的筆墨刻畫出人物的細微動作和内心活動，使人物躍然紙上。《左傳》有許多外交辭令也很出色。

《左傳》爲後代歷史著作和敘事散文樹立了典範,後代的一些偉大作家如司馬遷等,都從中吸取了營養。

自東漢以來,爲《左傳》作注的很多,現在最通行的是《十三經注疏》中的《春秋左傳注疏》(晉杜預注,唐孔穎達疏)。

鄭伯克段于鄢(隱公元年)〔1〕

初,鄭武公娶于申,曰武姜〔2〕。生莊公及共叔段〔3〕。莊公寤生〔4〕,驚姜氏,故名曰"寤生",遂惡之〔5〕。愛共叔段,欲立之。亟請於武公,公弗許〔6〕。及莊公即位〔7〕,爲之請制〔8〕。公曰:"制,巖邑也〔9〕,虢叔死焉〔10〕,佗邑唯命〔11〕。"請京,使居之,謂之京城大叔〔12〕。

〔1〕本文表現了鄭國統治階級内部的互相傾軋以及鄭莊公("莊"是死後的諡號,下文的"武""隱"同)的陰險毒辣和虛僞。《左傳》本無篇目,篇目是後加的。鄭,國名,姬姓,在今河南新鄭縣等地。鄭伯,指鄭莊公。春秋時有五等爵:公、侯、伯、子、男。鄭屬伯爵。克,戰勝。段,莊公之弟。鄢(yān),鄭地名,在今河南鄢陵縣境。隱公,魯隱公。《春秋》是以魯國的紀元編年的。隱公元年即公元前722年。

〔2〕初,當初。這是追述往事的習慣説法,在本文意指鄭伯克段于鄢以前的事。申,國名,姜姓,在今河南南陽縣。娶于申,從申國娶妻(即娶申國國君之女)。武姜,"武"表示丈夫爲武公,"姜"表示母家姓姜。

〔3〕共(gōng),國名,在今河南輝縣。叔,排行在末的,年少的。在這裏"叔"表示段是莊公的弟弟。段後出奔共,所以稱爲共叔段。

〔4〕寤(wù),通"牾",逆,倒着。寤生,胎兒腳先出來(依黃生説,見《義府》卷二),等於説難産。

〔5〕遂,等於説從此就。惡(wù),憎恨。之,指莊公。

〔6〕亟(qì)，屢次。弗，不。

〔7〕及，到了。即位，天子或諸侯就職叫即位。

〔8〕替段請求制這個地方。爲(wèi)，介詞。制，又名虎牢，在今河南滎縣東，原是東虢(guó)國的領地，東虢爲鄭所滅，制遂爲鄭地。

〔9〕巖，險要。邑，人所聚居的地方，大小不定（依孫詒讓說，見《周禮正義》"里宰"疏）。

〔10〕虢叔，東虢國的君。死焉，死在那裏。

〔11〕佗，同"他"。唯命，是"唯命是聽"的省略。

〔12〕姜氏請求京，莊公使共叔段住在那裏，稱他爲京城大叔。京，鄭邑名，在今河南滎陽縣東南。大(tài)，後來寫作"太"。

祭仲曰："都城過百雉，國之害也〔1〕。先王之制，大都不過參國之一〔2〕，中五之一，小九之一。今京不度，非制也〔3〕。君將不堪〔4〕。"公曰："姜氏欲之，焉辟害〔5〕？"對曰："姜氏何厭之有〔6〕？不如早爲之所〔7〕，無使滋蔓〔8〕，蔓難圖也〔9〕；蔓草猶不可除〔10〕，況君之寵弟乎？"公曰："多行不義，必自斃〔11〕，子姑待之〔12〕。"

既而大叔命西鄙北鄙貳於己〔13〕。公子呂曰〔14〕："國不堪貳〔15〕，君將若之何〔16〕？欲與大叔，臣請事之〔17〕；若弗與〔18〕，則請除之。無生民心〔19〕。"公曰："無庸，將自及〔20〕。"

大叔又收貳以爲己邑〔21〕，至于廩延〔22〕。子封曰："可矣。厚將得衆〔23〕。"公曰："不義不暱，厚將崩〔24〕。"

〔1〕祭(zhài)仲，鄭大夫。城，指城牆。雉，量詞，長三丈，高一丈。國，國家。

〔2〕參，三。國，國都。參國之一，國都的三分之一。古制，侯伯之國，城牆爲三百雉。三分之一就是百雉。

〔3〕不度,不合法度。非制,不是先王的制度。

〔4〕您將要受不了,即無法控制的意思。堪,經得起。

〔5〕姜氏要這樣,哪裏能夠避開禍害? 辟,後來寫作"避"。焉,疑問代詞,哪裏。

〔6〕姜氏有什麼滿足? 厭,滿足。之,代詞,複指提前的賓語"何厭"。

〔7〕不如早點安排他個地方。意指早點給段換個便於控制的地方。爲,動詞,在這裏指"安排"之類的意思。之,指共叔段,作"爲"的間接賓語。所,處所,"爲"的直接賓語。

〔8〕不要使他發展。無,通"毋",不要。滋,滋長。蔓,蔓延。

〔9〕圖,圖謀,這裏指設法對付。

〔10〕蔓草,蔓延的野草。猶,尚且,還(hái)。

〔11〕不義,指不義的事情。斃,倒下去。

〔12〕子,古代對人的尊稱。姑,姑且。之,代詞,指段自斃事。

〔13〕既而,不久。鄙,邊邑。貳,兩屬,屬二主。貳於己,一方面屬於莊公,一方面屬於自己。

〔14〕公子呂,字子封,鄭大夫。

〔15〕國家受不了兩屬的情況。

〔16〕若之何,奈何,怎麼辦?

〔17〕〔如果〕打算〔把鄭國〕送給大叔,就請您允許我侍奉他。

〔18〕若,假如。

〔19〕不要使民生二心。

〔20〕用不着,〔他〕將會自己趕上〔災禍〕。庸,用。及,趕上。

〔21〕貳,指前兩屬的地方。原先該地是兩屬,現在段則正式收爲自己所有。

〔22〕至,到。廩延,鄭邑名,在今河南延津縣北。

〔23〕厚,指土地擴大。衆,百姓,這裏指民心。

〔24〕這句是說,段既然不義,就不能籠住民心,土地佔多了就要垮臺。這是就"厚將得衆"而說的雙關話。暱,通"昵",黏,這裏指能團結人。崩,山塌,這裏指垮下來,崩潰。

大叔完聚，繕甲兵，具卒乘〔1〕，將襲鄭。夫人將啟之〔2〕。公聞其期〔3〕，曰："可矣！"命子封帥車二百乘以伐京〔4〕。京叛大叔段。段入于鄢。公伐諸鄢〔5〕。五月辛丑〔6〕，大叔出奔共〔7〕。

遂寘姜氏于城潁〔8〕，而誓之曰〔9〕："不及黃泉，無相見也〔10〕。"——既而悔之〔11〕。

〔1〕完，修葺(qì)，指修城。聚，指聚集百姓。繕，修理，製造。甲，戎衣，鎧(kǎi)甲。兵，武器。具，準備。卒，步兵。乘(shèng)，兵車。

〔2〕夫人，指武姜。啟之，爲段開城門，即作內應。啟，開門。

〔3〕期，段襲鄭的日期。

〔4〕帥，通"率"。春秋時都是車戰，兵車一乘有甲士(帶盔甲的兵士)三人，步卒七十二人。二百乘，共甲士600人，步卒14400人。以，連詞。

〔5〕諸，"之於"的合音字。

〔6〕古人以干支紀日，五月辛丑，即隱公元年五月二十三日。

〔7〕奔，快跑。出奔，指逃到外國避難。此句後面略有刪節。

〔8〕寘(zhì)，放置，安頓，這裏有放逐的意思。城潁，鄭邑名，在今河南臨潁縣西北。

〔9〕誓之，向她發誓。

〔10〕黃泉，地下的泉水，黃色，這裏指墓穴。這句等於說這輩子咱們不見面了。

〔11〕之，指寘姜氏于城潁並發誓事。

潁考叔爲潁谷封人〔1〕，聞之，有獻於公〔2〕。公賜之食。食舍肉〔3〕。公問之。對曰："小人有母〔4〕，皆嘗小人之食矣〔5〕，未嘗君之羹。請以遺之〔6〕。"公曰："爾有母遺，繄我獨無〔7〕！"潁考叔曰："敢問何謂也〔8〕？"公語之故，且告之悔〔9〕。對曰："君何患焉〔10〕？若闕地及泉〔11〕,隧而相見〔12〕,其誰曰不然〔13〕?"公從之。公入而賦〔14〕:"大隧之中,其樂也融融。"姜出而賦:"大隧之外,其樂也洩洩〔15〕。"遂爲母子如初〔16〕。

〔1〕潁考叔,鄭大夫。潁谷,鄭邊邑,在今河南登封縣西南。封,疆界。封人,管理疆界的官。

〔2〕有獻,有所獻。

〔3〕舍,放着,後來寫作"捨"。

〔4〕小人,潁考叔自己謙稱。

〔5〕我的食物〔她〕都吃過了。嘗,這裏是"吃"的意思。

〔6〕遺(wèi),給,這裏指留給。之,指其母。

〔7〕爾,你。繄(yī),句首語氣詞。

〔8〕敢,表謙敬的副詞。何謂,説的是什麽意思? 這話怎麽講?

〔9〕語(yù),告訴。之,間接賓語。語之故,把緣故告訴他。告之悔,把心裏後悔的事告訴了他。語法結構同於"語之故"。

〔10〕您在這件事情上憂慮什麽呢?

〔11〕闕,挖。

〔12〕隧,用如動詞,挖隧道。

〔13〕誰説不是這樣? 其,語氣副詞,加強反問。然,代詞,指黄泉相見。

〔14〕入,在這裏與下面的"出"互文見義,即籠統表示莊公和姜氏進出隧道。賦,賦詩。這裏是莊公所賦的詩的一部分。

〔15〕洩洩(yìyì),和"融融"的意思差不多,都是形容快樂的樣子。

〔16〕從此作母親作兒子還和當初一樣。

　　君子曰〔1〕:潁考叔,純孝也〔2〕。愛其母,施及莊公〔3〕。詩曰:"孝子不匱,永錫爾類〔4〕。"其是之謂乎〔5〕?

〔1〕君子,作者的假託,《左傳》中習用的發表評論的方式。

〔2〕純,篤厚。

〔3〕施(yì),延,擴展,等於説擴大影響。

〔4〕見《詩經·大雅·既醉》。孝子的孝没有窮盡,永久把它給與你(指孝子)的同類。匱(kuì),盡。錫,賜,給與。

〔5〕大概是説這種情況吧。其,表委婉的語氣副詞。是,這個,作“謂”的賓語。之,代詞,複指“是”。

齊桓公伐楚(僖公四年)〔1〕

四年,春,齊侯以諸侯之師侵蔡〔2〕。蔡潰〔3〕,遂伐楚。楚子使與師言曰〔4〕:“君處北海,寡人處南海〔5〕,唯是風馬牛不相及也〔6〕。不虞君之涉吾地也〔7〕,何故?”管仲對曰〔8〕:“昔召康公命我先君大公曰〔9〕:‘五侯九伯,女實征之,以夾輔周室〔10〕。’賜我先君履〔11〕:東至于海,西至于河,南至于穆陵,北至于無棣〔12〕。爾貢包茅不入〔13〕,王祭不共〔14〕,無以縮酒〔15〕,寡人是徵〔16〕;昭王南征而不復〔17〕,寡人是問〔18〕。”對曰:“貢之不入,寡君之罪也〔19〕,敢不共給〔20〕?昭王之不復,君其問諸水濱〔21〕!”

師進,次于陘〔22〕。

〔1〕本文寫齊桓公爲稱霸天下而伐楚,但楚也毫不示弱,齊終未達目的。齊桓公,春秋五霸之一。齊屬侯爵,故文中稱齊侯。僖公四年即公元前656年。

〔2〕以,率領。參加這次戰役的有魯、宋、陳、衛、鄭等國。師,軍隊。蔡,國名,姬姓,在今河南省汝南、上蔡等地。

〔3〕潰,潰敗。

〔4〕楚君派〔使者〕跟諸侯之師説。楚子,楚成王。楚屬子爵,故稱楚子。這

是春秋筆法,實際上楚已僭稱王了。與,介詞,跟,和。

〔5〕處(chǔ),居住。寡人,謙詞,君王自稱,意思是"寡德之人"。齊臨渤海(古人稱爲北海),楚境不到南海,這裏祇是甚言其遠。

〔6〕馬牛牝牡相誘也不相及(依孔穎達説)。唯,句首語氣詞。風,放,指牝牡相誘。這是譬喻兩國相距甚遠,一向互不相干。

〔7〕不虞,不料。涉,本來是淌水過河的意思,這裏當進入講。不説齊進攻而説涉,是委婉的辭令。

〔8〕管仲,齊大夫,姓管,名夷吾,字仲。

〔9〕召(shào)康公,周成王時太保(官名)召公奭(shì),因其封地在召(今陝西岐山縣),所以稱召公,"康"是他的諡號。先君,後代君臣對本國已故君王的稱呼。大公,即姜太公,名尚,齊之始祖。大(tài),後來寫作"太"。

〔10〕五侯,即公侯伯子男五等爵。九伯,九州之長。"五侯九伯"在這裏泛指所有的諸侯。女(rǔ),你,後來寫作"汝"。實,語氣副詞,表示命令或期望。征,討伐,這裏是説有征伐之權。夾輔,輔佐。

〔11〕履,踐踏,這裏指足迹所踐踏的地方,即齊國可以征伐的範圍。

〔12〕海,指黄海渤海。河,黄河。穆陵,地名,即今山東臨朐(qú)縣南的穆陵關。無棣(dì),齊國的北境,在今山東無棣縣附近。

〔13〕茅,菁茅,楚地特産。包茅,裹成捆兒的菁茅。入,納,這裏指納貢。

〔14〕周王的祭祀用品供給不上。共,供給,後來寫作"供"。

〔15〕没有用來縮酒的東西。縮酒,滲酒,祭祀時的儀式之一:把酒倒在束茅上滲下去,就像神飲了一樣(依鄭玄説,見《周禮·甸師》注)。

〔16〕我來索取它。是,代詞,指包茅,"徵"的賓語。徵,索取。下文"寡人是問"結構同此。

〔17〕周昭王晚年荒於國政,人民恨他,傳説當他巡行到漢水時,當地人民故意弄了一隻用膠黏的船給他,行至江心,船解體,昭王溺死。征,行,這裏指巡狩(帝王巡視各地)。復,回。按:這都是齊進攻楚的藉口。

〔18〕問,指責問。

〔19〕寡君,臣子對別國人謙稱自己的國君爲寡君。

〔20〕敢,謙詞,等於説豈敢。

〔21〕您還是到水邊去問吧! 其,表委婉的語氣詞。諸,"之於"的合音字。水濱,水邊。

〔22〕次,軍隊臨時駐紮。陘(xíng),山名,在今河南偃城縣南。

夏,楚子使屈完如師〔1〕。師退,次于召陵〔2〕。

齊侯陳諸侯之師〔3〕,與屈完乘而觀之〔4〕。齊侯曰: "豈不穀是爲? 先君之好是繼〔5〕! 與不穀同好〔6〕,如何?"對曰:"君惠徼福於敝邑之社稷〔7〕,辱收寡君〔8〕,寡君之願也。"齊侯曰:"以此衆戰〔9〕,誰能禦之〔10〕! 以此攻城,何城不克!"對曰:"君若以德綏諸侯〔11〕,誰敢不服? 君若以力,楚國方城以爲城〔12〕,漢水以爲池〔13〕,雖衆,無所用之〔14〕!"

屈完及諸侯盟〔15〕。

〔1〕屈完,楚大夫。如,往,到……去。

〔2〕召(shào)陵,地名,在今河南偃城縣東。

〔3〕齊侯把諸侯之師陳列出來。按:這是向楚示威。

〔4〕乘(chéng),乘車。

〔5〕難道爲了我?〔祇是爲了〕繼承先君的友好關係〔罷了〕。按:這是虛偽的外交辭令。不穀,不善,諸侯的謙稱。兩個"是"字都是代詞,複指提前的賓語。

〔6〕同好(hào),共同友好。

〔7〕承蒙您向我國社稷之神求福,意思是您不毀滅我國。惠,敬詞,意思是您這樣做是表現了您的恩惠。徼(yāo),求。敝邑,謙稱自己的國家。社,土神。稷,穀神。

〔8〕辱,謙詞,意思是您這樣做使您蒙受了恥辱。收,收容。

〔9〕衆,名詞,指衆將士。

〔10〕禦,抵擋。

〔11〕綏(suí),安撫。

〔12〕楚國拿方城當作城牆。方城,山名,在今河南葉縣南。"方城"是"以"的
　　　賓語,提在"以"前。

〔13〕結構同上句。池,護城河。

〔14〕没有用它的地方。

〔15〕盟,訂立盟約。

宫之奇諫假道(僖公五年)〔1〕

　　晉侯復假道於虞以伐虢〔2〕。宫之奇諫曰:"虢,虞之表也〔3〕。虢亡,虞必從之。晉不可啓,寇不可翫〔4〕。一之謂甚,其可再乎〔5〕? 諺所謂'輔車相依,脣亡齒寒'者〔6〕,其虞虢之謂也。"

〔1〕本文寫晉侯向虞國借道,宫之奇看出晉的陰謀,力諫虞公。他有力地駁
　　斥了虞公迷信宗族關係和神權的思想,指出存亡在人不在神,應該實行
　　德政,民不和則神不享。這反映了當時的民本思想。宫之奇,虞大夫。
　　諫(jiàn),用言語糾正尊長的錯誤。假,借。假道,借路,這裏專指軍隊借
　　路,通過別國領土。

〔2〕晉侯,指晉獻公。復,又。僖公二年晉曾向虞借道伐虢,滅下陽。虞,國
　　名,武王所封,爲大(tài)王之子虞仲的後代,在今山西平陸縣東北六十
　　里。虢(guó),國名,文王封其弟叔於上陽(今河南陝縣東南),號西虢。

〔3〕表,外面。

〔4〕啓,開啓,這裏指假道,使晉得以實現其野心。寇,凡兵作於内爲亂,於外
　　爲寇。翫(wán),習慣而不留心,等於説放鬆警惕。

〔5〕一次已經算是過分了,還可以來個第二次嗎? 謂,通"爲"(依王念孫説,

見《經傳釋詞》引）。甚，屬害，過分。其，語氣詞，加强反問。

〔6〕輔，面頰。車，牙牀骨。

　　公曰：“晉，吾宗也〔1〕，豈害我哉？”對曰：“大伯虞仲，大王之昭也〔2〕。大伯不從，是以不嗣〔3〕。虢仲虢叔，王季之穆也〔4〕；爲文王卿士〔5〕，勳在王室，藏於盟府〔6〕。將虢是滅，何愛於虞〔7〕？且虞能親於桓莊乎，其愛之也〔8〕？桓莊之族何罪，而以爲戮〔9〕？不唯偪乎〔10〕？親以寵偪〔11〕，猶尚害之，況以國乎〔12〕？”

〔1〕宗，同姓，同一宗族。晉、虞、虢都是姬姓國，同一祖先。

〔2〕大（tài）伯、虞仲，大王的長子、次子。昭，宗廟在左的位次。古者昭穆相承，左爲昭，右爲穆。大王於周爲穆，穆生昭，故大王之子爲昭。

〔3〕不從，指不從隨父側。大伯知道大王要傳位給他的小弟弟王季，所以和虞仲一起出走。是以，因此。嗣，繼承〔王位〕。

〔4〕虢仲、虢叔，虢的開國祖，王季的次子和三子，文王的弟弟。王季於周爲昭，昭生穆，故虢仲、虢叔爲王季之穆。

〔5〕當過文王的卿士。卿士，執掌國政的大臣。

〔6〕在王室有功勳，因功受封時的典策藏在盟府中。盟府，主管盟誓典策的政府部門。宮之奇以上這幾句話是針對虞公的“晉，吾宗也”說的，意思是：如果說到同宗的關係，那麼虢在姬姓中的地位比虞高，虢晉之間比虞晉之間親，因爲虢這一支是從王季那裏分出來的，王季做了周君，而虞的祖先虞仲並沒做周君，而且虢還是周的功臣。

〔7〕〔晉〕將要連虢都滅了，對虞還愛什麼呢？是，代詞，複指提前的賓語“虢”。

〔8〕再說晉之愛虞，能比桓莊之族更親嗎？桓莊，桓叔與莊伯，這裏指桓莊之族。桓叔是獻公的曾祖，莊伯是獻公的祖父，桓莊之族是獻公的同祖兄弟。這句話是一種特殊的倒裝句法。其，指晉。之，指虞。全句等於說：

晉之愛虞也,能親於桓莊乎?

〔9〕桓莊之族有什麼罪而把他們殺了? 莊公二十五年晉獻公盡誅同族羣公
　　子。以爲戮,拿〔他們〕當作殺戮的對象,等於説把他們殺了。以,介詞,
　　後面的賓語省略。戮,殺,這裏用如名詞。

〔10〕唯,因爲(參用王引之説,見《經傳釋詞》)。偪,通"逼",逼近,這裏有威
　　脅的意思。

〔11〕至親而以寵勢相逼。寵,在尊位。

〔12〕"以國"後面承上省略了"偪"字。

公曰:"吾享祀豐絜〔1〕,神必據我〔2〕。"對曰:"臣聞
之〔3〕:鬼神非人實親,惟德是依〔4〕。故周書曰:'皇天無
親,惟德是輔〔5〕。'又曰:'黍稷非馨,明德惟馨〔6〕。'又
曰:'民不易物,惟德繄物〔7〕。'如是,則非德民不和,神不
享矣。神所馮依〔8〕,將在德矣。若晉取虞〔9〕,而明德以
薦馨香〔10〕,神其吐之乎〔11〕?"

〔1〕享,把食物獻給鬼神。享祀,泛指一切祭祀。豐,豐富,指祭品盛多。絜,
　　通"潔"。

〔2〕據,依(依王引之説,見《經義述聞》)。據我,即依附於我,等於説保佑我。

〔3〕之,指下面要説的一番道理。

〔4〕鬼神不親人,祇依德。實、是,都是代詞,複指提前的賓語"人""德"。下
　　文"惟德是輔"結構同此。惟,祇。德,指有德行的人。

〔5〕所引《周書》早已亡逸,這兩句今見於僞古文《尚書·蔡仲之命》。大意
　　是:上天對於人沒有親疏的不同,祇是有德的人上天纔保佑他。皇,大。
　　輔,輔佐,這裏指保佑。

〔6〕這兩句也是《周書》上的,今見於僞古文《尚書·君陳》。大意是:黍稷並
　　不是馨(xīn)香,光明的德行纔是馨香。黍,黃黏米。稷,不黏的黍子。
　　黍稷在這裏泛指五穀,爲祭祀的物品。馨,遠處可以聞到的香氣。古人

認爲祭祀時鬼神前來享用祭品的香氣。惟，句中語氣副詞，表肯定。

〔7〕這兩句也是《周書》上的，今見於僞古文《尚書・旅獒》。今本《尚書》“民”作“人”，“繄”作“其”。大意是：人們拿來祭祀的東西並不改變（祭品是相同的），〔但是〕祇有有德的人的祭品纔算〔真正的〕祭品。繄，語氣副詞。

〔8〕馮(píng)，即後來的“憑”，這裏和“依”義近。

〔9〕取，取得，指滅掉。

〔10〕明德，使德明。以，表目的的連詞。薦，獻，這裏指向神獻。馨香，指黍稷。

〔11〕其，語氣詞，加強反問。吐，指不食所祭之物。宮之奇的意思是：晉國如果明其德，使享祀豐絜，神也會保佑晉的，那麽享祀豐絜就並不能使虞幸免於難。

　　弗聽，許晉使。宮之奇以其族行〔1〕。曰：“虞不臘矣〔2〕。在此行也，晉不更舉矣〔3〕。”

　　冬，十二月丙子朔〔4〕，晉滅虢，虢公醜奔京師〔5〕。師還，館于虞〔6〕。遂襲虞，滅之〔7〕。

〔1〕以其族行，指率領全族離開虞。

〔2〕虞國不能舉行臘祭了。臘，年終舉行的一種祭祀，這裏用如動詞。

〔3〕更(gèng)，副詞，再。舉，指舉兵。晉即以滅虢之兵滅虞，所以不須要再舉兵。此句下文略有刪節。

〔4〕十二月初一。丙子，該月初一正逢干支的丙子。朔，每月的第一天。

〔5〕醜，虢公名。京師，周的都城。

〔6〕還，回來。館，公家爲賓客所設的住處，這裏用如動詞，等於説住賓館。

〔7〕下文略有刪節。

燭之武退秦師(僖公三十年)〔1〕

　　晉侯秦伯圍鄭〔2〕，以其無禮於晉〔3〕，且貳於楚也〔4〕。晉軍函陵，秦軍氾南〔5〕。佚之狐言於鄭伯曰〔6〕:"國危矣! 若使燭之武見秦君，師必退。"公從之。辭曰:"臣之壯也〔7〕，猶不如人;今老矣，無能爲也已〔8〕。"公曰:"吾不能早用子，今急而求子，是寡人之過也〔9〕。然鄭亡〔10〕，子亦有不利焉!"許之〔11〕。

〔1〕燭之武，鄭大夫。

〔2〕晉侯，指晉文公。秦伯，指秦穆公。

〔3〕以，因。其，人稱代詞，代鄭。晉文公爲公子時逃亡在外，經過鄭國，鄭文公沒有以禮待他。

〔4〕貳，參看第10頁《鄭伯克段于鄢》〔13〕"貳於己"注。

〔5〕軍，用如動詞，屯兵。函陵，地名，在今河南新鄭縣北。氾(fán)，水名，指東氾，今已湮，故道在今河南中牟縣南。

〔6〕佚之狐，鄭大夫。鄭伯，指鄭文公。

〔7〕辭，推辭。壯，壯年。

〔8〕不能做什麼啦。也已，略等於"矣"。

〔9〕這是我的過錯。是，指示代詞，作句子主語，指上文"吾不能早用子，今急而求子"。

〔10〕然，連詞，表轉折，等於説然而。

〔11〕許之，〔燭之武〕答應了鄭文公。

　　夜縋而出〔1〕。見秦伯曰:"秦晉圍鄭，鄭既知亡矣〔2〕。若亡鄭而有益於君，敢以煩執事〔3〕。越國以鄙遠〔4〕，君知其難也〔5〕;焉用亡鄭以陪鄰〔6〕? 鄰之厚，君之薄也。若舍鄭以爲東道主〔7〕，行李之往來〔8〕，共其乏困〔9〕，君亦無所害。且君嘗爲晉君賜矣〔10〕，許君焦、瑕，朝濟而夕設版焉〔11〕，君之所知也。夫晉何厭之有? 既東封鄭[12]，又欲肆其西封[13]；若不闕秦，將焉取之[14]？闕秦以利晉，唯君圖之[15]。”

　　秦伯説[16]，與鄭人盟。使杞子、逢孫、楊孫戍之[17]，乃還。

〔 1 〕縋（zhuì），用繩子弔着重東西，這裏指用繩子縛住燭之武從城牆上送下來。

〔 2 〕既，已經。

〔 3 〕冒昧地拿“亡鄭”這件事麻煩您。敢，表謙敬的副詞。煩，麻煩。執事，辦事人員。這是客氣話，實際指秦伯本人。

〔 4 〕越，超越。以，表目的的連詞。鄙，邊邑，用如動詞。秦在西，鄭在東，晉在二者之間，所以説秦是越過一個國家，以遼遠的鄭國作爲邊邑。

〔 5 〕其，指“越國以鄙遠”事。

〔 6 〕焉用，哪裏用得着。陪，增加〔土地〕。鄰，指晉。

〔 7 〕舍，捨棄，不取（不滅掉），後來寫作“捨”。東道主，東方道上的主人（鄭在秦東）。“以”字後省略了賓語“鄭”。

〔 8 〕行李，外交使節。

〔 9 〕共，供應，後來寫作“供”。乏困，本來行而無資叫乏，居而無食叫困，這裏指使者往來時館舍資糧的不足。

〔10〕嘗，曾經。賜，恩惠。爲賜，等於説施恩。晉君，在這裏是間接賓語。

〔11〕焦、瑕，二地名，都在今河南陝縣附近。濟，渡河，指晉惠公（文公之弟，比文公先爲晉君）渡河歸國。版，打土牆用的夾版，這裏指築的土牆，防禦工事。晉惠公依靠秦力得以回國爲君，曾許以焦瑕作爲報答，但回國後，就不承認了。朝、夕，極言兩件事距離很近。

〔12〕以鄭爲東面的疆界。封，疆界，用如動詞。

〔13〕肆，伸展。

〔14〕〔晉〕如果不使秦受到虧損，將從哪裏得到它所要取得的土地呢？

〔15〕唯，表希望的語氣詞。圖，考慮。之，指“闕秦以利晉”。

〔16〕説，喜悦，高興，後來寫作“悦”。

〔17〕杞子等三人都是秦大夫。戍(shù)，駐紮，防守。

　　子犯請擊之〔1〕。公曰：“不可。微夫人之力不及此〔2〕。因人之力而敝之，不仁〔3〕；失其所與，不知〔4〕；以亂易整，不武〔5〕。吾其還也〔6〕。”亦去之〔7〕。

〔1〕子犯，即狐偃，晉文公的舅父。

〔2〕微，帶有假設語氣的否定副詞，略同於“非”，等於説假如不是。夫(fú)，指示代詞。夫人，那人，指秦穆公。重耳是靠他的力量回國的，所以這樣説。

〔3〕因，藉，靠。敝，壞，這裏指損害。

〔4〕與，聯合。所與，同盟者。知(zhì)，後來寫作“智”。

〔5〕這裏的“武”和上文的“仁”，都是上古時的抽象的道德觀念。

〔6〕其，表示委婉的語氣詞。

〔7〕去，離開。注意：“去”字跟現代的意義很不相同。之，指鄭。

蹇叔哭師(僖公三十二年)〔1〕

　　冬，晉文公卒。庚辰〔2〕，將殯于曲沃〔3〕。出絳〔4〕，柩有聲如牛〔5〕。卜偃使大夫拜〔6〕，曰：“君命大事〔7〕，將有西師過軼我〔8〕。擊之，必大捷焉。”

〔1〕這裏選的，是著名的秦晉殽(xiáo)之戰的一部分。文中表現了蹇(jiǎn)叔預見到勞師以襲遠必然失敗，結果不出其所料。蹇叔，秦國元老。

〔2〕庚辰，魯僖公三十二年十二月十日。

〔3〕殯(bìn)，停柩待葬。古代風俗，人死先停柩，然後擇日安葬。曲沃，晉地名，是晉宗廟所在地，在今山西聞喜縣東。周代君主的棺柩要“朝于祖考之廟”，因此要在那裏暫時停放。

〔4〕絳(jiàng)，晉國都，在今山西翼城縣東南。

〔5〕柩(jiù)，裝了死屍的棺材。

〔6〕卜偃，晉掌卜筮之官，名偃。拜，古代的一種禮節，跪下後雙手合抱在胸前，頭低到手上。

〔7〕君，指晉文公。大事，《左傳》成公十三年：“國之大事，在祀與戎。”這裏是指戎(軍事)。

〔8〕西師，西方的軍隊，指秦師。軼(yì)，後車超過前車。過軼，這裏是越過的意思。晉在秦鄭之間，秦侵鄭，必定要路過晉。卜偃聞秦密謀，所以説這話來引起警惕。

杞子自鄭使告于秦曰〔1〕：“鄭人使我掌其北門之管〔2〕，若潛師以來〔3〕，國可得也。”穆公訪諸蹇叔〔4〕。蹇叔曰：“勞師以襲遠，非所聞也〔5〕。師勞力竭，遠主備之，無乃不可乎〔6〕？師之所爲，鄭必知之。勤而無所，必有悖心〔7〕。且行千里，其誰不知〔8〕？”公辭焉〔9〕。召孟明、西乞、白乙〔10〕，使出師於東門之外。蹇叔哭之〔11〕，曰：“孟子，吾見師之出而不見其入也〔12〕。”公使謂之曰〔13〕：“爾何知！中壽，爾墓之木拱矣〔14〕！”

〔1〕杞子，見第22頁《燭之武退秦師》注〔17〕。使，使人。

〔2〕管，類似於現代的鎖鑰。

〔3〕假若秘密派軍隊前來。潛，隱藏在水面下，這裏指隱蔽地行動。潛師，指秘密行軍。

〔4〕秦穆公向蹇叔諮問這件事。訪，諮詢，徵求意見。諸，之於。

〔5〕使軍隊很疲勞去襲擊遠方，不是我所聽見過的事。非所聞，是委婉的説法，實際上是説我不贊成。遠，指鄭，下文“遠主”是指鄭君。

〔6〕無乃，表委婉語氣的副詞，大概，恐怕。

〔7〕勤，勞苦。無所，指無所得。悖(bèi)心，悖逆之心。

〔8〕其，語氣詞，加強反問。

〔9〕辭,不接受。

〔10〕孟明,姓百里,名視,是秦另一元老百里奚之子。西乞,名術。白乙,名丙。三人都是秦國大將。

〔11〕之,指師。

〔12〕之,介詞。其,等於"師之"("之"也是介詞)。

〔13〕秦穆公使人對他説。謂,對……説。

〔14〕你知道什麽? 你如果在中壽的年齡死去,你墓上的樹也該長到兩手合抱那麽粗了。這是罵蹇叔早就該死了。中壽,約指活到六七十歲。蹇叔大約已七八十歲,過了中壽的年齡。木,樹。拱,兩手合抱。

蹇叔之子與師〔1〕。哭而送之曰:"晉人禦師必於殽〔2〕。殽有二陵焉〔3〕:其南陵,夏后皋之墓也〔4〕;其北陵,文王之所辟風雨也〔5〕。必死是間〔6〕,余收爾骨焉〔7〕。"

秦師遂東〔8〕。

〔1〕與(yù),參加。

〔2〕殽,通"崤",山名,在今河南洛寧縣西北,地勢極險。

〔3〕殽有兩陵在那裏。陵,大山。殽有二山,稱爲東陵西陵,相距三十五里。下文南陵即西陵,北陵即東陵。

〔4〕夏后皋,夏天子皋,夏桀的祖父。后,君。

〔5〕文王,周文王。所辟風雨,避風雨的地方。

〔6〕是,代詞,這,指二陵。間,當中。

〔7〕焉,在那裏。

〔8〕遂,副詞,接着就。東,用如動詞,向東〔進發〕。

晉靈公不君(宣公二年)〔1〕

晉靈公不君。厚斂以彫牆〔2〕。從臺上彈人,而觀其辟丸也[3]。宰夫胹熊蹯不孰[4]，殺之，寘諸畚[5]，使婦人載以過朝[6]。趙盾、士季見其手[7]，問其故而患之[8]。將諫，士季曰："諫而不入[9]，則莫之繼也[10]。會請先[11]，不入，則子繼之[12]。"三進及溜，而後視之[13]。曰："吾知所過矣[14]，將改之。"稽首而對曰[15]："人誰無過？過而能改[16]，善莫大焉[17]。詩曰：'靡不有初，鮮克有終[18]。'夫如是[19]，則能補過者鮮矣。君能有終，則社稷之固也[20]，豈惟羣臣賴之[21]。又曰：'袞職有闕，惟仲山甫補之[22]。'能補過也。君能補過，袞不廢矣[23]。"

〔1〕本文着重表彰了敢於直諫、忠於國事的趙盾。晉靈公，名夷皋，晉襄公之子，文公之孫，是歷史上有名的暴君。君，用如動詞。不君，不行君道。宣公二年即公元前 607 年。

〔2〕厚，重。斂，賦稅。厚斂，加重賦稅。彫，畫，一本作"雕"。

〔3〕彈(tán)人，用彈弓射人。辟(bì)，躲避，後來寫作"避"。丸，彈子。

〔4〕宰夫，廚子。胹(ér)，燉。熊蹯(fán)，熊掌。孰，熟，後來寫作"熟"。

〔5〕畚(běn)，草繩編成的筐子一類的器物。

〔6〕載，用車裝。過朝，經過朝廷。靈公是以殺人爲兒戲，並想借此讓衆人怕自己(依孔穎達説)。

〔7〕趙盾，晉正卿(相當於首相)，謚號宣子。士季，名會，晉大夫。其手，宰夫的手。

〔8〕問宰夫被殺的原因，並爲這件事憂慮。

〔9〕不入，不納，這裏指不接受諫言。

〔10〕莫，否定性的無定代詞，等於説没有誰。之，代詞，指趙盾，等於説"您"，在這裏做"繼"的賓語。

〔11〕先，動詞，這裏是説先諫。

〔12〕之,等於説"我"。

〔13〕三進,往前走了三次。及,到。溜,通"霤",房頂瓦壠滴水處,指屋簷下。
士會往前走一段路,就伏到地下行禮,靈公知道他要進諫,所以假裝没看
見,士會祇好又往前走,再行禮,這樣往前走了三次已到簷下,靈公無可
迴避了,纔理他。

〔14〕我知道我所犯的錯誤了。靈公想把士會的話擋回去,所以搶先説話。

〔15〕稽首,古人最恭敬的禮節,動作近似於磕頭,但要先拜,然後雙手合抱按
地,頭伏在手前邊的地上並停留一會,整個動作都較緩慢。

〔16〕前一"過"字是名詞,指過錯;後一"過"字是動詞,指犯了錯誤。

〔17〕没有任何善事能比這個更大的了。

〔18〕引自《詩經·大雅·蕩》。大意是:没有誰向善没一個開始,但很少能堅
持到底。靡,没有誰,作用同"莫"。初,開始。鮮(xiǎn),少。克,能。

〔19〕夫,句首語氣詞,表示下面要發表議論。

〔20〕社稷就鞏固了。之,介詞。

〔21〕賴,依靠。之,指"君能有終"。

〔22〕引自《詩經·大雅·烝民》。大意是:周宣王有没盡職的地方,祇有仲山
甫來彌補。衮,天子之服,這裏指天子。職,職責。闕,通"缺",過失。仲
山甫,周宣王的大臣。

〔23〕這話有雙關的意思。您能補救您的過失,您的衮袍就可以不被廢掉了。
意思是您的君位就丢不了了。

　　猶不改〔1〕。宣子驟諫〔2〕。公患之,使鉏麑賊
之〔3〕。晨往,寢門闢矣〔4〕。盛服將朝〔5〕,尚早,坐而假
寐〔6〕。麑退,歎而言曰:"不忘恭敬,民之主也。賊民之
主,不忠;棄君之命,不信〔7〕。有一於此〔8〕,不如死也。"
觸槐而死〔9〕。

〔1〕猶,還(hái),仍。

〔2〕驟,多次。

〔3〕患,厭惡。鉏麑(chúní),晉力士。賊,殺。上"之"字指驟諫,下"之"字指趙盾。

〔4〕寢門,臥室的門。闢,開。

〔5〕盛服,正其衣冠,也就是"穿戴整齊"的意思。

〔6〕假寐(mèi),不脫衣冠瞌睡。

〔7〕信,守信用。

〔8〕在不忠不信中有一樣。

〔9〕觸,撞。

　　秋九月,晉侯飲趙盾酒〔1〕,伏甲將攻之〔2〕。其右提彌明知之〔3〕,趨登曰〔4〕:"臣侍君宴,過三爵〔5〕,非禮也。"遂扶以下〔6〕。公嗾夫獒焉〔7〕。明搏而殺之〔8〕。盾曰:"棄人用犬,雖猛何爲〔9〕!"鬥且出〔10〕。提彌明死之〔11〕。

〔1〕晉侯賜給趙盾酒喝。飲(yìn),使……喝,也就是給……喝。

〔2〕伏,埋伏。甲,鎧甲,這裏指穿鎧甲的武士。

〔3〕右,車右,又稱驂乘。古制,一車乘三人,尊者在左,御者在中,驂乘居右;但君王或戰爭時的主帥居中,御者在左。車右都是有勇力之士,任務是執干戈以禦敵,並負責戰爭中的力役之事。提彌明,人名。

〔4〕快步走上堂去。

〔5〕爵,古代飲酒器。三爵,《詩・小雅・賓之初筵》鄭玄箋:"三爵者,獻也,醋也,酢也。"

〔6〕緊接着就扶着〔趙盾〕走下堂去。

〔7〕嗾(sǒu),喚狗的聲音,用如動詞,嗾使。夫(fú),指示代詞,那個。獒(áo),猛犬。《爾雅・釋畜》:"狗四尺爲獒。"

〔8〕搏,徒手打,搏鬥。

〔9〕何爲,做什麼? 也就是"頂得了什麼?"

〔10〕一邊打,一邊出去。且,連詞,一邊……一邊。

〔11〕死之，爲他（趙盾）死了，即殉難的意思。

　　初，宣子田於首山〔1〕，舍于翳桑〔2〕。見靈輒餓〔3〕，問其病，曰：“不食三日矣。”食之〔4〕，舍其半〔5〕。問之，曰：“宦三年矣〔6〕，未知母之存否。今近焉，請以遺之〔7〕。”使盡之〔8〕，而爲之簞食與肉〔9〕，實諸橐以與之〔10〕。既而與爲公介〔11〕，倒戟以禦公徒〔12〕，而免之〔13〕。問何故，對曰：“翳桑之餓人也。”問其名居〔14〕，不告而退。——遂自亡也〔15〕。

〔1〕田，打獵，後來寫作“畋”。首山，又名首陽山，在今山西永濟縣南。

〔2〕舍，住一宿。翳桑，地名（依王引之説，見《經義述聞》）。

〔3〕靈輒，人名。餓，指因挨餓而病倒。

〔4〕食(sì)之，給他東西吃。“食”的用法同上文“飲”。

〔5〕靈輒留下食物的一半没吃。

〔6〕宦(huàn)，當貴族的僕隸。

〔7〕現在離她近了，請允許把〔這一半〕給她吃。遺(wèi)，給。

〔8〕盡，用如動詞，這裏是吃盡的意思。

〔9〕並且給他預備一筐飯和肉。爲，作，這裏有“預備”的意思。簞(dān)，盛飯用的竹筐。食(sì)，飯。

〔10〕橐(tuó)，口袋。以，連詞。

〔11〕既而，不久。與(yù)，參加。介，甲，指甲士。

〔12〕把兵器倒過頭來擋住靈公手下的人。

〔13〕免之，使趙盾免於難。

〔14〕名，名字。居，住處。

〔15〕亡，逃走，指趙盾逃亡（依王引之説，見《經義述聞》）。

　　乙丑〔1〕，趙穿攻靈公於桃園〔2〕。宣子未出山而復〔3〕。大史書曰〔4〕：“趙盾弑其君〔5〕。”以示於朝〔6〕。

宣子曰:"不然[7]。"對曰:"子爲正卿,亡不越竟[8],反不討賊[9],非子而誰?"宣子曰:"烏呼[10]!'我之懷矣,自詒伊慼[11]',其我之謂矣!"

〔1〕宣公二年九月二十六日。

〔2〕攻,當爲"殺"字之誤(依王引之説,見《經義述聞》)。桃園,靈公的園囿。

〔3〕山,晉國國界處的山。復,回來。

〔4〕大(tài)史,後來寫成"太史",官名,專管記載國家大事,這裏是指晉太史董狐。書,寫,指記事。

〔5〕弑(shì),古代下殺上叫弑。太史這樣記載是爲了維護宗法社會的正統思想和等級觀念。無論國君如何無道,也衹可諫,不可殺,殺君就是大逆不道。史官以此爲記事的準則,當然不會寫出真正的歷史。

〔6〕把上面的話拿到朝廷上公布。

〔7〕不是這樣。然,代詞。

〔8〕竟,國境,邊境,後來寫作"境"。

〔9〕反,返回,後來寫作"返"。討,討伐。賊,大逆不道的人,這裏指趙穿。

〔10〕烏呼,即"嗚呼",感歎詞。

〔11〕杜預説這兩句是逸詩。可能是引自《詩經·邶風·雄雉》,今本《詩經》"伊慼"作"伊阻"。趙盾引這兩句的意思是:由於我懷念祖國,反而自己找來了憂患。之,介詞。懷,眷戀。詒,通"貽",給。伊,指示代詞,那個。慼,憂。

　　孔子曰:"董狐,古之良史也[1],書法不隱[2]。趙盾,古之良大夫也,爲法受惡[3]。惜也,越竟乃免[4]。"

〔1〕良史,好史官。

〔2〕書法,記事的原則。隱,隱諱。

〔3〕爲(wèi),爲了。法,指書法。惡,指惡名。

〔4〕照孔子看來,董狐的書法是對的,趙盾也没罪,衹是因爲史官的記事原則

而受屈。"越竟"就是孔子提出的解決這個矛盾的方法："越竟則君臣之義絕,可以不討賊"(見杜注)。這反映了孔子的正統觀念。

齊晉鞌之戰(成公二年)[1]

癸酉[2],師陳于鞌[3]。邴夏御齊侯[4],逢丑父爲右[5]。晉解張御郤克,鄭丘緩爲右[6]。齊侯曰:"余姑翦滅此而朝食[7]!"不介馬而馳之[8]。郤克傷於矢[9],流血及屨,未絕鼓音[10]。曰:"余病矣[11]!"張侯曰:"自始合[12],而矢貫余手及肘[13];余折以御,左輪朱殷[14]。豈敢言病?吾子忍之[15]。"緩曰:"自始合,苟有險[16],余必下推車。子豈識之[17]?——然子病矣[18]。"張侯曰:"師之耳目,在吾旗鼓,進退從之[19]。此車一人殿之,可以集事[20]。若之何其以病敗君之大事也[21]?擐甲執兵,固即死也[22];病未及死,吾子勉之[23]!"左并轡[24],右援枹而鼓[25],馬逸不能止[26],師從之[27]。齊師敗績[28]。逐之,三周華不注[29]。

[1]鞌(ān)之戰是《左傳》中著名的戰役之一,這裏祇錄全文的一部分。文中表現了由於齊師驕傲、晉軍同仇敵愾,決定了齊的潰敗。鞌,齊地名,在今濟南附近。成公二年即公元前 589 年。

[2]成公二年的六月十七日。

[3]師,指齊晉的軍隊。陳,擺開陣勢。

[4]邴夏給齊侯趕車。邴夏,齊大夫。齊侯,指齊頃公,桓公之孫,名無野。

[5]逢(páng)丑父,齊大夫。右,見《晉靈公不君》"右"字注。

[6]解(xiè)張(下文又稱張侯)、鄭丘緩,都是晉臣。"鄭丘"是複姓。郤(xì)克,又稱郤獻子,晉大夫,是這次戰役中晉軍的主帥。

〔7〕姑,姑且。翦滅,剪除消滅。此,指晉軍。朝食,吃早飯。

〔8〕介,甲,這裏用如動詞。不介馬,不給馬披上甲。古代車戰,馬要披甲。
馳之,使勁趕馬,指驅馬進擊。

〔9〕傷於矢,被箭所傷。

〔10〕血一直流到鞋上,仍然擊鼓不息。古代車戰,主帥居車當中,自掌旗鼓,
指揮三軍。鼓聲是前進的號令。

〔11〕病,等於現在説重病、病厲害了,這裏指受傷很重。

〔12〕從一開始交戰。

〔13〕箭射進我的手,一直穿到肘。

〔14〕我把箭折斷了來繼續駕車,左邊的車輪都成了深紅色(被血染的)。朱,
紅色。殷(yān),紅中帶黑。

〔15〕吾子,尊稱,比"子"更親熱些。

〔16〕苟,如果。險,這裏指難走的路。

〔17〕你難道知道這些嗎? 豈,副詞,難道。

〔18〕然,然而,但是。子,指郤克。

〔19〕大意是,全軍都注意着我們車上的旗鼓,前進和後退都聽從旗鼓的指揮。

〔20〕殿,鎮守。集事,成事。

〔21〕若之何,奈何。其,語氣詞。以,因。敗,壞。君,指國君。

〔22〕穿上鎧甲,拿起武器(指參加戰鬥),本來就抱定了必死的決心。擐
(huàn),穿。固,副詞,本來。即,動詞,走向。

〔23〕勉,努力。

〔24〕御者本雙手執轡,這時解張把轡并在左手。并,動詞。轡(pèi),韁繩。

〔25〕援,拽過來。枹(fú),也寫作"桴",鼓槌。鼓,動詞,打鼓。

〔26〕逸,狂奔。

〔27〕軍隊隨着主帥的車趕上去。

〔28〕敗績,大敗。

〔29〕晉師追趕齊師,圍着華不注山繞了三圈。逐,追趕。周,動詞,繞。華不
注,山名,在今濟南東北。

韓厥夢子輿謂己曰[1]:"旦辟左右[2]。"故中御而從齊侯[3]。邴夏曰:"射其御者,君子也。"公曰:"謂之君子而射之,非禮也[4]。"射其左,越于車下[5];射其右,斃于車中[6]。綦毋張喪車[7],從韓厥曰:"請寓乘[8]。"從左右,皆肘之[9],使立於後。韓厥俛定其右[10]。

[1]韓厥,晉大夫,在這次戰役中任司馬(掌管祭祀、賞罰等軍政)。子輿,韓厥的父親。

[2]旦,早晨。辟,避開,後來寫作"避"。左右,指兵車左右兩側。這兩句是插敘頭天夜裏的事。

[3]中御,指韓厥代替御者,立在車的中央御車。韓厥非主將,本應居左。從,追趕。

[4]齊侯在戰爭中講"禮",是迂腐的,同時也與古人所謂戎事以殺敵爲禮不合。

[5]越,墜。

[6]斃,仆倒。按:《左傳》中像這樣記載卜筮和夢極爲靈驗的事很多,其實是硬行牽合的。

[7]綦(qí)毋張,晉大夫,姓綦毋,名張。

[8]請允許我搭你的車。寓,寄,指附搭。

[9]站在左邊和右邊,〔韓厥〕都用肘制止。因爲綦毋張是寄乘,所以說是"從"。肘,用如動詞。之,指綦毋張。

[10]俛,同"俯",低下身子。定,放穩當。其右,指原來在右邊被射倒的人。

逢丑父與公易位[1]。將及華泉[2],驂絓於木而止[3]。丑父寢於轏中[4],蛇出於其下,以肱擊之[5],傷而匿之[6],故不能推車而及[7]。韓厥執縶馬前[8],再拜稽首[9],奉觴加璧以進[10],曰:"寡君使羣臣爲魯衛請[11],曰無令輿師陷入君地[12]。下臣不幸,屬當戎行〔13〕,無所逃隱〔14〕,且懼奔辟而忝兩君〔15〕。臣辱戎士〔16〕,敢告不敏,攝官承乏〔17〕。"丑父使公下,如華泉取飲〔18〕。鄭周父御佐車,宛茷爲右〔19〕,載齊侯以免〔20〕。韓厥獻丑父,郤獻子將戮之。呼曰〔21〕:"自今無有代其君任患者〔22〕,有一於此,將爲戮乎〔23〕?"郤子曰:"人不難以死免其君〔24〕,我戮之不祥。赦之,以勸事君者〔25〕。"乃免之〔26〕。

〔1〕易位,換位置。丑父知道齊侯可能被擒,所以和齊侯易位。

〔2〕華泉,泉名,在華不注山下,流入濟水(見《水經注》)。

〔3〕驂(cān),古代用馬駕車,轅馬兩旁的馬叫驂。絓,通"挂",後來寫作"掛",絆住。

〔4〕輚(zhàn),棧車,即用木條橫排編成車箱的輕便車子。

〔5〕肱(gōng),胳膊從肩到肘的部分,這裏泛指胳膊。

〔6〕傷,丑父手臂受傷。匿,藏,指隱瞞。之,指所受的傷。從"丑父寢於輚中"至此,是作者插敍頭天夜裏的事。

〔7〕及,被〔韓厥〕趕上了。

〔8〕韓厥執縶站在齊侯馬前。縶,絆馬索。

〔9〕再拜稽首,比稽首更重的一種禮,先拜,然後稽首(參看第26頁《晉靈公不君》注〔15〕)。

〔10〕奉,捧。觴,一種盛酒器,功用如後代的酒杯。璧,玉環的一種。進,奉獻。這三句是寫韓厥對齊侯修"殞命"之禮(即俘獲敵國國君時的禮儀)。

〔11〕鞌之戰的前奏是齊伐魯、衛侵齊。魯衛敗,到晉國請救兵,所以韓厥說是替魯衛請求。這以下韓厥所說的話,都是委婉的外交辭令。

〔12〕不要讓許多軍隊深入您的國土,即不要讓晉軍進一步攻進齊境。無,通"毋",不要。輿,眾多,許多。

〔13〕下臣，韓厥自稱。這是人臣對別國國君的自謙之辭。屬，恰巧。當，遇。
　　　戎行(háng)，兵車的行列，指齊軍。

〔14〕沒有逃走躲藏的地方。隱，躲藏。

〔15〕而且怕〔因爲〕逃跑躲避而給兩國國君帶來恥辱。忝(tiǎn)，辱。

〔16〕〔因爲我在軍隊裏，〕使戎士受辱，這是說充數當個戎士。

〔17〕我冒昧地向您告稟，我是不會辦事的；人材缺乏，自己祇好承擔充數。言
　　　外之意即我要履行職責，俘虜你。敏，聰明。攝官，兼職。承，承擔。

〔18〕如，動詞，往。飲，用如名詞，指水。

〔19〕佐車，副車。鄭周父、宛茷(fèi)，都是齊臣。

〔20〕丑父已冒充爲齊侯，這時讓齊侯借着取水的工夫逃走。免，免於被俘。

〔21〕丑父呼。

〔22〕直到目前爲止，沒有能代替自己國君承擔患難的人。自今，從現在追溯
　　　到以前。

〔23〕〔現在〕這裏有了一個，將要被殺掉嗎？爲，等於說被。

〔24〕不把"以死免其君"看作難事。免，指使〔其君〕脫身。

〔25〕勸，鼓勵。

〔26〕免，釋放。

楚歸晉知罃(成公三年)〔1〕

　　晉人歸楚公子穀臣與連尹襄老之屍于楚〔2〕，以求知
罃〔3〕。於是荀首佐中軍矣，故楚人許之〔4〕。

〔1〕本文表彰了知罃(zhìyīng)忠君愛國、對楚不卑不亢的精神。歸，送還。
　　　知罃，晉臣，他父親是荀首。荀首封於知(又寫作"智")，於是以邑爲氏。

〔2〕穀臣，楚莊王的兒子。連尹，楚官名。襄老，楚臣。宣公十二年(公元前
　　　597 年)楚邲(地名，在今河南鄭州市東)之戰時，晉知罃被俘，晉卻擒
　　　獲了穀臣，射死了襄老，把屍首運回晉國。現在晉要用穀臣和襄老的屍
　　　體換回知罃。

〔3〕求,索取。

〔4〕於是,在這時候。於,介詞。是,代詞。中軍,古代出師分爲上中下(或左中右)三軍。主帥親率中軍。佐中軍,即當了副元帥。按:晉楚邲之戰時,晉雖失敗,但未喪元氣,楚一時還無力制服晉。這時能幹的荀首已被提拔爲副帥,楚怕晉尋事,所以答應送回知罃。

王送知罃曰〔1〕:"子其怨我乎?"對曰:"二國治戎〔2〕,臣不才,不勝其任〔3〕,以爲俘馘〔4〕。執事不以釁鼓〔5〕,使歸即戮〔6〕,君之惠也。臣實不才,又誰敢怨〔7〕?"王曰:"然則德我乎〔8〕?"對曰:"二國圖其社稷,而求紓其民〔9〕,各懲其忿以相宥也〔10〕,兩釋纍囚以成其好〔11〕。二國有好,臣不與及〔12〕,其誰敢德〔13〕?"王曰:"子歸,何以報我〔14〕?"對曰:"臣不任受怨,君亦不任受德〔15〕,無怨無德,不知所報〔16〕。"王曰:"雖然,必告不穀〔17〕。"對曰:"以君之靈〔18〕,纍臣得歸骨於晉〔19〕,寡君之以爲戮〔20〕,死且不朽〔21〕。若從君之惠而免之,以賜君之外臣首〔22〕,首其請於寡君而以戮於宗〔23〕,亦死且不朽。若不獲命〔24〕,而使嗣宗職〔25〕,次及於事〔26〕,而帥偏師以脩封疆〔27〕,雖遇執事,其弗敢違〔28〕;其竭力致死〔29〕,無有二心,以盡臣禮〔30〕,所以報也〔31〕。"王曰:"晉未可與爭。"重爲之禮而歸之〔32〕。

〔1〕王,指楚共王。

〔2〕戎,軍旅。治戎,整頓軍備。這裏以"治戎"代替"進行戰爭",是一種外交辭令。

〔3〕不才,等於説不中用。勝(shēng),擔當得起。任,職務。

〔4〕俘,戰爭時生俘的人。馘(guó),割取敵方戰死者左耳。"俘馘"在這裏

即指俘虜。

〔5〕執事,辦事人員。這是客氣話,實際指楚共王本人。釁(xìn),上古的一種祭禮,殺牲以血塗鐘鼓,這裏指以戰俘代牲釁鼓。不以釁鼓,等於説不把我殺掉。

〔6〕即,動詞,就,接近。戮,殺,用如名詞。即戮,等於説接受殺戮。

〔7〕又敢怨誰呢?這裏“誰”是“怨”的賓語,下文“誰敢德”結構與此相同。

〔8〕然則,〔既然〕如此,那麼……。然,代詞。則,連詞。德,用如動詞,感恩。

〔9〕兩國都爲自己的國家考慮,設法解除人民的痛苦。紓,緩和,解除。

〔10〕各懲一時之忿,而互相原諒。懲(chéng),懲戒。忿,怒氣,怨恨。宥(yòu),寬赦,這裏當原諒講。

〔11〕釋,釋放。纍,捆綁。囚,囚犯。纍囚,被捆綁起來的俘虜。成,全。好(hào),友好。

〔12〕與(yù),參與。及,趕上。與及,等於説發生關係。

〔13〕其,語氣詞,加强反問。知罃的意思是:你並不是爲了我而釋放我,我憑什麼對你感恩?

〔14〕何以,用什麼。

〔15〕我擔當不了受怨,您也擔當不了受德。這是説我沒什麼可恨你的,你也不值得我感激。任,擔當。

〔16〕不知所報,不知道報答什麼。

〔17〕雖然這樣,〔也〕一定得告訴我。雖,連詞,等於現代的“雖然”。然,代詞,這樣。不穀,見第15頁《齊桓公伐楚》〔5〕“不穀”注。

〔18〕以,靠。靈,福。

〔19〕纍臣能回到晉國。纍臣,知罃自稱。歸骨,把骨頭帶回去,這是客氣話。

〔20〕等於説假若我的國君把我殺掉。寡君,見第15頁《齊桓公伐楚》〔19〕注。戮,用如名詞,指殺的對象。

〔21〕等於説死了將很光榮。

〔22〕把我賜給您的外臣荀首。外臣,臣子對別國君主稱呼本國的臣。

〔23〕其,將。請,請求。宗,祖廟。古代家族權力很大,可以根據家法殺人。

〔24〕如果得不到命令，即晉君不准我父親這樣做。

〔25〕嗣，繼承。宗職，宗子(宗族首領，世襲)的職務。

〔26〕按次序擔任到軍事的職務。事，指軍事。

〔27〕帥，通"率"。偏師，副帥副將所屬的軍隊，這裏是客氣的説法。脩，治理。封疆，邊界。"封"和"疆"在這裏是同義詞。脩封疆，指保衛邊疆。

〔28〕其，將。下句"其"字同。違，躲避。弗敢違，這是委婉的説法，暗指我將跟您打起來。

〔29〕竭，盡。致死，等於説效死，即貢獻出生命。

〔30〕用〔這個〕來盡到臣對君應有的禮。按：禮的意義甚廣。"臣禮"指人臣所應盡的義務。竭力致死，無有二心，就是臣禮的表現。"臣禮"是對晉君説，不是對楚王説。知罃的意思是説：忠晉即所以報楚。

〔31〕〔這就是〕用來報答你的。

〔32〕很隆重地給他舉行禮儀，並把他送回去了。爲，在這裏有"行"的意思。

祁奚薦賢(襄公三年)〔1〕

　　祁奚請老〔2〕。晉侯問嗣焉〔3〕，稱解狐〔4〕——其讎也〔5〕。將立之而卒〔6〕。又問焉。對曰："午也可〔7〕。"於是羊舌職死矣〔8〕。晉侯曰："孰可以代之〔9〕?"對曰："赤也可〔10〕。"於是使祁午爲中軍尉〔11〕，羊舌赤佐之。

〔1〕祁奚，晉人，從成公十八年(即三年前)起，任中軍尉(尉，軍尉，平時掌軍政，戰時兼任主將的御者。中軍尉，中軍的軍尉)。薦，推舉。賢，指賢者，品德高尚而且有才能的人。襄公三年，即公元前570年。

〔2〕請老，告老，請求退休。

〔3〕晉侯向祁奚問接替中軍尉職務的人。晉侯，指晉悼公。嗣，用如名詞，指接替中軍尉職務的人。焉，指示代詞兼語氣詞。問嗣焉，等於説問嗣於祁奚。

〔4〕稱，舉。解(xiè)狐，晉臣。

〔5〕讎，仇敵。

〔6〕正要立解狐，解狐死了。卒，死。

〔7〕午，祁午，祁奚之子。也，句中語氣詞。

〔8〕於是，當這時候。羊舌職，晉臣，姓羊舌，名職，任中軍尉佐之職（即副中
　　　軍尉）。

〔9〕孰，誰。

〔10〕赤，羊舌赤，字伯華，羊舌職之子。

〔11〕於是，略等於現代的"於是"。

　　君子謂祁奚於是能舉善矣〔1〕。稱其讎，不爲諂〔2〕；立其子，不爲比〔3〕；舉其偏，不爲黨〔4〕。商書曰："無偏無黨，王道蕩蕩〔5〕"，其祁奚之謂矣。解狐得舉，祁午得位，伯華得官〔6〕：建一官而三物成，能舉善也〔7〕。夫唯善，故能舉其類〔8〕。詩云："惟其有之，是以似之〔9〕。"祁奚有焉。

〔1〕君子，見第12頁《鄭伯克段于鄢》注〔1〕。於是，在這件事情上。舉，推
　　　薦。善，指賢者。

〔2〕諂(chǎn)，諂媚。不爲諂，不算是諂。

〔3〕比(bì)，爲私利而無原則地結合，這裏是指偏愛自己親人。

〔4〕偏，直屬的下級。黨，動詞，和"比"意思相近，這裏指袒護自己的儕類。

〔5〕見《尚書·洪範》。相傳《洪範》爲商代箕子所作，所以稱爲《商書》。無
　　　偏，沒有偏向自己親人的事。這裏的"偏"和上文"舉其偏"的"偏"意義
　　　不同。無黨，沒有袒護自己儕類的事。王道，封建統治階級設想的一種
　　　理想的政治。蕩蕩，平坦開闊的樣子，這裏指平正無私。

〔6〕得舉，因解狐未得官而死，所以祇說"得舉"。得位、得官，同義。

〔7〕立了一個中軍尉而三件〔好〕事做成了，是由於能舉善啊。

〔8〕正因爲〔自己〕善，所以能舉薦跟自己一樣的人。夫(fú)，句首語氣詞。

〔9〕見《詩經·小雅·裳裳者華》。《詩經》“惟”作“維”。在這裏的意思是：祇有有德的人，纔能舉薦像自己一樣的人。

子産不毀鄉校（襄公三十一年）〔1〕

鄭人游于鄉校，以論執政〔2〕。然明謂子産曰〔3〕：“毀鄉校，何如〔4〕？”子産曰：“何爲〔5〕？夫人朝夕退而游焉〔6〕，以議執政之善否〔7〕。其所善者，吾則行之；其所惡者，吾則改之。是吾師也，若之何毀之？我聞忠善以損怨〔8〕，不聞作威以防怨〔9〕。豈不遽止〔10〕？然猶防川〔11〕：大決所犯〔12〕，傷人必多，吾不克救也；不如小決使道〔13〕，不如吾聞而藥之也〔14〕。”然明曰：“蔑也今而後知吾子之信可事也〔15〕，小人實不才〔16〕。若果行此，其鄭國實賴之〔17〕，豈唯二三臣〔18〕？”仲尼聞是語也〔19〕，曰：“以是觀之，人謂子産不仁，吾不信也。”

〔1〕子産，鄭大夫，名公孫僑，子産是字，春秋時有名的政治家。執政二十餘年，使處在晉楚雙重壓迫之下的弱小鄭國獲得安定，並受到各國尊重。鄉校，鄉間的公共場所。既是學校，又是鄉人聚會議事的地方。

〔2〕執政，指掌握政權的人。

〔3〕然明，鄭大夫，姓鬷（zōng），名蔑，字然明。

〔4〕何如，如何，等於説怎麼樣。

〔5〕何爲，幹什麼？

〔6〕夫，句首語氣詞，引起議論。退，指工作完畢回來。

〔7〕議，談論。善否（pǐ），好和不好。

〔8〕忠善，用如動詞，爲忠善。損怨，減少怨恨。

〔9〕防，堵住。

〔10〕難道不能很快地制止？遽(jù),急,迅速。

〔11〕但是就像堵大川一樣。川,河流。

〔12〕大決所造成的災害。決,堤防潰決。

〔13〕不如開個小口子讓〔川〕暢通。道,疏導,後來寫作"導"。

〔14〕不如我聽取〔他們的議論〕並且把它當作苦口良藥。藥,用如動詞,以……爲藥。之,指鄭人的議論。

〔15〕今而後,從今以後。信,誠然,的確。可事,可以成事。

〔16〕小人,然明自謙之稱。

〔17〕其,語氣詞。

〔18〕豈祇是我們這些做官的〔賴之〕。二三,泛指複數。

〔19〕仲尼,孔子的字。是,這。下文"以是觀之"的"是"同。

常 用 詞(一)　60字

言語謂訪請召報告諫討　反復舍次如　馳驟侵襲奔亡逐及執
免　享薦　圖虞　克堪有無
昭穆　勤乏　亂整　兩貳
兵車甲介卒乘　君師姑女　族黨讎　河防城池田館

1.【言】

(一)動詞。説話,説。《論語·鄉黨》:"食不語,寢不～。"《左傳·成公二年》:"豈敢～病?"引申爲談問題,對某事表示意見。《左傳·僖公四年》:"楚子使與師～曰。"《戰國策·趙策三》:"勝也何敢～事?"(勝:趙勝。平原君自稱。)《史記·廉頗藺相如列傳》:"趙括自少時學兵法,～兵事。"

(二)名詞。話,言論。《論語·公冶長》:"聽其～而觀其行。"引申爲一句話爲一言。《論語·爲政》:"詩三百,一～以蔽之,曰

'思無邪'。"(詩三百：詩經三百篇。)又一個字爲一言。《論語·衛靈公》："子貢問曰：'有一~而可以終身行之者乎？'子曰：'其"恕"乎！'"《史記·老子韓非列傳》："於是老子乃著書上下篇，言道德之意，五千餘~。"又如"五~詩""七~詩"。

2.【語】

(一)動詞。談話。《論語·鄉黨》："食不~，寢不言。"李白《夜宿山寺》詩："不敢高聲~，恐驚天上人。"

(二)讀 yù。告訴。《左傳·隱公元年》："公~之故，且告之悔。"《論語·陽貨》："居！吾~女。"(居：坐下。女：你。)

(三)名詞。言論，話。《論語·季氏》："吾聞其~矣，未見其人也。"

(四)諺語，俗話。《穀梁傳·僖公二年》："~曰：'脣亡則齒寒。'"《後漢書·黃瓊傳》："常聞~曰：'嶢嶢者易缺，皦皦者易汙。'"

[辨]言，語。在古代漢語裏，"言"是自動地跟人說話，"語"則是指回答別人的問話，或是和人談論一件事情，兩者區別很清楚。如《左傳·僖公三十年》"佚之狐言於鄭伯曰"，這是佚之狐主動向鄭伯進言，《宣公二年》的"歎而言曰"，是自動地慨歎，《成公二年》的"豈敢言病"，"言病"也是說自動說出自己受傷。這些地方的"言"都不能換成"語"。"言""語"用作及物動詞時，分別更是明顯。"言"一般祇能帶指事物的賓語(言病，言事)，如果指人，也祇能他指，不能指談話的對方。"語"既能帶指事物的賓語，例如《莊子·在宥》："又奚足以語至道。"帶指人的賓語時，可以指稱談話的對方，例如《論語·陽貨》："吾語女。"還可以帶雙賓語，例如《左傳·隱公元年》："公語之故。"《莊子·在宥》："吾語女至道。"總

之,在先秦,"語"字的"告訴"這一意義,是"言"字所不具備的。"諺語"一義,更是"言"所没有的。

3.【謂】

(一)對〔某人〕説。《左傳·僖公三十二年》:"公使～之曰。"《論語·公冶長》:"子～子貢曰。"

(二)叫,叫做,認爲。《詩經·王風·葛藟》:"～他人父。"《論語·陽貨》:"懷其寶而迷其邦,可～仁乎?"引申爲指稱,意指。《左傳·隱公元年》:"其是之～乎!"又《宣公二年》:"其我之～矣!"

(三)評論〔人物〕。《論語·公冶長》:"子～子産,有君子之道四焉。"《論語·八佾》:"子～韶盡美矣,又盡善也。"(韶:舜時的音樂名。)

(四)通"爲"。《左傳·僖公五年》:"一之～甚,其可再乎?"[以～]以爲。王安石《答司馬諫議書》:"某則以～受命於人主,議法度而修之於朝廷,以授之於有司,不爲侵官。"

[辨]謂,曰。"謂"是"説"的意思,後面有引語,但不與引語緊接;"曰"字後面緊跟着就是引語。小説裏常有某人"説道","謂"等於"説","道"等於"曰"。"謂""曰"與"言""語"分别更大,因爲"謂""曰"後面必須有引語(這裏指的是"謂"的第一義),"言""語"後面不一定有引語。

4.【訪】

(一)諮詢。《尚書·洪範》:"王～于箕子。"《左傳·僖公三十二年》:"穆公～諸蹇叔。"注意:上古漢語的"訪",是諮詢的意思,不可誤會爲探望。"王訪于箕子",是説周武王向箕子諮詢關於"天道"的意見。"穆公訪諸蹇叔",是説秦穆公向蹇叔諮詢關於襲擊鄭國的意見。都不是簡單的拜訪。"訪"的直接賓語是事,不是人。

所以第一例中有"于"字,表示箕子是間接賓語;第二例中有"諸"字,它是"之於"的合音,"之"指襲鄭這件事。

(二)拜訪(後起義)。孟浩然《訪袁拾遺不遇》詩:"洛陽~才子,江嶺作流人。"(江嶺:江西庾嶺。)引申爲探尋〔古迹,名勝〕。王勃《滕王閣序》:"~風景於崇阿。"蘇軾《石鐘山記》:"至唐李渤始~其遺蹤。"

(三)查訪,偵查(晚起義)。方苞《獄中雜記》:"又九門提督所~緝糾詰,皆歸刑部。"

5.【請】

請,請求。《左傳·隱公元年》:"亟~於武公。"注意:"請"字後面帶動詞時,有兩種不同的意義:第一種是請你做某事。《左傳·隱公元年》:"則~除之。"第二種是請你允許我做某事,"請"後動詞表示我的行爲。《左傳·隱公元年》:"臣~事之。"在上古漢語裏,第二種情況比較常見。《左傳·宣公二年》:"會~先。"《孟子·梁惠王上》:"王好戰,~以戰喻。"引申爲請求給予,後面跟着的是名詞。《左傳·隱公元年》:"爲之~制。"《論語·雍也》:"冉子爲其母~粟。"

6.【召】

呼喚,特指上對下的呼喚。《左傳·僖公三十二年》:"~孟明、西乞、白乙,使出師於東門之外。"引申爲招致,導致。《荀子·勸學》:"故言有~禍也,行有招辱也。"

[辨]召,招。用口叫人來爲"召",用手招人來爲"招"。《荀子·勸學》:"登高而招,臂非加長也,而見者遠。"

7.【報】

(一)斷獄,判決罪人。《韓非子·五蠹》:"~而罪之。"《漢書·張湯傳》：“傳爰書,訊鞫論~。”(爰書:録有犯人口供的判決文書。鞫:詳盡審問。)

(二)受了別人的東西以後,還送給他東西以爲回答。《詩經·衛風·木瓜》：“投我以木瓜,~之以瓊琚。”引申爲回答別人的恩惠或仇恨,即報恩或報仇。《左傳·成公三年》：“無怨無德,不知所~。”又引申爲天對人的善惡的報復。《荀子·宥坐》：“爲善者天~之以福,爲不善者天~之以禍。”

(三)奉命辦事完畢,回來報告。《戰國策·齊策四》：“廟成,還~孟嘗君曰。”

(四)給回信,答覆。司馬遷《報任安書》：“闕然久不~,幸勿爲過。”

8.【告】

(一)告訴。《左傳·隱公元年》：“且~之悔。”特指以大事報告祖宗或上帝。歐陽修《五代史·伶官傳·序》：“則遣從事以一少牢~廟。”

(二)規勸,舊讀入聲,讀如梏 gù。此義一般衹用於“忠告”。《論語·顏淵》：“忠~而善道之。”

[辨](1)報,告。“報”字一般用於復命,“告”字用於告訴,所以它們的差別頗大。(2)告,語。在“告訴”的意義上,“告”與“語”是同義詞,但對上就衹能用“告”,不能用“語”。(3)告,誥。“告”與“誥”同音同義,後來分化了:告上爲“告”,告下爲“誥”。

9.【諫】

用言語糾正君父或尊長的過失叫做諫。《左傳·宣公二年》：“宣子驟~。”《論語·里仁》：“事父母幾~。”(幾:不顯露,暗地裏。)

10.【討】

(一)研究。《論語・憲問》:"世叔~論之。"(討:研究。論:評論。)引申爲治理。《左傳・宣公十二年》:"其君無日不~國人而訓之。"

(二)聲討。《左傳・宣公二年》:"亡不越竟,反不~賊。"引申爲征伐,征討。《左傳・隱公九年》:"鄭伯爲王左卿士,以王命~之。伐宋。"又《十年》:"以王命~不庭,不貪其土。"(不庭:不來朝見。)

11.【反】

(一)翻轉,顛倒。《詩經・周南・關雎》:"輾轉~側。"《孟子・公孫丑上》:"以齊王,由~手也。"引申爲相反,對立。《論語・顏淵》:"君子成人之美,不成人之惡。小人~是。"又爲反而,反倒。《詩經・邶風・谷風》:"~以我爲讎。"

(二)造反,叛亂。《史記・項羽本紀》:"日夜望將軍至,豈敢~乎?"

(三)回來。《左傳・宣公二年》:"~不討賊。"《孟子・梁惠王下》:"比其~也,則凍餒其妻子。"這個意義後來寫作"返"。引申爲退還,歸還。《左傳・僖公二十三年》:"公子受飧~璧。"(飧:同"餐"。)《孟子・梁惠王下》:"王速出令,~其旄倪。"(旄:通"耄",老人。倪:小孩。)又爲反省。《孟子・公孫丑上》:"自~而不縮。"(縮:直。不縮:沒有理。)

12.【復】

(一)動詞。回來,回去。《左傳・僖公四年》:"昭王南征而不~。"又《宣公二年》:"宣子未出山而~。"注意:"復"是"往"的反面,所以說"往~"。"復"又與"反"是同義詞(都是"回來"),所以説"反~"。"復"與"來"意義也相近,所以又説"來~"。引申爲回復,報復。《孟子·梁惠王上》:"有~於王者曰。"又《滕文公下》:"爲匹夫匹婦~讎也。"又爲還原。《僞古文尚書·咸有一德》:"伊尹既~政厥辟。"(辟:君。厥辟:他的君。指太甲。)後代有"~辟""~位"。

(二)副詞。再,又。《左傳·僖公五年》:"晉侯~假道於虞以伐虢。"《史記·項羽本紀》:"項王乃馳,~斬漢一都尉。"又《淮陰侯列傳》:"水上軍開入之,~疾戰。"注意:在這種意義上,古代説"復",不説"再"。

[辨]反,復。在"回來"這個意義上,這兩個字是同義詞,没有什麽差别。但"反"用得更廣泛些。

13.【舍】

(一)賓館,招待所。《莊子·説劍》:"夫子休就~。"(請您休息,住在賓館裏。)引申爲房舍。

(二)住一夜。特指行軍或狩獵的臨時住宿。《左傳·莊公三年》:"凡師一宿爲~。"又《宣公二年》:"宣子田於首山,~于翳桑。"

(三)軍行三十里爲一舍。《左傳·僖公二十三年》:"其辟(避)君三~。"又二十五年:"退一~而原降。"(原:周邑。)

(四)放棄,不要,不取。這種意義後來寫作"捨"(shě)。《左傳·隱公元年》:"食~肉。"又《宣公二年》:"食之,~其半。"又《僖公三十年》:"若~鄭以爲東道主。"引申爲釋放。《孟子·梁惠王上》:"~之,吾不忍其觳觫。"又《萬章上》:"始~之,圉圉焉。"今仍簡化爲"舍"。

14.【次】

(一)依順序排列。《左傳·成公三年》:"~及於事。"《史記·

陳涉世家》：“陳勝、吳廣皆～當行。”注意：古代“次”不用作量詞。引申爲次第在後的，等級較差的。司馬遷《報任安書》：“太上不辱先，其～不辱身。”又：“～之又不能拾遺補闕。”

（二）臨時駐紮。《左傳・僖公四年》：“師進，～於陘。”又：“師退～於召陵。”引申爲外出旅行停留。《穆天子傳》卷五：“仲秋甲戌，天子東遊，～于雀梁。”

15.【如】

（一）往，到……去。《左傳・僖公四年》：“楚子使屈完～師。”又《成公十三年》：“文公～齊，惠公～秦。”

（二）像。《詩經・衛風・淇奧》：“～切～磋，～琢～磨。”《史記・項羽本紀》：“猛～虎，很～羊。”引申爲依照。柳宗元《三戒》：“犬皆～人意。”［不～］不及，比不上。《左傳・僖公三十年》：“臣之壯也，猶不～人。”《戰國策・齊策一》：“自以爲不～。”

（三）形容詞詞尾。《論語・述而》：“子之燕居，申申～也（很嚴肅的樣子），夭夭～也（很舒服的樣子）。”

（四）如果。《論語・先進》：“～或知爾，則何以哉？”《孟子・梁惠王上》：“王～知此，則無望民之多於鄰國也。”

（五）連詞。或。《論語・先進》：“方六七十，～五六十。”又：“宗廟之事，～會同。”

16.【馳】

（一）馬快跑。《左傳・宣公十二年》：“遂疾進師，車～卒奔。”（馬駕車快跑，士卒飛奔。）《莊子・秋水》：“騏驥驊騮，一日而～千里。”特指驅馬追擊敵軍。《左傳・莊公十年》：“公將～之。”又《成公二年》：“不介馬而～之。”又爲打馬使快跑。《孟子・滕文公上》：“好～馬試劍。”《漢書・周亞夫傳》：“上自勞軍，至霸上及棘門軍，直~入。”引申爲疾行。成語有“風~電掣”。

（二）傳播，流布。《韓詩外傳》卷八：“然其名聲~於後世。”孟郊《同年春燕》詩：“英名日四~。”

（三）向往，奔向。《隋書·史祥傳》：“身在邊隅，情~魏闕。”（魏闕：也叫象魏。皇帝所居的宮闕。）

[辨]馳，驅。二者是同義詞，都有馬快跑和趕馬快跑的意思。如《詩經·鄘風·載馳》“載馳載驅”都是馬快跑，《大雅·板》“無敢馳驅”則都是使快跑（意爲放縱）。但後來“馳”字主要沿着“快跑”這個意思發展下去，所以引申出“疾行”（如“風馳電掣”）、“流布”（如“名馳宇宙”）等意義。“驅”則着重向“使快跑”的意思方面發展，所以逐漸引申出“策驅”“驅使”“驅逐”和“驅除”等用法來。二者有了明顯的區別。

17.【驟】

（一）馬跑。《詩經·小雅·四牡》：“載~駸駸。”（駸駸 qīnqīn，馬快跑的樣子。）引申爲快速，疾。《老子》二十三章：“~雨不終日。”

（二）屢次。《左傳·宣公二年》：“宣子~諫。”

18.【侵】

進攻，特指没有鐘鼓的進攻。《左傳·僖公四年》：“齊侯以諸侯之師~蔡。”引申爲冒犯。《國語·楚語下》：“無相~瀆。”又爲侵奪，欺凌。《孟子·梁惠王下》：“狄人~之。”《史記·游俠列傳·序》：“豪暴~凌孤弱。”

19.【襲】

（一）衣一套叫一襲。《漢書·昭帝紀》：“賜衣被一~。”

（二）重疊。《楚辭·懷沙》：“重仁~義兮。”引申爲重複，因襲，沿用。《史記·秦始皇本紀》：“五帝不相復，三代不相~。”《後漢書·宦者傳·論》：“漢興，仍~秦制。”又爲繼〔封爵，職位〕。《三國志·魏書·武帝紀》：“漢高祖之起，曹參以功封平陽侯，世~爵土。”

（三）乘人不備而進攻。《左傳·隱公元年》：“繕甲兵，具卒乘，將~鄭。”又《僖公三十二年》：“勞師以~遠。”

〔辨〕侵，襲，伐。《左傳·莊公二十九年》：“凡師有鐘鼓曰伐，無曰侵，輕曰襲。”“伐”是正式的戰爭，所以有鐘鼓，而且進攻的國家總要找一些“聲討”的理由，如“包茅不入”“無禮”“貳於楚”等（參看第六單元“伐”字條）。“侵”就不需要任何理由，祇是“不宣而戰”。“侵”與“伐”是不同的，所以《左傳·僖公四年》說：“侵蔡，遂伐楚。”“襲”比“侵”更富於秘密性質，祇是偷偷地進攻，所以《左傳·僖公三十二年》說：“若潛師以來，國可得也。”

20.【奔】

（一）跑。《莊子·田子方》：“夫子~逸絕塵。”特指戰敗逃跑。《論語·雍也》：“~而殿。”（殿：在後面。）

（二）逃亡〔到外國〕。《左傳·莊公八年》：“〔鮑叔牙〕奉公子小白出~莒。”（莒 jǔ：國名。）又《僖公四年》：“重耳~蒲，夷吾~屈。”（重耳，夷吾：都是晉獻公的兒子。蒲，屈：都是地名。）引申爲逃走〔到某地〕。文天祥《指南錄後序》：“得間~真州。”（得間 jiàn：找機會。）

（三）男女相悅，不依舊禮教的規定而自相結合。《詩經·王風·大車》：“豈不爾思，畏子不~。”《周禮·地官·媒氏》：“~者不禁。”《史記·司馬相如列傳》：“文君夜亡~相如。”

21.【亡】

（一）逃跑。《左傳·宣公二年》：“問其名居，不告而退，遂自~

也。"《孟子·梁惠王下》："昔者所進,今日不知其~也。"特指出奔,逃到外國去。《左傳·宣公二年》:"~不越竟。"引申爲失掉(讓它跑掉)。《戰國策·楚策四》:"~羊而補牢,未爲遲也。"

(二)滅亡。跟"存"相對。《左傳·僖公三十年》:"然鄭~,子亦有不利焉。"《戰國策·魏策四》:"且秦滅韓~魏。"

(三)死。跟"存"相對。《論語·雍也》:"~之! 命矣夫!"

(四)讀 wú。通"無"。《論語·雍也》:"今也則~。"又《顏淵》:"人皆有兄弟,我獨~。"

22.【逐】

(一)追趕,追捕,追回來。《尚書·費誓》:"臣妾逋逃,無敢越~。"(越逐:指越過軍壘去追捕。)《周易》睽(kuí)卦:"喪馬勿~。"《漢書·蒯通傳》:"秦失其鹿,天下共~之。"用於抽象意義,表示追求。《韓非子·難一》:"以有盡~無已。"

(二)追擊。《左傳·莊公十年》:"遂~齊師。"又《成公二年》:"齊師敗績,~之。"

注意:(一)(二)兩個義項都不能解作"驅逐"。因爲(一)像逐馬、逐鹿,都是追回來的意思,並非把它趕走;(二)像逐齊師,更不是把敵軍趕走,追擊是爲了殺傷和擒獲。

(三)〔把別人〕趕出去。《左傳·僖公二十三年》:"以戈~子犯。"(子犯:人名,即狐偃。)引申爲驅逐,放逐。《史記·李斯列傳》:"非秦者去,爲客者~。"又《管晏列傳》:"三仕三見~。"(見:被。)《楚辭·哀郢》:"信非吾罪而棄~兮。"[~臣][~客]被貶謫的官。宋之問《途中寒食》詩:"南溟作~臣。"杜甫《夢李白》詩:"~客無消息。"

[辨]追,逐。二字一般用起來沒有分別。試比較《左傳·桓公

六年》"請追楚師"與《莊公十年》"遂逐齊師"。但是，"放逐"的意義不能説成"追"。而"挽回"的意義又衹能説成"追"(《論語·微子》"往者不可諫，來者猶可追")，不能説成"逐"。

23.【及】

(一)追趕上。《左傳·成公二年》："故不能推車而~。"引申爲達到。《左傳·隱公元年》："若闕地~泉，隧而相見，其誰曰不然？"又《成公二年》："將~華泉。"引申爲到那個時候。《左傳·成公二年》："病未~死。"爲趁這個時候。《戰國策·趙策四》："願~未填溝壑而託之。"又引申爲品行趕得上。《論語·公冶長》："非爾所~也。"又引申爲涉及，發生關係。《論語·衛靈公》："言不~義。"

(二)與。用爲連詞。《左傳·隱公元年》："生莊公~共叔段。"又用爲介詞。《左傳·僖公四年》："屈完~諸侯盟。"

24.【執】

(一)捉拿，拘捕，擒獲。《左傳·僖公五年》："遂襲虞，滅之，~虞公。"

(二)拿着。《論語·述而》："雖~鞭之士，吾亦爲之。"引申爲掌握。《論語·季氏》："陪臣~國命，三世希不失矣。"[~事](1)任事。《論語·子路》："居處恭，~事敬。"(2)主事[的官]。《尚書·盤庚下》："邦伯師長百~事之人，尚皆隱哉。"(邦伯，師長：指諸侯公卿。隱：痛苦。)(3)服務的人。用於對人的尊稱。不直稱他本人，而以他左右服務者來替代。《左傳·僖公三十年》："敢以煩~事。"楊修《答臨淄侯牋》："又嘗親見~事握牘持筆，有所造作。"(牘：木簡。)

(三)志向相同的朋友。《禮記·曲禮上》："~友稱其仁也。"又："見父之~，不謂之進不敢進。"[父~]父親的至交。杜甫《贈衛八處士》詩：“怡然敬父～，問我來何方。”

25.【免】

（一）脱身，使脱身。《禮記·曲禮上》：“臨財毋苟得，臨難毋苟～。”《左傳·成公二年》：“人不難以死～其君。”引申爲釋放。《左傳·成公二年》：“乃～之。”又爲脱掉。《左傳·僖公三十三年》：“～冑入狄師。”

（二）罷免（後起義）。《漢書·文帝紀》：“遂～丞相勃，遣就國。”

26.【享】

把食物獻給鬼神。《周易》隨卦：“王用～于西山。”《尚書·盤庚上》：“兹予大～于先王。”《左傳·僖公五年》：“吾～祀豐絜，神必據我。”引申爲鬼神享受祭品。《孝經·孝治》：“祭則鬼～之。”再引申爲人享受福禄。《左傳·僖公二十三年》：“而～其生禄。”

27.【薦】（荐）

（一）獸所吃的草。《莊子·齊物論》：“麋鹿食～。”《漢書·終軍傳》：“隨畜～居。”（薦居：依水草而居，無常處。）

（二）草席。《楚辭·九歎·逢紛》：“薜荔飾而陸離～兮，魚鱗衣而白蜺裳。”（陸離：美玉。）曹植《九詠》：“茵～兮蘭席。”又動詞。墊在下面。賈誼《弔屈原賦》：“章甫～履。”

（三）向鬼神進獻物品，特指無牲的祭祀。《左傳·隱公三年》：“可～於鬼神。”又《僖公五年》：“而明德以～馨香，神其吐之乎？”又爲一般的祭獻，奉獻，進獻。《論語·鄉黨》：“君賜腥，必熟而～之。”（腥：生肉。）又引申爲向君主進獻或推舉賢才。《孟子·萬章上》：“堯～舜於天。”《漢書·雋不疑傳》：“〔暴〕勝之遂表～不疑。”（暴勝之：人名。）

[辨]薦，祭。二字在祭的意義上爲同義詞。細分則無牲而祭曰薦，薦而加牲曰祭（《穀梁傳·桓公八年》注）。《左傳·僖公五年》：“而明德以薦馨香。”馨香指的是黍稷之類。（《禮記·郊特牲》注：“馨香謂黍稷。”）後世薦祭不再區別。

28.【圖】

（一）考慮，反復考慮。《左傳·僖公三十年》：“闕秦以利晉，唯君~之。”又《成公三年》：“二國~其社稷。”[不~]想不到。《論語·述而》：“不~爲樂之至於斯也。”引申爲設法對付。《左傳·隱公元年》：“無使滋蔓，蔓難~也。”《漢書·高帝紀》：“羽可~。”（羽：項羽。）

（二）圖畫。《論語·子罕》：“鳳鳥不至，河不出~。”（這裏的“圖”指的是八卦圖。傳説伏羲氏據以畫成八卦。）引申爲地圖，圖表。《史記·蕭相國世家》：“何獨先入收秦丞相御史律令~書藏之。”又：“以何具得秦~書也。”（何：指蕭何。）按：“圖書”原是兩個詞，圖是地圖，《史記·刺客列傳》：“圖窮而匕首見。”書是户口册及其他書籍。

29.【虞】

（一）意料。《左傳·僖公四年》：“不~君之涉吾地也。”[不~]意料不到的事（多指壞的）。《詩經·大雅·抑》：“用戒不~。”（戒：警戒，戒備。）

（二）欺騙。《左傳·宣公十五年》：“我無爾詐，爾無我~。”

30.【克】

（一）戰勝，攻破。《左傳·隱公元年》：“鄭伯~段于鄢。”又《僖公四年》：“以此攻城，何城不~？”引申爲克服。《論語·顏淵》：“~己復禮爲仁。”（依朱熹説：克，勝；己，身之私欲。克己，等於説克服自己的私欲。）

(二)能。《詩經·大雅·蕩》:"靡不有初,鮮~有終。"《左傳·宣公二年》引此文。

31.【堪】

經得起。受得住。《左傳·隱公元年》:"君將不~。"又:"國不~貳。"《論語·雍也》:"人不~其憂。"引申爲可。杜甫《房兵曹胡馬》詩:"所向無空闊,真~託死生。"又《解悶》詩:"復憶襄陽孟浩然,清詩句句盡~傳。"注意:上古漢語的"堪"字是一般動詞,常帶賓語;後代用作助動詞,放在動詞的前面。

32.【有】

(一)有。《左傳·隱公元年》:"小人~母。"特指領有,佔有。《孟子·公孫丑上》:"武丁朝諸侯,~天下。"又特指具有某種美德。《左傳·襄公三年》:"詩云:'惟其有之,是以似之。'祁奚~焉。"(祁奚有此美德。)

(二)通"又"。一般用於稱數法。"有"字放在兩位數的中間。《論語·爲政》:"吾十~五而志於學。"《孟子·萬章上》:"舜相堯二十~八載。"甚至可以用兩個"有"字。《尚書·堯典》:"朞三百~六旬~六日。"(一週年是三百六十六日。)"餘"字前面,也常常加"有"字。《戰國策·齊策一》:"鄒忌脩八尺~餘。"《孟子·盡心下》:"由文王至於孔子五百~餘歲。"這是上古稱數法的特點。

(三)名詞詞頭。《尚書·皋陶謨》:"何遷乎~苗。"又:"亮采~邦。"又用於有些形容詞前。《詩經·邶風·擊鼓》:"不我以歸,憂心~忡。"[~司]掌管某方面事物的官吏。《史記·廉頗藺相如列傳》:"召~司案圖。"

33.【無】

(一)動詞。沒有。《詩經·豳風·七月》:"~衣~褐,何以卒歲。"《左傳·成公三年》："～怨～德,不知所報。"字又寫作"无"。
"無"字也表示"無論""不論"。李斯《諫逐客書》："是以地～四方,
民～異國。"這種用法常放在一對反義詞的前面。《漢書·高后
紀》："～少長,皆斬之。"又《田儋傳》："政事～巨細,皆决于橫。"
（橫:田橫。）也可以用兩個"無"字。韓愈《師説》："是故～貴～
賤,～長～少,道之所存,師之所存也。"[～乃]副詞。表示委婉語
氣。等於説衹怕、恐怕。《左傳·僖公三十二年》："師勞力竭,遠主
備之,～乃不可乎?"《論語·季氏》："求!～乃爾是過與?"（求:
冉求。）

（二）副詞。放在動詞前面,表示禁止。《尚書·盤庚上》:
"汝～侮老成人。"《左傳·隱公元年》:"～使滋蔓。"這個意義也寫
作"毋"。《史記·項羽本紀》:"毋妄言,族矣!"引申爲否定副詞,
義近於"不",用來否定不該做的事。《論語·學而》:"君子食～求
飽,居～求安。"又《公冶長》:"願～伐善,～施勞。"《戰國策·楚策
一》:"子～敢食我也。"也寫作"毋"。《史記·張儀列傳》:"子毋讀
書遊説,安得此辱乎?"

[辨]無,不。"無"是動詞（指其第一義）,它所否定的是名詞;
"不"是副詞,它所否定的是形容詞和動詞。因此,"無"字後面的形
容詞和動詞往往帶名詞性,如"無上""無窮""無畏";"不"字後面
的名詞則帶動詞性,如"不君""不臣""不國"。上古時代,"無"字
有時有"不"的意思,"不"字却没有"無"的意思。後來"無"和
"不"的分別就更清楚了。

34.【昭】

（一）明亮。《詩經·大雅·抑》:"昊天孔～。"（昊天:上天;
孔:甚。）又動詞。顯示,使彰明。《左傳·桓公二年》:"是以清廟茅

屋……~其儉也。"

（二）宗廟的次序，始祖廟居中，左爲昭，右爲穆。天子七廟，始祖廟之外，有三昭三穆。諸侯五廟，有二昭二穆。大夫三廟，一昭一穆。父爲昭，則子爲穆；父爲穆，則子爲昭。《左傳·僖公五年》："大伯、虞仲，大王之~也。"（大伯、虞仲是大王的兒子，所以說"大王之~也"。）

35.【穆】

（一）和。《詩經·大雅·烝民》："~如清風。"成語有"和~""雍~""安~"。在這個意義上，"穆"與"睦"差不多。

（二）敬。《尚書·金縢》："我其爲王~卜。"雙音詞有"肅~"。[~~]肅敬的樣子。《禮記·曲禮下》："天子~~。"

（三）宗廟的次序。跟"昭"相對。《左傳·僖公五年》："虢仲、虢叔，王季之~也。"（王季是大王的兒子，是昭，而昭的兒子是穆。）

36.【勤】

（一）疲勞，辛苦。跟"逸"相對。《論語·微子》："四體不~，五穀不分。"《孟子·滕文公上》："將終歲~動。"《莊子·天下》："其生也~。"

（二）努力工作，不偷懶。跟"怠""惰"相對。《尚書·梓材》："先王既~用明德。"《僞古文尚書·蔡仲之命》："克~無怠。"

[辨]勤，勞。"勤"與"勞"是同義詞，所以《左傳·僖公三十二年》前面說"勞師以襲遠"，後面說"勤而無所"，"勞"與"勤"是前後呼應的。"勤民"是"使民辛苦"，例如《左傳·僖公三十三年》："秦違蹇叔，而以貪勤民。"這個意義，後來可以說成"勞民"。"勤民"另一意義是"爲民辛苦"，例如《左傳·僖公二十八年》："非神敗令尹，令尹其不勤民，實自敗也。"這個意義不能說成"勞民"。

37.【乏】

缺少，特指食用的缺少。《左傳·僖公三十年》："行李之往來，供其~困。"《戰國策·齊策四》："孟嘗君使人給其食用，無使~。"又動詞。缺乏。《左傳·桓公六年》："今民各有心，而鬼神~主。"注意："疲乏"是後起的意義。

38.【亂】

(一)沒有秩序。跟"整"相對。《左傳·僖公三十年》："以~易整，不武。"特指政治上沒有秩序，跟治相對。《孟子·滕文公下》："天下之生久矣，一治一~。"引申爲擾亂，破壞。《論語·微子》："欲絜其身而~大倫。"

(二)樂曲的末章。《論語·泰伯》："關雎之~。"辭賦的結束語也叫"亂"。《楚辭·哀郢》："~曰……"

39.【整】

整齊，有秩序。跟"亂"相對。《左傳·僖公三十年》："以亂易~，不武。"又動詞。整頓。《左傳·宣公十二年》："子姑~軍而經武乎！"

40.【兩】

(一)數詞。成對的兩個，雙方。《莊子·秋水》："~涘渚崖之間，不辨牛馬。"（涘：岸。）又《讓王》："~臂重於天下也，身亦重於~臂。"《左傳·成公二年》："且懼奔辟，而忝~君。"《荀子·勸學》："事~君者不容。"雙音詞有"~手""~翼""~廡""~京""~端""~造""~袖"等。引申爲二。杜甫《南鄰》詩："野航恰受~三人。"

(二)數詞用作狀語。雙方施行同一行爲，或遭受同一行爲。《左傳·成公三年》："~釋纍囚以成其好。"《荀子·勸學》："目不能~視而明，耳不能~聽而聰。"現代成語有"~全其美""~敗俱傷”等。

（三）量詞。成雙纏起作用的東西，或以雙爲單位的名詞，往往以“兩”爲量詞，車有兩輪，所以車以“兩”爲單位（後代寫成“輛”）。《詩經·召南·鵲巢》：“之子于歸，百~御之。”鞋子成雙纏起作用，所以屨以“兩”爲單位（後代説成“雙”）。《詩經·齊風·南山》：“葛屨五~。”後來“兩”用作重量單位，二十四銖(zhū)爲一兩，十六兩爲一斤。據《漢書·律曆志》説，十二銖爲一龠(yuè)，兩龠爲一兩，所以叫“兩”。

41.【貳】

（一）副的。與“正”相對。《周禮·天官·大宰》：“乃施法於官府，而建其正，立其~。”（指副職。）又《秋官·大司寇》：“皆受其~而藏之。”（指副本。）《孟子·萬章下》：“帝館甥于~室。”（指副宮。帝：帝堯。館：使居住。甥：女壻，指帝舜。）引申爲輔助，輔佐。《僞古文尚書·周官》：“~公弘化，寅亮天地，弼予一人。”

（二）重複一次。《論語·雍也》：“不遷怒，不~過。”

（三）屬於二主，事二主。《左傳·隱公元年》：“既而大叔命西鄙北鄙~于己。”引申爲不專一。跟“壹”相對。《僞古文尚書·大禹謨》：“任賢勿~，去邪勿疑。”又爲離異，生二心。《左傳·僖公二十三年》：“子盍蚤自~焉。”（蚤：通“早”。）

（四）不一樣，不相同。《孟子·滕文公上》：“從許子之道，則市賈不~。”

[辨]二，貳，兩，再。“二”是一般數目字，“貳”與“二”雖同音，但它祇用於特殊場合，如“貳屬”“貳事”“二心”等。“貳”用作“二”，是後代的假借用法。“二”和“兩”在上古有很大的分別。“兩”是指自然成雙的事物，如“兩手”“兩端”“兩翼”；“二”則表示

一般數目,不能取代"兩"的上述作用。就後來稱數方面而言,"兩"的用法,選擇條件較嚴,如"十二"不能説"十兩","第二"也不能説成"第兩";"二"在這方面則較自由。另外,"兩"能作副詞,"二"則無此作用。"兩"和"再"有表面的相似處,但實際内容完全不同。如"兩説"和"再説","兩度"和"再度"。就是同用來作狀語,二者所表示的内容也不相同。如"兩得"是説得到兩樣東西,"再得"則表示一種東西得到了兩次。

42.【兵】

(一)兵器,武器。《左傳·隱公元年》:"繕甲~。"又《成公二年》:"擐甲執~。"《孟子·梁惠王上》:"棄甲曳~而走。"

(二)持兵器的人,士兵,軍隊。《左傳·襄公元年》:"敗其徒~於洧上。"(徒兵:步兵。洧 wěi:水名,在今河南。)引申爲戰陣之事,軍事,戰爭。《左傳·隱公三年》:"公子州吁,嬖人之子也,有寵而好~。"《禮記·禮運》:"而~由此起。"《史記·孫子吴起列傳》:"世傳其~法。"

43.【車】

(一)車子。上古的車,除用於運輸和旅行以外,還有一種重要的用途,就是用於戰爭(兵車)。《左傳·隱公元年》:"命子封帥~二百乘以伐京。"《論語·憲問》:"桓公九合諸侯,不以兵~。"

(二)牙牀。《左傳·僖公五年》:"諺所謂輔~相依,脣亡齒寒者,其虞虢之謂也。"按:這個意義祇用於"輔~相依"這個成語裏。

"車"字讀 jū、chē 二音。

44.【甲】

(一)古代軍人穿的皮做的護身衣服。《左傳·成公二年》:"擐~執兵。"引申爲披甲執兵的人,即甲士。《左傳·宣公二年》:

"伏~將攻之。"引申爲動物身上有保護功用的硬殼。如"龜~"。

（二）天干的第一位。古代以干支紀日。《尚書·牧誓》："時~子昧爽，王朝至于商郊。"（昧爽：將明未明之時。）《楚辭·哀郢》："~之鼂吾以行。"後來也用來紀年。引申爲居第一位，用如動詞（較後起的意義）。《漢書·貨殖傳》："秦楊以田農而~一州。"《史記·魏其武安侯列傳》："治宅~諸第。""甲第"二字連用指大宅（因爲有甲乙次第）。《史記·孝武本紀》："賜列侯~第。"

45.【介】

（一）疆界。《詩經·周頌·思文》："無此疆爾~。"這個意義後來寫作"界"。引申爲居中，在中間。《左傳·襄公九年》："~居二大國之間。"《戰國策·趙策三》："勝請爲紹~而見之於將軍。"現代漢語有雙音詞"媒~""~紹"。又特指居賓主之間作傳言人（有時是代言）。《禮記·檀弓下》："子服惠伯爲~。"

（二）特立，直立（都是指品行）。《孟子·盡心上》："柳下惠不以三公易其~。"又用來形容物體直立的樣子。《水經注·盧江水》："又有孤石，~立大湖中。"〔耿〕光明正大，具有卓越的操守。形容詞。《楚辭·離騷》："彼堯舜之耿~兮，既遵道而得路。"《韓非子·五蠹》："不養耿~之士。"

（三）量詞。個。祇限於"一~"。《尚書·秦誓》："如有一~臣。"後來用作謙稱。《三國志·魏書·管寧傳》："自陳一~野生，無軍國之用。"王勃《滕王閣序》："勃三尺微命，一~書生。"

（四）甲。特指披甲執兵的人，即甲士。《左傳·宣公二年》："既而與爲公~。"用如動詞時，表示披甲。《左傳·成公二年》："不~馬而馳之。"〔~蟲〕有甲殼的蟲。《淮南子·説山》："~蟲之動以固。"

（五）通"芥"。比喻微末的事物。《孟子·萬章上》："一~不以與人,一~不以取諸人。"《戰國策·齊策四》："孟嘗君爲相數十年,無纖~之禍者,馮諼之計也。"

46.【卒】

（一）步兵。《左傳·隱公元年》："具~乘。"又《成公十六年》："臣之~實奔。"

（二）終,終於。《戰國策·趙策三》："~爲天下笑。"

（三）死,上古特指諸侯大夫的死。《左傳·僖公三十二年》："冬,晉文公~。"

（四）通"猝"（cù）,匆忙急遽的樣子。《孟子·梁惠王上》："~然問曰:'天下惡乎定?'"

[辨]軍,士,卒,兵。"軍"是集體名詞,跟"士""卒""兵"都不同。上古"兵"和"卒"有很大的區別:"卒"是戰士,而"兵"一般是指器械。《左傳·文公七年》："訓卒利兵。""卒"是人,所以要訓練;"兵"是戈矛之類,所以要"利"(磨它,使它鋒利)。"士"和"卒"的分別是:作戰時,士在戰車上面,卒則徒步。

47.【乘】

（一）平聲,讀 chéng。動詞。駕車,乘車。《左傳·僖公四年》："與屈完~而觀之。"《論語·衛靈公》："~殷之輅。"(輅 lù:車之一種。)引申爲乘船。《詩經·邶風·二子乘舟》："二子~舟,汎汎其景。"又引申爲憑藉,趁着。《孟子·公孫丑上》："雖有智慧,不如~勢。"《史記·淮陰侯列傳》："此~勝而去國遠鬬,其鋒不可當。"

（二）去聲,讀 shèng。名詞。兵車,包括一車四馬。《左傳·隱公元年》："繕甲兵,具卒~。"(這裏的"乘"指車和士。)又量詞。

春秋時代,兵車一乘有甲士三人,步卒七十二人。《左傳·隱公元年》:"命子封帥車二百~以伐京。"古人所謂"千~之國""萬~之國",是指國家具有這樣的武裝力量。又出使的車、田獵的車也都以"乘"爲量詞。《莊子·列禦寇》:"其往也,得車數~。"

注意:春秋時代,車馬相連,有車必有馬,有馬必有車。《論語·公冶長》:"陳文子有馬十乘",這是説他有十乘車的馬,即四十匹馬。《論語·雍也》:"~肥馬",這是説駕車用的是肥馬。不可理解爲"騎馬"。

48.【君】

(一)封建時代天子和諸侯的通稱。跟"臣"相對。《左傳·文公十三年》:"天生民而樹之~。"又《成公二年》:"人不難以死免其~。"《孟子·離婁上》:"欲爲~,盡~道;欲爲臣,盡臣道。"注意:秦漢以來,實行中央集權,"君"祇能指稱天子。[~子](1)春秋時代貴族男子的通稱,往往包含尊敬義。《左傳·成公二年》:"謂之~子而射之,非禮也。"(2)指統治者。《孟子·滕文公上》:"無~子莫治野人。"(3)舊時指有才德的人。《論語·學而》:"人不知而不愠,不亦~子乎?"(4)妻稱夫。《詩經·王風·君子于役》:"~子于役,不知其期。"

(二)戰國時代貴族、功臣的封號。如齊國田文號"孟嘗~",趙國的趙勝號"平原~",樂毅爲"望諸~"。引申爲一般尊稱。《史記·孫子吳起列傳》:"於是孫子(臏)謂田忌曰:'~弟重射,臣能令~勝。'"(弟:但,祇管。)又《魏其武安侯列傳》:"上乃曰:'~除吏已盡未?'"又:"上怒曰:'~何不遂取武庫!'"(上:指漢武帝。)

(三)指父母。《周易》家人卦:"家人有嚴~焉,父母之謂也。"引申爲子孫對祖先的稱呼。《尚書》偽孔傳序:"先~孔子,生於周末。"後世特指父親。王勃《滕王閣序》:"家~作宰,路出名區。"

49.【師】

(一)軍隊二千五百人爲一師。一般泛指軍隊。《左傳·僖公四年》:"齊侯以諸侯之~侵蔡。"又《僖公三十二年》:"使出~於東門之外。"

(二)傳授知識技術的人,老師。跟"弟子"相對。《論語·衛靈公》:"當仁不讓於~。""師"又用如動詞。司馬遷《報任安書》:"若望僕不相~。"(望:怨。僕:自謙之稱。)韓愈《師説》:"巫醫樂師百工之人,不恥相~。"

(三)樂官。上古樂師一般用盲人充任。《論語·衛靈公》:"故相~之道也。"(相 xiàng:引導、佐助〔盲人〕。)先秦有"~曠""~摯""~冕"。(曠、摯、冕:都是人名。)

50.【姑】

(一)父之姊妹。《詩經·邶風·泉水》:"問我諸~。"

(二)夫之母。《左傳·昭公二十八年》:"伯石始生,子容之母走謁諸~。"(伯石剛生下來的時候,子容的母親跑去告訴她的婆婆。諸:"之於"的合音。)朱慶餘《近試上張水部》詩:"洞房昨夜停紅燭,待曉堂前拜舅~。"(按:公婆並稱時,則稱"舅~"。也稱"~嬙"。)

(三)夫之姊妹。古詩《爲焦仲卿妻作》:"新婦初來時,小~始扶牀。"

(四)姑且,暫且。《左傳·隱公元年》:"子~待之。"《戰國策·齊策四》:"君~高枕爲樂矣。"

51.【女】

(一)婦女。特指未嫁的女子。《詩經·周南·關雎》:"窈窕

淑～,君子好逑。"又《邶風·靜女》:"靜～其姝,俟我于城隅。"也泛
指女性。《楚辭·離騷》:"衆～嫉余之蛾眉兮。"《周易·序卦》:
"有男～,然後有夫婦。"用作定語時,表示女的,女性的。《詩經·
小雅·斯干》:"乃生～子。"(女子:女性的孩子。)

(二)女兒。《荀子·成相》:"妻以二～,任以事。"杜甫《贈衛
八處士》詩:"昔別君未婚,兒～忽成行。"

(三)星宿名。二十八宿之一。但"牛～"連稱時,"女"則是指
織女星。

(四)讀 rǔ。你,你們。《詩經·魏風·碩鼠》:"逝將去～。"
《左傳·僖公四年》:"五侯九伯,～實征之。"這個意義又寫作"汝"。

[辨]婦,女。已嫁的爲"婦",未嫁的叫"女"。有時候已嫁未
嫁的女性都可統稱爲"女",如《詩經·衛風·氓》的"女也不爽"的
"女"就是已婚的,但未婚的女性決不能稱"婦"。

52.【族】

(一)親屬。一般指同姓的親屬。《左傳·僖公五年》:"宫之
奇以其～行。"用作動詞,表示滅族。這是專制時代的殘酷刑法之
一。《史記·項羽本紀》:"毋妄言,～矣!"引申爲種類。《淮南子·
俶真》:"萬物百～。"雙音詞有"水～""語～"。

(二)聚結。《莊子·養生主》:"每至於～,吾見其難爲,怵然爲
戒。"又《在宥》:"雲氣不待～而雨。"又爲叢聚。《爾雅·釋木》:
"木～生爲灌。"引申爲衆,一般。《莊子·養生主》:"～庖月更刀,
折也。"

53.【黨】

(一)上古時代,五百家爲黨。《論語·雍也》:"以與爾鄰里
鄉～乎。"又《子路》:"宗族稱孝焉,鄉～稱弟(悌)焉。"

（二）親族，姻戚。《禮記·坊記》：“睦於父母之～。”舊有“父～”“母～”“妻～”等名。

（三）集團，集團的成員。《左傳·襄公二十一年》：“皆欒氏之～也。”[～與]同黨的人。《漢書·霍光傳》：“後桀～與有譖光者。”引申爲袒護，偏袒，憑私人交情。《尚書·洪範》：“無偏無～。”《左傳·襄公三年》：“舉其偏，不爲～。”按：在古代漢語中，“黨”指集團時，一般祇用於貶義，所以引申爲偏袒。

[辨]黨，党。古代二字不同。雖同都是姓，但“黨”讀 zhǎng，“党”讀 dàng（今讀上聲）。我國古代少數民族名（西羌的別種）“党項”的“党”，更不作“黨”。

54.【讎】（讐）

仇人。《左傳·襄公三年》：“稱解狐，其～也。”又：“稱其～，不爲詔。”關於“仇”與“讎”的分別，參看“仇”字條。

55.【河】

專有名詞。黃河。《左傳·僖公四年》：“東至于海，西至于～。”《孟子·梁惠王上》：“～內凶，則移其民於～東。”《呂氏春秋·察傳》：“晉師三豕涉～。”引申爲一般河流。杜甫《春望》詩：“國破山～在。”注意：在上古時代，“河”專指黃河。即使在後代，除非用於雙音的河名（如“交河”），或“河山”“山河”連用，否則一般仍指黃河。如杜甫《前出塞》詩：“隔～見胡騎，倏忽數百羣。”

56.【防】

（一）名詞。河堤，河壩。《呂氏春秋·慎小》：“巨～容螻而漂邑殺人。”（大堤有洞穴容螻蛄，就會潰決，漂没城邑，淹死人民。）

（二）動詞。築堤防水。《左傳・襄公三十一年》："然猶~川，大決所犯，傷人必多。"引申爲提防，防備。古詩《君子行》："君子~未然，不處嫌疑間。"

57.【城】

城牆，高大的圍牆（指圍繞都邑的）。《左傳・隱公元年》："都~過百雉，國之害也。"又《僖公四年》："以此攻~，何~不克？"用如動詞時表示築城，造城。《詩經・邶風・擊鼓》："土國~漕。"（土：動詞。作土功。國：國都。漕：地名。）又《小雅・出車》："~彼朔方。"（朔方：古地名。）注意：在古代漢語裏，"城"字祇指防禦用的建築物，不指政治區域。

[辨] 城，郭。"城"與"郭"並稱的時候，"城"指內城，"郭"指外城。《孟子・公孫丑上》："三里之城，七里之郭。""城郭"二字連用時，也就指一般的城。

58.【池】

（一）護城河。《左傳・僖公四年》："楚國方城以爲城，漢水以爲~。"《禮記・禮運》："城郭溝~以爲固。"《孟子・公孫丑上》："城非不高也，~非不深也。"注意："池"在上古漢語裏，一般多作"護城河"講。

（二）積水的凹地。《莊子・逍遙遊》："南冥者，天~也。"《孟子・梁惠王上》："數罟不入洿~。"後世指園林中或風景區的方形水塘。

59.【田】

（一）農田。《孟子・梁惠王上》："百畝之~，勿奪其時。"引申爲耕種（此義又寫作"佃"）。楊惲《報孫會宗書》："~彼南山。"

（二）打獵。《左傳・宣公二年》："宣子~於首山。"《孟子・梁惠王下》：“今王～獵於此。”後來寫作“畋”。

60.【館】

招待所，客舍。《左傳·襄公三十一年》：“乃築諸侯之～。”又動詞。住，安置。《左傳·僖公五年》：“師還，～于虞。”《孟子·萬章下》：“帝～甥於貳室。”（帝：帝堯。甥：壻，指舜。貳室：副宮。）引申爲華麗的房屋（後起義）。王勃《滕王閣序》：“臨帝子之長洲，得仙人之舊～。”

[辨] 館，舍。“館”和“舍”是同義詞，都是館驛或客舍。所以“館舍”二字可以連用。《戰國策·趙策二》：“今奉陽君捐館舍。”（捐：抛棄。捐館舍，婉言指死。）當然，“舍”字的其他意義則是“館”字所不具備的。

古漢語通論

（一）怎樣查字典辭書

學習古代漢語，常常會遇到一些比較生僻的字和詞，既不知道它們的讀音，又不了解它們的意義；也常常會遇到一些字和詞，它們同現代常見的意義差別很遠；還常常會遇到一些成語典故，不大好懂。這些都要依靠字典和辭書來解決。因此，在學習古代漢語的過程中，必須學會使用常用的字典和辭書。要查閱字典辭書，須要懂得它們的編排體例。漢語字典辭書編排的方式主要有三種：

（1）按音序排列。現在通行的是按照漢語拼音字母次序排列，祇要學會漢語拼音方案，就能很快查出所要查找的字詞。但是，在拼音方案公布之前的幾十年內，有按注音字母順序排列的；在古代則大多是按平水韻 106 韻排列①。

（2）按部首和筆畫排列。把同一部首的字歸在一起，部首的先後以筆畫多少爲序；同一部首內，筆畫少的列前，筆畫多的列後。例如：口部是三畫，排在心部之前，同在口部，"召"字兩畫（部首的筆畫不計），排在三畫"名"字之前，筆畫相同時，再按起筆的筆形排列。一般是把起筆分成點（丶）、橫（一）、直（丨）、撇（丿）四種或點、橫、直、撇、折（乛）五種，依次排列。例如：同是口部六畫，"咬"字在"哂"字之前，"哂"字在"咽"字之前，"咽"字在"哈"字之前。

（3）按編碼排列。把漢字按照一定的原則分別編出號碼，通行的是四角號碼檢字法。漢字是方形的，都有四個角，角的形式共有十種，用 0 至 9 十個號碼來代表。四個角的順序是先左上角，次右上角；再次是左下角，最後是右下角。每字得四碼。例如：

左上角　　　右上角

詩

左下角　　　右下角

左上角"頭"的代碼是 0，右上角"又"的代碼是 4，左下角"方"的代碼是 6，右下角"又"的代碼是 4。"詩"的四角號碼是 0464②。

三種排檢法各有利弊。按漢語拼音順序排列，查字迅速方便，但是不明字音或讀音不準時，就很難找到要查的字。部首排列和編碼排列不存在拼音排列的缺點，可是有的字歸屬哪一部、多少畫，卻不易確定；有些字角的歸類要靠死記，如不常用，容易忘記。

---

① 平水韻是唐宋以後人們寫詩所用的詩韻，上平聲 15 韻，下平聲 15 韻，上聲 29 韻，去聲 30 韻，入聲 17 韻，共 106 韻。參看本書第四册《古漢語通論・詩律（上）》和附錄二《詩韻常用字表》。

② 四角號碼查字法可參考《辭源》修訂本第四册《索引說明》。

總的來説，要查漢語的字典辭書，部首檢字法是一定要掌握的。

下面介紹一些常用的字典和辭書及其使用方法作爲參考。

1.《康熙字典》《中華大字典》

《康熙字典》是張玉書、陳廷敬等三十人奉敕編纂的，書成於康熙五十五年（公元 1716 年）。它是在明代梅膺祚的《字彙》和張自烈的《正字通》的基礎上編成的。字頭按部首排列，分成 214 部；部首又按十二地支，分成子丑寅卯辰巳午未申酉戌亥十二集，每集又各分上、中、下三卷。筆畫少的部首排在前面，同部首的字再按筆畫數目排列。過去有一首歌訣説明各集部首筆畫的數目，便於人們記憶："一二子中三丑寅，四卯辰巳五午未，六在未申七在酉，八九戌部餘亥存。"今本裝訂成一册。全書共收字47035個，是清代以前收字最多的一部字典。注音、釋義都勝過以前的字書。出版以後，風行一時，被奉爲圭臬，流傳兩百多年，影響很大，至今還有一定的參考價值。

這部字典的釋字體例是先音後義。每字下面先列歷代主要韻書的反切①，然後解釋字義，每義之下一般都引古書爲證。如果這個字有別音別義，便再解釋別音別義。試舉"社"字爲例（見下頁）：

由這個例子可以看出，《康熙字典》對字的注音和釋義主要是引用前人的意見，很少有編者自己的見解。它解釋字音和字義，除引用古代韻書或字書的解釋之外，一般還引用古注。這對我們查閲字的古音古義，無疑是有幫助的。

《康熙字典》由於是"御定"的，在清代長期無人敢加批評，其實它的缺點錯誤還是很多的。直至道光七年（公元 1827 年），王引之

---

① 　什麽是"反切"，詳見下文。

奉旨作《字典考證》[①]，纔糾正了它的引書錯誤 2588 條。辛亥革命以後，批評的意見纔多起來；1981 年王力作《康熙字典音讀訂誤》，又糾正了它在音讀方面的錯誤，共八類五千九百多條[②]。使用《康熙字典》時，應該同時參考這兩部書。《康熙字典》注音用反切，釋義用文言，造成理解的困難，現在有了新型的字典辭書，它的實用價值已經大大降低。

《中華大字典》是由陸費逵、歐陽溥存主編的，1915 年由中華書局出版。它是繼《康熙字典》後出現的第二部大型字典，也用部首排列，收字四萬八千多個，比《康熙字典》多收了一些近代的方言字和翻譯用的新字。主編陸費逵在序言中批評了《康熙字典》的四大缺點，全書在體例方面作了一些改進，注音主要採用《集韻》的反切，還加注直音，釋義也比較簡明，並採用了一些清人的訓詁研究成果。《中華大字典》確有勝過

---

① 《字典考證》附在今本《康熙字典》之後。
② 《康熙字典音讀訂誤》1988 年由中華書局出版，2015 年收入《王力全集》第 14 卷。

《康熙字典》之處，但是它實際上是在《康熙字典》的基礎上進行整理、增删、修訂的，取捨不一定都很允當。因此它雖然比《康熙字典》後出，卻不能取而代之；兩部書互有短長，須要參照使用，取長補短。

2.《辭源》《辭海》

《辭源》是商務印書館編印的，出版於 1915 年。參加編寫的有陸爾奎、方毅等五十多人。這是近代出版最早的一部以語詞爲主，兼顧百科常識的大辭書。這部書也是用的部首排列法，沿用《康熙字典》的 214 個部首，單字字頭下大量收列古今的複音詞或詞組，先釋單字，再釋複音詞語。單字先注音，後釋義。例如：

左面圖版中"市野切，馬韻"就是"社"字的注音，"馬韻"是説"社"字在上聲馬韻（這是平水韻的韻目）。《辭源》的注音是採取傳統的反切方法。它全部採用清代李光地的《音韻闡微》的反切，這是一種改良的反切，在現代注音方式產生以前，這樣做是很有意義的。它不僅拼音比較簡便，較易讀出現代音，而且適合北方官話的語音標準，具有規範化的意義。《辭源》釋義基本上是先説明詞義或用法，然後再引書證或綜述引文大意。有的還引古注對書證進行解釋。例如"社"字下立了五個義項，下面分層解說。"（一）土地神主也"是第一個釋義，"〔詩〕以社以方"是引的《詩經》中的話作例證，"〔疏〕"以後的話是唐代孔穎達對《詩經》這句話的解釋。

《辭源》基本上奠定了漢語現代詞典編纂的體例格局，其意義

社 shè 常者切,上,馬韻,禪。
ㄕㄜˋ

㊀土地之神。左傳昭二九年:"共工氏有子曰句龍,爲后土,……后土爲社。"參見"后土"。祭土神也曰社。詩小雅甫田:"以我齊明,與我犧羊,以社以方。"㊁指祭土神之所,即社宮、社廟。左傳昭十七年:"伐鼓於社。"書禹貢"厥貢惟土五色"漢孔安國傳:"王者封五色土爲社,建諸侯,則各割其方色土與之,使立社。"㊂古代地方基層行政單位,相當於"里"。左傳昭二五年:"自莒疆以西,請致千社。"注:"二十五家爲社。"疏:"禮有里社,……以二十五家爲里,故知二十五家爲社也。"又:方六里爲社。見管子乘馬士農工商。後世志趣信仰相同者結合之團體亦稱社。如晉慧遠結蓮社、明張溥建復社,以及各種文社、詩社之類。㊃社日的省稱。宋詩鈔徐鈜騎省集鈔寒食日作:"過社紛紛燕,新晴淡淡霞。"㊄社倉、社學等有時也省稱爲社。明會要五六社倉:"宋則準民間正稅之數,取二十一以爲社。"續文獻通考五十學校郡國鄉黨之學:"令各府州縣,訪保明師,民間幼童年十五以下者,送社讀書。"

是很大的。《辭源》出版後,同比它出版稍晚的《辭海》一起,風行全國,滿足了知識界的廣泛需要。但是,由於出版較早,雖經續編修訂,缺誤仍在所難免,加上時代發展,許多內容已經不適應需要。商務印書館1958年開始組織修訂,並與《辭海》作了分工。《辭源》不再作爲語詞和百科兼收的綜合性詞典,而是一部"以語文爲主,百科爲副"的幫助閱讀古籍的語文工具書,專收古漢語詞彙。修訂工作由廣西、廣東、湖南、河南四省(區)的修訂組承擔,編纂工作由吳澤炎、黃秋耘、劉葉秋負責,參加修訂工作的主要人員達一百多人。全書改動相當大,首先是刪去現代自然科學、社會科學和應用技術方面的詞語,然後再改變全部注音,增補古籍中常見而舊《辭源》未收的詞條,修正錯誤,復核書證,加注引書的作者和篇目,更換部分書證。例如:新《辭源》"社"字。

《辭源》(修訂本)的注音採取漢語拼音字母和注音字母注今音,這當然比反切注音進步、方便;它仍保留了反切注音,但是性質已經跟原來不同。因爲它注反切是意在溯源,用來標誌這個字的中古音;因此它不再用《音韻闡微》的反切,而是一般用《廣韻》的反切,《廣韻》未收的字或未收的音,再用《集韻》或其他韻書或字書的反切。反切後面加注聲、韻、調地位。上面"常者切"是"社"字在《廣韻》中的反切,後面是標明它的音韻地位是在上聲馬韻,聲母是禪母。舊《辭源》第一個義項祇引了《詩經》一個書證,修訂本雖然保留了這個書證,但是不僅引得長一些,意思完整,同時還增注了部類名"小雅"和篇名"甫田"。增加《左傳》一個書證,這無疑對理解和核對都更加方便。第三個義項舊《辭源》是引用《漢書》作書證,顯然時代太晚,修訂本改引《左傳》,這就更符合溯源的要求。《辭源》修訂後,全書共收單字12890個,複合詞語84134條,總字數一千一百多萬字,是目前一部幫助閱讀古籍的較大、較好的辭書。它分成四冊出版,1979年出版第一冊,1983年出齊,1988年又出版了合訂本。爲了閱讀古籍的需要,《辭源》(修訂本)仍然使用繁體字,按部首編排。祇是部首有所合併和調整,由原來的214部改爲208部。最後附有《四角號碼索引》和《漢語拼音索引》,可以幫助查檢。

　　《辭海》是中華書局編印的,出版於1936年,由舒新城、沈頤、張相等人主編,參加編寫的有一百多人。它編印比《辭源》晚,在體例和釋義上自然都有改進,最顯著的是引書注明篇名,便於核對原書。其次釋義比《辭源》更具概括性,行文也通俗一些。例如:《辭海》"社"字。

【社】市野切,馬韻。❶土地之神也,見泊虎通祀禮,按古者自天子下至庶民,皆得封土立社以新餽報功,其所祀之神曰社,故神之所居亦曰社,惟其餽制畋各別參閱其祀神之所亦曰社❷禮月令:"命民社稷大社各條❸祭后土也,禮月令:"命民社。"注:后土也使民祀焉❹后土社即社神也。"❺古地方區域名,左傳昭二十五年:"請致千社。"注:"二十五家爲一社。"又管子乘馬方六里命之曰暴,五暴命之曰部,五部命之曰聚,聚者有市無市曰社,……萬五千家也❻同志合集之所曰社,如詩社文社之類,商賈營業之所亦曰社,如春秋社,參閱社日條❼社日之簡稱,如春社秋社,報社日條❽社見高誘淮南子俶山悲哭社江淮謂母曰社。注。

在條目的收列方面《辭海》更注意吸收現代科學的詞語（如"社評""社會革命""社會民主主義"等），卻删除了一些《辭源》收録的較爲偏僻的古代詞語（如："社鬼""社祭""社飯"等）。百科性的内容比《辭源》的比率大。因此1958年《辭海》修訂時，爲了同《辭源》分工，決定改成一部綜合性辭書。修訂工作先後由舒新城、陳望道等主持。參加修訂工作的主要編寫人員有五百多人。1965年由中華書局出版了《辭海》（未定稿），1978年12月重新安排最後定稿，1979年分三册由上海辭書社出版，1980年又出版了縮印本（一册）。全書共收單字14872個，複合詞語91706條，總字數一千三百多萬字。《辭海》（修訂本）雖然收古代詞語比《辭源》（修訂本）少得多，但是有些百科性的古代詞語在《辭源》（修訂本）中找不着，卻能在新版《辭海》中查到。例如：："祖咏""神琪""神會""福王"是古代的人名，"宋州""祖州""神府"是古代的地名，"神武軍"是禁軍名，"禪機"是佛教名詞，"私名"是《墨經》的邏輯術語。新《辭海》是按部首排列的，由於使用簡體字作字頭，將原來的214部調整爲250部。字的歸部原則是"依據字形定部"，即不管部偏旁與字義的關係，祇根據位置來確定歸部。如上下兩個偏旁都可作部首的字，取上不取下；左、右兩個偏旁都可作部首的字，取左不取右。書前附有《部首查字法查字説明》，可供參考。另外書前還附有《筆畫查字表》，書後附有《漢語拼音索引》，可以檢索。

3.《漢語大字典》《漢語大詞典》

《漢語大字典》和《漢語大詞典》是20世紀末由國家組織編寫的兩部大型的語文工具書。它們都是"古今兼收，源流並重"的。《漢語大字典》偏重收集古今的漢字，《漢語大詞典》偏重收集漢語的古今複音詞語。

　　《漢語大字典》是由湖北、四川兩省出版部門組織兩省有關專業工作者協作編寫的。由徐中舒、李格非、趙振鐸等主編，參加編寫的有三百多人。全書共八卷，一千五百多萬字。1986 年由四川辭書出版社和湖北辭書出版社出版第一卷，1990 年出齊。它共收列單字五萬六千個左右，比《康熙字典》《中華大字典》還多收近萬字。編者的意圖是注重歷史地反映漢字形音義的發展。在字形方面，單字條目下收列了能夠反映形體演變關係的、有代表性的甲骨文、金文、小篆和隸書的形體；在字音方面，除儘可能注出現代讀音外，還收列了中古的反切，標注了上古的韻部。當我們遇到了在《辭源》《辭海》中找不到的字時，《漢語大字典》是最好的顧問。如果我們想了解字形、字音的歷史演變時，《漢語大字典》也是一部比較便當的工具書。可惜在釋義方面，這部字典過於求細，忽視詞義的概括性，加以書成眾手，難免出現義項分合不當、釋義不確的情況，有待修訂。《漢語大字典》是按部首排列的，它的部首是以傳統的《康熙字典》214 部爲基礎，刪併成 200 部。單字歸部也基本上與《康熙字典》相同。每卷前面都列有該卷的檢字表，第八卷列有全書的《筆畫檢字表》，可供檢索。

　　《漢語大詞典》是由上海市、山東省、江蘇省、安徽省、浙江省、福建省五省一市組織有關專業工作者共同編寫的。由羅竹風主編，參加編寫的有四百多人。1986 年由上海辭書出版社出版了第一卷，其餘各卷從 1988 年起改由新成立的漢語大詞典出版社出版，至 1993 年出齊，共十二卷。這是一部大型的、歷史性的漢語語文辭典，全書五千餘萬字，共收詞目三十七萬條左右。這部詞典收集的複音詞語空前豐富，傳世古籍中的複音詞語基本上都能在這部大詞典中找到。它同《辭源》《辭海》一樣，所收詞目有單字條目和多字條目之分。單字也是按部首排列的,部首同《漢語大字典》相同,也是 200 部。多字條目按"以字帶詞"的原則,列在單字條目之後,多字條目的次序再按字數和筆畫的多少排列。詞典另有檢索和附錄一卷,列有《音序檢字表》和《筆畫檢字表》,可供檢索。

4.《新華字典》《現代漢語詞典》《古漢語常用字字典》

《新華字典》《現代漢語詞典》雖然是兩部現代漢語工具書,但是對閱讀古書也是有參考價值的。《新華字典》是新華辭書社編纂的,主持其事的是魏建功。1953 年出版注音字母音序排列本,1954 年出版部首排列本,1959 年又出版漢語拼音字母音序排列本,1979 年修訂重排,以後又不斷修改補充,成爲目前流行最廣的字典。這本字典是供中等文化程度的人使用的,收字範圍大致以現代漢語所用的字爲限,釋義也衹限於現代漢語的用法。但是,它也適當收錄了古代文獻中的詞彙,以及歷史上的外來語。本書注音釋義都用現代口語以及被現代口語吸收了的文言詞語,因此對我們學習古代漢語也有一些幫助。使用這部字典時,除按照音序進行查閱外,還可以按照前面所附部首檢字表查字。

《現代漢語詞典》是中國社會科學院語言研究所詞典編輯室編的,呂叔湘和丁聲樹先後任主編。它是以記錄普通話語彙爲主的中型現代語文詞典,收詞目五萬六千多條。1956 年開始編寫,1960 年出試印本,徵求意見,1965 年出版試用本。這是一部釋義精確、體現目前漢語研究水平的好辭書。但是在試用本出版後十多年,1979 年纔由商務印書館正式出版。1996 年出版了修訂本,增加了一些新的詞語,刪改了少量舊詞舊義,詞目增加到六萬多條。這部詞典不僅因爲它收了一些舊詞語、舊意義和書面上還常見的文言詞語,我們閱讀古書時可以查考,還因爲它釋義比較精確,有助於我們通過現代的精確釋義去理解它的古義。

《古漢語常用字字典》是 1974—1975 年由北京大學中文系漢語專業的師生和北京齒輪廠等單位的工人編寫的，1979 年由商務印書館出版。這本字典收古漢語常用字三千七百多個，後附難字表，收難字二千六百多個。它是在王力主編的《古代漢語》（即本書）常用詞的基礎上編寫的。在釋義解詞中，重視詞義的概括性和各義之間的内部聯繫，注釋簡明通俗，適用於初學古漢語的讀者。可惜由於當時的編寫條件，引用書證範圍很窄，又未能考慮時代先後，是一缺陷。1993 年出版了修訂本，除增補了一些條目外，對原書的引例作了較大的修改。它是按《漢語拼音方案》的音序排列的，前面附有《部首檢字》，可供檢索。

5.《説文解字》《經籍籑詁》

《説文解字》的作者是東漢許慎。東漢和帝永元十二年（公元100 年）寫成初稿，安帝建光元年（公元 121 年）定稿。這是中國文字學的奠基之作，也是我國第一部系統完備的字典。它收字 9353個，另有重文 1163 個。每個字都是先列小篆形體，然後進行説解，先釋字義，後説形體結構。例如：《説文解字》第一頁、第二頁（見下頁）

這是 1963 年中華書局的影印本。書框上的楷書是爲了方便今天的讀者而新增的，雙行小字是宋代徐鉉校定《説文解字》時增加的注釋和反切注音（注意：徐鉉採用孫愐《唐韻》的反切，不能代表許慎時代的讀音）。許慎所説解的字義是他認定的本義。他根據小篆的形體來分析字形結構，説解字義，大部分是可信的。由於時代的限制和古文字材料的不足，也會有些錯誤，上面所引用的第一頁，就是問題比較多的。我們要分析字形結構或探討詞的本義時，

說文解字弟一上

漢太尉祭酒許慎記

宋右散騎常侍徐鉉等校定

十四部　六百七十二文　重八十一

凡萬六百三十九字

文三十一新附

【說文一上　一部】

一　惟初太始道立於一造分天地化成萬物凡一之屬皆从一　於悉切

弌　古文一

元　始也从一从兀　徐鍇曰元者善之長故从一　愚袁切

天　顛也至高無上从一大　他前切

文五　重一

丕　大也从一不聲　敷悲切

吏　治人者也从一从史亦聲　徐鍇曰吏之治人心主於一故从一　力置切

上　高也此古文上指事也凡丄之屬皆从丄　時掌切

丄　篆文丄

帝　諦也王天下之號也从丄朿聲　都計切

帝　古文帝

旁　溥也从二闕方聲　步光切

旁　古文旁

雱　亦古文旁

丅　底也指事　胡雅切

丅　篆文丅

示　天垂象見吉凶所以示人也从二三垂日月星也觀乎天文以察時變示神事也凡示之屬皆从示　神至切

示　古文示

文四　重七

【說文一上　示部】

禮　履也所以事神致福也从示从豊豊亦聲　靈啟切

礼　古文禮

禧　禮吉也从示喜聲　許其切

禛　以真受福也从示真聲　側鄰切

祿　福也从示彔聲　盧谷切

禎　祥也从示貞聲　陟盈切

祥　福也从示羊聲　似羊切　一云善

祉　福也从示止聲　敕里切

福　祐也从示畐聲　方六切

祐　助也从示右聲　于救切

祺　吉也从示其聲　渠之切

禥　籀文从基

祗　敬也从示氐聲　旨移切

祇　安福也从示是聲　巨支切

一般都應參考《説文解字》。許慎在分析小篆的形體結構時，從中概括出五百四十個偏旁作爲部首，然後把所收集的九千多個字列入這五百四十個部首中去，這是他的一大創造，對後世的檢字法有很深遠的影響。但是《説文》部首的排列没有統一的標準，一般是儘量把篆文形體相近或相關的部首排在一起，例如："三、王、玉、珏"相從，"人、七（化）、匕、从、比、北"相從；同部首的字是儘量把意義相近的字擺在一起，例如：口部，"嚼、喙、吻、嚨、喉"相從，"喘、呼、吸、嘘、吹"相從。這種排列方法是無法貫徹到底的，而且許慎也没有嚴格遵守它，因此從《説文解字》中檢字是很困難的。清代一些研究《説文》的人根據《康熙字典》的 214 部另編"通檢"，其中比較通行的是黎永春的《説文通檢》，可供檢索。中華書局新印本書末附有楷體筆畫檢字表①，可以檢索部首，也可以檢索正文諸字。

　　唐宋以後，研究《説文》的非常多，清代極盛，最受推重的有四大家：即著《説文解字注》的段玉裁，著《説文解字義證》的桂馥，著《説文句讀》的王筠，著《説文通訓定聲》的朱駿聲。段玉裁的《説文解字注》是學習、研究《説文》的最佳注本，朱駿聲的《説文通訓定聲》對字義的來源和發展有較細緻的分析，都是對我們學習、研究古代漢語很有幫助的工具書。

　　《經籍籑詁》是清代阮元主編的，出版於清嘉慶三年（公元1798 年）。這是一部專門收集唐代以前各種古書注解的字典。它在編排上用的是韻母排列法，按平水韻 106 韻編次被釋的字；以一韻爲一卷，全書 106 卷，每字之下，羅列唐以前各種古書注解對這個字的解釋。這對我們閱讀唐以前的古書很有幫助。平水韻的韻部系統同現代漢語的韻母系統差別很大，查檢很不方便。近年影

－－－－－－－－

① 　編者注：2013 年中華書局本有音序、筆畫索引。

印本《經籍籑詁》多在前面附有筆畫索引。

6.《經傳釋詞》《詞詮》

這是兩部專門討論古漢語虛詞用法的著作，也可以説是虛詞詞典。

《經傳釋詞》是清代學者王引之所著，出版於清嘉慶二十四年（公元 1819 年）。全書共解釋虛詞 160 個，編排次序是按照古聲母的順序排列的①。這本書在虛詞的特殊用法上，引證豐富的材料，分析排比，作出了許多精彩的結論，糾正了前人的失誤。但是在虛詞的通常用法上，卻談得很少。

《詞詮》是近人楊樹達所著，1928 年由商務印書館出版，1954年以後改由中華書局重印。這本書收字五百以上，所講的内容，既包括虛詞的通常用法，也包括虛詞的特殊用法，引例豐富，比較通俗易懂，對初學古漢語的人比較適用。編排體例是按當時通行的注音字母的次序，不採《經傳釋詞》的辦法。注音字母的次序現在人們也已生疏，可以利用它的部首目録。

除了這兩部虛詞著作外，清人劉淇的《助字辨略》和何樂士等編著的《古代漢語虛詞通釋》（北京出版社出版）也可供參考。

7.《詩詞曲語辭匯釋》

《詩詞曲語辭匯釋》是近人張相所著，1953 年由中華書局出版。這是研究詩詞曲中特殊詞語的一部專著。書中一般是解釋單詞或詞組的意義，有時還由意義的解釋推及於詞源（或語源）的探討和語法的分析。被解釋的單詞或詞組，都是唐宋元明間流行於詩詞曲中的特殊詞語。這部書能幫助讀詩詞曲的人了解這些特殊詞語

---

① 卷一至卷四是喉音聲母的字，卷五是牙音聲母的字，卷六是舌音聲母的字，卷七是半舌半齒聲母的字，卷八、卷九是齒音聲母的字，卷十是脣音聲母的字。

的意義和用法。使用這部書時,可利用書末附載的筆畫索引進行查閱。

　　字典、辭書都要給字和詞注音。《漢語拼音方案》公布後,自然都應該用它注音。在此以前,有種種不同的注音方法,"五四"以後常用的是注音字母,更早一些一般是用直音或反切。直音即用同音字來注音,如"根,音跟"。反切是用兩個字合注一個字的音,稱爲"某某切"(唐以前稱爲"某某反"),上字取聲母,下字取韻母和聲調(反切下字和被切字的聲調是一致的),合成被注字的音。例如"毛"字可以用"莫袍切"來注音,因爲"莫"(mò)的聲母是 m-,"袍"(páo)的韻母是-ao,把 m-和-ao 合起來,正好成爲"毛"的音máo。反切的辦法很陳舊,但是較老的字典或辭書(如《康熙字典》、舊《辭源》《辭海》)都用它。由於古今字音的不同,我們用現代的讀音來"切",有時並不能得出正確的讀音。要全面掌握反切法,須要有音韻學的知識。

　　在使用一部字典或辭書的時候,必須先做到三件事:第一,先看序和出版年月,這樣可以對它的編纂經過、使用範圍和材料收集的起訖點有一個大致的認識。第二,細讀凡例,凡例一般就是使用法,不了解凡例,就很難順利地使用。第三,注意書後有没有補遺、勘誤、附錄之類的東西。這三件事看似小事,其實很重要。有些人查字典,祇圖省事,事先不做好這些準備工作,結果常常走彎路,反而費了時間。

(二)古今詞義的異同

　　語言是發展的,學習語言要有歷史發展的觀點。現代漢語是從古代漢語的基礎上發展起來的,我們又必須承認語言的繼承性,看到古今漢語相同的方面;但是更應該重視語言的發展,看到古今漢語相異的方面。繼承和發展,是矛盾的統一,忽視任何一方面,都是不對的。語言的各方面,詞彙變化最快。舊詞不斷消亡,新詞不斷產生,詞義不斷演變。在學習古代漢語時,我們必須特別注意古今詞義的異同。

有没有這樣的一些詞:它們的意義直到今天仍舊是幾千年前的意義,幾乎没有發生變化的呢? 有的。例如"雞""牛""大""小""笑""釣"等,它們所指稱的仍舊是幾千年前的同一概念。這些是屬於基本詞彙的詞,是詞彙的重要組成部分,同時也是語言的繼承性、穩固性的重要表現之一。但是,像這種意義幾乎没有變化的詞,在漢語詞彙中祇佔極少數。

有没有這樣的一些詞:它們的現代意義和古代意義是毫無關係的呢? 也是有的。例如"該"字在上古和中古都祇當"完備"講①,宋玉《招魂》:"招具該備,永嘯呼些。"王逸注:"該,亦備也。"到了中古以後纔有"應當"的意義,在這後起的意義和"完備"的意義之間,我們看不出繼承的關係來②。又如"搶"(qiǎng)字,現代是搶劫的意思;《莊子·逍遥遊》中"搶(qiāng)榆枋"的"搶",是"突過"的意思,《戰國策·魏策四》中"以頭搶(qiāng)地爾"的"搶",是"撞"的意思,都和"搶劫"的意義無關。再如尋找的"找"

----

① 古代漢語裏,字和詞在大多數情況下是一致的;因此,研究古代漢語,傳統上都以字爲單位。本書爲了行文的方便,沿用了傳統的辦法,在論及某個具體的單音詞時,往往不稱"某詞"而稱"某字",如不説"'該'這個詞",而説"'該'字",以下皆同此(祇是行文上這樣,但我們實際上還是以詞爲單位)。
② 《説文》:"該,軍中約也。"段玉裁注:"凡俗云'應該'者,皆本此。"但是"軍中約"的意思没有史料可以證明。

（zhǎo）。《集韻》有個"找"字，那是"划船"的"划"（huá）的異體字，和"尋找"的意義無關，讀音也完全不同。像這樣使用同一形體而古今意義無關的詞，在漢語詞彙中更是少數。這少數字，有的祇是同一個字，古今用法不同，表示不同的詞；有的則是因爲我們的研究不夠，它們的來歷還沒有被發現罷了。

　　就一般情況來說，古義和今義是既有聯繫，又有區別的。由於語言的繼承性，今義從古義的基礎上發展出來，今古之間必然要發生關係。有些關係是比較明顯的，有些關係是比較隱晦的；有些關係非常密切，竟致使一般人分辨不出古今詞義的細微區別；有些關係相當疏遠，卻又令人誤以爲沒有關係。我們對於古今詞義的關係，不管是密切的還是疏遠的，都應該加以注意。

　　在異同的問題上，難處不在同，而在異；不在"迥別"，而在"微殊"。

　　假使古代漢語的詞都像"雞""牛""笑""釣"等一樣，古今詞義相同，我們讀古書的困難就會小得多。假使古代的詞是死去了的，現代罕用的，當然對閱讀古書會帶來一定困難；但我們一查字典，也就解決了問題。例如"儺"（nuó）字，舊《辭海》說是"驅逐疫鬼"，《現代漢語詞典》說是"舊時迎神賽會，驅逐疫鬼"，我們一看也就懂了。又如上文所舉的"該"（又寫作"賅"）字，我們知道它在古代祇有"完備"的意義，和現代"應當"的意義截然不同，那也好辦，我們很容易就把古今詞義分辨得清清楚楚。祇有在古今詞義"微殊"的情況下，最容易產生誤解，例如"勸"字，我們讀到《左傳·成公二年》的時候，很可能把"以勸事君者"了解爲"以此規勸事君的人們"。事實上，上古的"勸"祇有"勉勵"和"鼓勵"的意思，這裏的"勸"，祇能作"勉勵"講。至於"善言規勸"和"勸解"的意義，是漢魏以後很晚纔有的。我們如果把古今詞義之間這種細微的差別忽略過去了，那就沒有真正地讀懂古書。

又以"給"字爲例。當我們讀《戰國策·齊策》，讀到"孟嘗君使人給其食用"一句的時候，很容易把"給"字解作"給與"（給予）。的確，這樣講似乎也講通了。爲什麼説"也講得通"呢？一則因爲現代"給"字所具有的"給與"的意義本來就是從古代"供給"的意義發展來的，所以二者自然能有共通之點；二則因爲這樣講也能適應上下文。但是，這一句話的"給"字絶對不能解作"給與"，因爲在那個時代"給"字還沒有這種意義。

又以"再"字爲例。"再"字在上古祇有"兩次"（或"第二次"）的意思。《左傳·莊公十年》："一鼓作氣，再而衰，三而竭。"《左傳·僖公五年》："一之謂甚，其可再乎？"這些"再"字都祇能解作"兩次"（或"第二次"）。要注意"再"和"復"的分別："再"字表示動作的數量，它代替了"二"（古人不説"二而衰，三而竭"，也不説"一之爲甚，其可二乎？"），"復"字祇表示行爲的重復，不表示數量。例如《戰國策·趙策》："有復言令長安君爲質者，老婦必唾其面。"這裏是"重復"的意思，所以用"復"，不能用"再"。現代漢語的"再"相當於古代的"復"，假如拿"再"的現代意義去理解古書中的"再"（特別是上古），就會産生誤解。

總之，詞義是隨着時代的推移而産生發展變化的，時代不同，詞義就可能有變化。我們一定要注意這一點，不能不加考察地以今義去理解古書中的詞彙。學習古代漢語，必須在字、詞、句方面狠下功夫，有一個"求甚解"的態度，認真學會辨析古今詞義的異同，進而還應該對先秦、兩漢和唐宋以後的詞義差別給予高度的注意。

　　在解釋古代詞義方面,《説文》所講的詞義基本上是可靠的。例如許慎在“再”字下面説:“一舉而二也。”意思是説“同一的動作進行兩次”。這是非常恰當的解釋。《辭海》根據別的書把“再”字解作“重也、仍也”,已經不够確切,假定有人在解釋先秦的作品時,把“再”解作“復也、又也”,那就完全錯了。

　　我們要正確地了解古代的詞義,就必須依靠比較好的字典和辭書。《辭源》《辭海》在字義的解釋上比較慎重。試看《辭海》對“勸”字的解釋:

　　　【勸】去怨切,音劵,願韻。(一)勉也。禮表記:“使民有所勸勉愧恥以行其言”,此爲勸勉他人;又論語爲政:“舉善而教不能則勸”,此爲受教而知所勸勉。(二)俗謂以言説使人聽從曰勸。

(一)是“勸”的古義,(二)是“勸”的後起意義,《辭海》把它們分得清清楚楚,這對我們了解古代詞義無疑是有幫助的①。但是《辭海》仍往往把古今詞義混在一起,容易令人發生誤解。試看《辭海》對“給”字所下的解釋:

　　　【給】基揖切,音急,緝韻。(一)足也。孟子梁惠王:“秋省斂而助不給。”(二)供也。左傳僖四年:“敢不共給”,給亦供也。漢書張湯傳:“用善書,給事尚書”,謂供給書寫之事。(三)賜與曰給。晉書輿服志:“四望三望夾望車,形制如皁輪,王公大臣有勳德者特給之。”按凡與人以物亦曰給。(四)言辭捷給也。參閱口給條。

口給的“給”是特殊的意義,這裏不討論。(一)(二)兩個意義是上古的意義,本來都不錯。(三)“賜與”和“與人以物曰給”,則是後起的意義,混在一起就分不清時代了。我們看《辭源》《辭海》的時

①　新版《辭海》《辭源》都以“勸告”作爲第一義,反而不如舊《辭海》正確(文中《辭海》《辭源》均指舊版)。

候,自己要下一些判斷。從所舉的例子來看,還是可以解決一些問題的。這裏(一)(二)所舉的是《孟子》《左傳》的例子,可見它們是上古的意義;(三)"賜與"的意義舉的是《晉書》的例子,《晉書》是唐代的著作。至於"與人以物曰給",未舉出古代的例子。可見是後起義,至少在上古不是常用義。但是《辭源》《辭海》在古今詞義異同方面還做得很粗疏①,不能單純依靠它所舉的例子來斷定詞義的時代先後。

　　有些文字學家的專著,對古今詞義的異同問題,解決得比較好,沒有將古今的詞義混爲一談。他們或者祇指出詞的古義,例如許慎《説文》對"給"的解釋是:"給,相足也。"段玉裁在注解"給"字時説:"相足者,彼不足,此足之也,故從合。""對不足者供給",這是"給"的本義,他們的注解都祇解釋了"給"的本義。另外,他們還往往指出古今詞義的不同,如徐灝在他的《説文解字注箋》裏,對"兩"字的解釋是這樣的:

　　　　引申之,凡雙行者皆曰兩。故車兩輪,帛兩端,屨兩枚,皆以兩偶(稱)。説卦傳"參天兩地而倚數",兩猶耦也,重也。許訓爲再,再亦重也。今直用爲一二之數,非古義矣。

徐灝的意思是説,今天"兩"字當"二"字講,不是古代的意義了。他的意見是對的。

　　但是,古人由於時代的局限,他們的解釋不能像現代人在詞典裏給詞下定義那樣富於科學性。他們雖然心知其意,由於當時字書的體例不够完善,祇知道用同義詞解釋,找不到一個適當的同義詞的時候,就祇能得其近似了。許慎在"兩"字下面不寫"二也",而寫"再也",已經是值得贊揚的,因爲他清楚地知道"兩"字不等於

---

① 《辭源》(修訂本)在詞義訓釋方面有較大提高。

"二"。他寫一個"再也",表示"重"的意思,因爲他找不到更合適的同義詞了。

漢語詞義的研究,過去長期停留在古書訓釋的階段,雖有不少成果,但目前還没有一部字典或任何别的著作解決了詞義的時代差别問題。因此,我們今天在閱讀古書時,除了查閱字典和文字學專著之外,有時還需要自己利用科學方法,進行比較歸納,解決古書中遇到的詞義問題。詞義在古書中的應用,是帶有普遍性的;因爲詞義是具有社會性的,社會對它有共同的理解。例如《左傳》"再"字共見四十七次,都是"兩次"(或"第二次")的意義,没有一次是"復"的意義的。再拿《公羊傳》《穀梁傳》《墨子》《論語》《莊子》《孟子》《荀子》等書比較,也都没有例外。這樣,我們就用確鑿的事實證明了《説文》"一舉而二也"的解釋是不錯的。有些事實甚至是前人所没有發現的,祇要進行深入的研究,必然續有發現。

(三)單音詞,複音詞,同義詞

我們研究古代漢語的時候,須要了解單音詞和複音詞的關係,複音詞和同義詞的關係,因爲這有助於我們更徹底地了解古代漢語。

我們隨便把一篇古文翻譯成爲現代漢語,就會發現譯文比原文長了許多。這主要是因爲古代漢語的詞彙以單音詞爲主,而現代漢語的詞彙以複音詞(主要是雙音詞)爲主。例如"塞叔之子與師"(《左傳·僖公三十二年》)這一個句子中,"子"字在現代一般總説成"兒子","與師"更非譯成兩個複音詞"參加軍隊"不可。

古代單音詞和現代複音詞的對比,主要有三種情況:第一種情況是换了完全不同的詞,例如"與"變成"參加","師"變成"軍隊";

第二種情況是加上詞尾詞頭，如"虎"變成"老虎"，"杯"變成"杯子"，"石"變成"石頭"；第三種情況是利用兩個同義詞作爲詞素，構成一個複音詞，例如"兒"和"子"是同義詞，合起來成爲複音詞"兒子"。

最值得注意的是第三種情況。有許多古代的單音詞，作爲詞來看，可以認爲已經死去了；但是作爲詞素來看，它們還留存在現代漢語裏。舉例來説，古代漢語有單音詞"慮"字。《論語·衛靈公》："人無遠慮，必有近憂。"《詩經·小雅·雨無正》："弗慮弗圖。"但是，在現代漢語裏，"慮"字祇作爲詞素留存在"顧慮""考慮"等雙音詞裏，或者祇出現在"深謀遠慮""深思熟慮"等成語裏，而不能作爲單音詞自由運用了。

漢語大部分的雙音詞都是經過同義詞臨時組合的階段的。這就是説，在最初的時候，祇是兩個同義詞的並列，還沒有凝結成爲一個整體，一個單詞。這可以從兩方面證明：第一，最初某些同義詞的組合沒有固定的形式，幾個同義詞可以自由組合，甚至可以顛倒。例如"險""阻""隘"是同義詞[1]，在上古常常單用，又可以互相組合。《左傳·僖公二十二年》既有"隘而不列""阻而鼓之"，又有"不以阻隘也""阻隘可也"。後兩句"阻"和"隘"雖然連在一起，但顯然還是兩個詞。在《史記·孫子吴起列傳》中有"馬陵道陜（狹），而旁多阻隘"，"阻"和"隘"組合得緊一些。又《史記·淮陰侯列傳》"恐吾至阻險而還"，是"阻"和"險"相結合。同時我們還可以看到，《左傳·成公十三年》有"險阻"（踰越險阻），《離騷》中有"險隘"（路幽昧以險隘）。這説明三個同義詞組合時，各自的獨立性還很強，沒有組成新的單一的詞，還是自由組合的情況。第

---

[1] "隘"單用時，是狹的意思，同"險""阻"的區別較大。

二,古人對於這一類同義詞,常常加以區別。例如"婚姻"很早就成爲複音詞,《左傳·成公十三年》"寡君不敢顧婚姻",但是《說文》還說"婦家爲婚,婿家爲姻"。"饑饉"在後來也成了複音詞,但是朱熹注《論語》還說"穀不熟曰饑,菜不熟曰饉"。今天,我們讀古書的時候,應當把這些詞當作複音詞來理解,這樣纔能得到一個完整的概念。但是,詞素的本來意義不能不管,因爲分析複音詞中的詞素,不但能够幫助我們說明這些複音詞是怎樣形成的,而且可以從後代詞義和本來意義不同的比較中看出複音詞的完整性,從而把複音詞和同義詞區別開來。

這一類複音詞的每一個詞素,往往保存着一定的獨立性。這就是說,在這個地方它是複音詞的詞素,在其他地方它又可以獨立成爲一個單音詞。例如《戰國策·齊策》:"齊王聞之,君臣恐懼。""恐懼"可以認爲複音詞,但是《論語·顔淵》:"君子不憂不懼。"《孟子·梁惠王下》:"吾甚恐。""恐"和"懼"都能獨立運用。又如《左傳·宣公二年》:"不忘恭敬,民之主也。"這裏"恭敬"是複音詞,但是《論語·子路》:"居處恭,執事敬。"可見"恭"與"敬"又可以分開來用。又如《論語·學而》:"與朋友交,而不信乎?""朋友"可以認爲複音詞,但是《論語·學而》又說:"有朋自遠方來,不亦樂乎?"《禮記·儒行》:"其交友有如此者。"這種可分可合的情況,跟單純的複音詞是大不相同的。

古代漢語中有一種複音詞值得注意。這種複音詞是用兩個單音的近義詞或反義詞作爲詞素組成的;其中一個詞素的本來意義成爲這個複音詞的意義,另一個詞素祇是作爲陪襯。例如:

今有一人,入人園圃,竊其桃李。(墨子·非攻上)

(種樹的地方叫園,種菜的叫圃。這裏祇"園"起作用,"圃"

字無義。）

懷怒未發，休祲降於天。（戰國策·魏策四）

（休，吉兆；祲，妖氣。這裏衹“祲”起作用，“休”字無義。）

多人不能無生得失。（史記·刺客列傳）

（人多了不能無失。“得”字無義。）

罵其妻曰：“生子不生男，有緩急，非有益也。”（史記·文帝本紀）

（有急。“緩”字無義。）

有人把這種複音詞叫做“偏義複詞”。

有些從詞組變來的固定組合，如果拆開來講與整體的意義完全不同，那也應該認爲是複合詞。這一類詞有“天下”“足下”“君子”“小人”“先生”“將軍”等。

真正單純的複音詞在古代漢語裏比較少見，但也佔一定的數量。

單純的複音詞，絕大部分是聯緜字。例如“倜儻”“忸怩”“造次”“鎡基”“抑鬱”“徘徊”“觳觫”“逡巡”“逍遙”“須臾”等。聯緜字中的兩個字僅僅代表單純複音詞的兩個音節，古代注釋家有時把這種聯緜字拆成兩個詞，當作詞組加以解釋，那是絕大的錯誤。例如“披靡”是草木隨風偃仆的樣子，也用來比喻軍隊的潰敗。《史記·項羽本紀》“漢軍皆披靡”，張守節正義云：“靡，言精體低垂。”又如“辟易”是倒退的樣子。《史記·項羽本紀》“人馬俱驚，辟易數里”，張守節正義云：“言人馬俱驚，開張易舊處，乃至數里。”單講“靡”字，則“披”字沒有着落；“辟”字當“闢”字講（開張），“易”字當“更易”講，這是望文生義。這些都是不對的。

總而言之，當我們閱讀古書的時候，遇着同義詞連用時，不要輕易地看成複音詞；遇着聯緜字時，千萬不要拆開來講。

＊　　　＊　　　＊　　　＊

　　上面我們敘述了關於單音詞和複音詞的關係中的一些問題，下面再簡單談談有關辨析同義詞方面的幾個問題。

　　古代漢語裏，同義詞很多。《説文解字》《爾雅》等書，主要是以同義詞來解釋字義。但是，絕大多數同義詞的意義都不是完全相等的；同義詞彼此之間，有同也有異，或者含義有差別，或者使用範圍有寬有窄，或者使用條件有所不同。

　　同義詞的辨析，對我們正確理解古書有很大的幫助。本書在常用詞部分，一般是用同義詞間的相互對比相互辨別來解釋同義詞的詞義的。例如"畏"和"懼"是同義詞，《老子》："民不畏死，奈何以死懼之？"《論語·顏淵》："君子不憂不懼。"《左傳·僖公二十二年》："猶有懼焉。"《戰國策·楚策》："猶百獸之畏虎也。"它們都作怕或害怕講。但是它們的使用範圍和使用條件有所不同，意義也不完全相等。它們的差別是："畏"字多用作及物動詞，"懼"字多用作不及物動詞；"懼"字用作及物動詞時，往往是使動用法（使……畏），"畏"字很少有使動用法；"畏"字有敬服的意思，"懼"字沒有這種意義。又如"能"和"得"，古代都表示可能的意義，都用作助動詞，但它們的使用條件有所不同。"能"字用於表示能力所及，《論語·八佾》："夏禮，吾能言之。""得"字則用於表示客觀條件的容許，《論語·微子》："孔子下，欲與之言，趨而避之，不得與之言。"這兩個句子裏，"能"與"得"不能互換。我們閱讀古書，要注意同義詞間這種細微的差別；否則，對古漢語的理解，就會比較膚淺。

　　古代漢語中有些詞用於泛指和用於特指，意義是不同的。《詩經·豳風·七月》："十月納禾稼。""禾"是泛指穀類；但是在"禾麻

菽麥”一句中，“禾”是專指粟而言。“稻”字也有泛指和特指的分
別：泛指則包括黏者（糯米）不黏者（粳米）；特指則專指黏者，與秔
（粳米）相對。泛指則“禾”與“穀”是同義詞；特指則不是同義詞。
特指則“稻”與“稉”（糯）是同義詞；泛指則不是同義詞。泛指，段
玉裁叫做“渾言”；特指，段玉裁叫做“析言”。一般來說，這類同義
詞連用時是泛指的意義，對舉時是特指的意義。例如“恭”和“敬”，
《論語·子路》：“居處恭，執事敬。”用於特指，意義有分別。朱熹
注：“恭主容，敬主事，恭見于外，敬主乎中。”指出了二者的分別：
“恭”着重在外貌，“敬”着重在内心。連用時，如《左傳·宣公二
年》：“不忘恭敬，民之主也。”就用不着區別了。這樣看古漢語的詞
彙，纔是全面的。

（四）詞的本義和引申義

　　所謂詞的本義，就是詞的本來的意義。漢語的歷史是非常悠久
的，在漢字未產生以前，遠古漢語的詞可能還有更原始的意義，但是
我們現在已經無從考證了。今天我們所能談的祇是上古文獻史料所
能證明的本義。了解這種本義，對我們閱讀古書有很大的幫助。
　　一個詞往往不祇具有一個意義。當它們有兩個以上的意義的
時候，其中應該有一個是本義①，另外還有一個或一些引申義。所
謂引申義，是從本義“引申”出來的，即從本義發展出來的。舉例來
説，“向”字的本義是“向北的窗户”（《説文》“向，北出牖也”），《詩
經·豳風·七月》：“塞向墐户。”（塞好朝北的窗子，用泥塗好柴
門。）由朝北的窗户這個本義，引申爲“朝着”或“對着”。又如“道”
字，它的本義是“路”，《詩經·秦風·蒹葭》：“道阻且長。”引申爲

---

① 　有些詞的本義已經消失，如“試”字。詳見古漢語通論（五）165頁。

達到道德標準的途徑,《論語・里仁》:"朝聞道,夕死可矣。"又引申爲正當的手段,《論語・里仁》:"不以其道得之,不處也。"等等。

詞義的引申和詞義的更替應該區別開來。詞義的更替是指某詞在產生新的意義的時候同時排斥了舊的意義,例如"脚"字的本義是"小腿"(《説文》"脚,脛也"),後來"脚"字變爲指"足",也就不再指小腿了。詞義的引申是指某詞產生了新的意義以後,並不排除原始意義。例如"道"字雖然產生了一些新義,但是路的意義一直保存到現代漢語裏。這類情況很多,也最重要。一方面,這增强了語言的穩固性,使語言不至於面目全非;另一方面,這使語言豐富化了。

清代的文字學家如段玉裁、朱駿聲等,都非常重視本義和引申義的關係,因爲這種研究方法對於徹底了解詞義是一種以簡馭繁的科學方法。試看段玉裁對"理"字的解釋①:

> 戰國策"鄭人謂玉之未理者爲璞",是理爲剖析也。玉雖至堅而治之得其鰓理,以成器不難,謂之理。凡天下一事一物,必推其情至於無憾,而後即安,是之謂天理,是之謂善治,此引申之義也。戴先生(指戴震)孟子字義疏證曰:"理者,察之而幾微,必區以別之名也,是故謂之分理。在物之質曰肌理,曰腠理,曰文理。得其分則有條而不紊,謂之條理。"鄭(玄)注樂記曰:"理者分也。"許叔重(慎)曰:"知分理之可相別異也。"古人之言天理何謂也?曰:理也者,情之不爽失也,未有情不得而理得者也。天理云者,言乎自然之分理也。自然之分理,以我之情,絜人之情,而無不得其平是也。

這樣抓住本義去説明各種引申義,就會處處都通,而且令人明白:雖然一個詞有許多意義,但是它們之間是互相聯繫着的,而且往往

① 見段玉裁《説文解字注》玉部。

是環繞着一個中心。比如:朝拜、朝廷、朝向的"朝"就都是從朝見的"朝"引申出來的。也有的是一環套一環,幾個引申義同本義之間的距離有遠近之分。仍以"朝"字爲例,它的本義是早晨的意思(《説文》"朝,旦也"),引申爲朝見,由朝見再引申爲朝廷,由朝廷又引申爲朝代。

　　近的引申義很容易令人意識到,例如長短的"長"引申爲長久的"長",尊長的"長"引申爲首長的"長"。遠的引申義就不容易令人意識到,例如長短的"長"引申爲首長的"長",不但意義遠了,連讀音都改變了。其實長短的"長"和滋長的"長",意義還是相當近的,因爲草木滋長(zhǎng)是越來越長(cháng)了。然後滋長的"長"引申爲長幼的"長",再引申爲首長的"長"。本書在講常用詞的時候,近的引申義不另立一義,較遠的引申義則另立一義,以便學習。

　　文字學家憑什麼辨別本義呢?主要是憑字形。分析字形,能説明字的本義,從而有助於了解詞的本義。許慎的《説文》主要是憑字形來説明字的本義。現在有了甲骨文和金文,在字形的辨認上又有所補充。試就上文所舉的"向、道、理、長"四個字加以討論。《説文》:"向,北出牖也,从宀(mián),从口①。詩曰:'塞向墐户。'"宀表示房子,房子開一個口,就是窗。但是,甲骨文比篆文更能説明問題。"向"字在甲骨文裏是佲,分明畫的是房子和窗口。《説文》:"道,所行道也,从辵(chuò),从首。一達謂之道。"朱駿聲訂正説:"按从辵,首聲。"辵表示走路,因此可以證明道的本義和走路有關。《説文》:"理,治玉也。从玉,里聲。""理"字左邊的王就是玉字,因此可以證明"理"的本義與玉有關。"長"字的問題比較複雜。《説文》:"長(長),久遠也,从兀,从匕。亾聲。兀者高遠意

---

① 楷書"向"字的宀變爲門了。

也;久則變化。亾者倒亡也。"《説文》這個説法顯然是穿鑿附會。按:甲骨文"長"作乓,象人頭上的長髮。我們認爲可能是當初造字的人用這個字來標誌語言中長短的"長"這個詞。長久這個意義是由長短這個意義發展出來的,不可能是本義。

爲了充分證明字形和詞義的關係,我們再舉出下面的幾個例子:

引　《説文》:"開弓也,从弓丨。"《孟子·盡心下》:"君子引而不發。"開弓像是把弓弦拉長了,所以"引"有延長的意義。《詩經·小雅·楚茨》:"子子孫孫,勿替引之(勿替,不廢)。"《周易·繫辭》:"引而伸之。"開弓是把箭導向後方,所以"引"又有"導"的意義。《詩經·大雅·行葦》:"以引以翼(引,導;翼,扶助)。"開弓既是向後拉,所以"引"又有引退的意義。《戰國策·趙策》:"秦軍引而去。"

發　《説文》:"射發也,从弓,癹(pō)聲。"《詩經·召南·騶虞》:"壹發五豝。"射發是箭離弦,所以引申爲出發、發出等意義。

解　《説文》:"判也,从刀判牛角(按:甲骨文从雙手解牛角)。"這是本義。《莊子·養生主》載庖丁爲文惠君解牛的"解",就是用的本義。分解、溶解等義都從此引申而出。解説的"解",意義較遠,其實解説就是分析(朱駿聲引皇氏説),引申的綫索也是清楚的。

責　《説文》:"求也,从貝,朿(cì)聲。"王筠説:"謂索求負家償物也。""責"就是"債"字,但是它在上古可用作動詞,兼有討債的意義。它之所以從貝,因爲貝表示財。《左傳·昭公二十年》:"使有司(主管機關)寬政,毀關(去掉關税),去禁(廢除各種禁令),薄斂(減少田租),已責(停止討債)。"這是"責"的本義。不難理解,由此引申，索取已經允許過的錢財也可以叫"責"，《左傳·桓公十三年》："宋多責賂（財物）于鄭。"由索取的意義引申出要求的意義;《左傳·僖公十五年》："西鄰責言，不可償也。"這裏用"償"字和"責"字相照應，顯示着"責"字仍有討債的意思，但是已經變爲比喻了。《左傳·閔公二年》"修己而不責人"，意思是說修自己的道德而不要求別人修德。由這個意義再引申，就是指摘過失的意思了，《左傳·僖公二十七年》："責無禮也。"這些意義的引申過程是非常明顯的。

習　《說文》："數飛也，从羽，白（自）聲。""數（shuò）飛"是屢飛的意思。《禮記·月令》："鷹乃學習。"這是本義。引申爲温習的"習"，因爲温習是反復多次的行爲;又爲習慣的"習"，因爲習慣也是由反復多次的行爲所形成的。

抓住一個詞的本義，就像抓住了這個詞的綱，紛繁的詞義都變爲簡單而有系統的了。對本義有了體會，對於某些詞義可以推想而知，而且也可以了解得更透徹。詞典裏某些詞共有十幾個甚至幾十個意義，其實從引申的觀點看，許多詞義都可以合併。例如"解"字，依《辭海》共有四個讀音，二十七個意義。實際情況並不是這樣紛繁的。現在試看舊《辭海》所載"解"字的前九個意義[1]：

（1）判也，剖分也。莊子養生主："庖丁解牛。"左傳宣四年："宰夫解黿。"

（2）離散也。漢書陳餘傳："恐天下解也。"注："謂離散其心也。"

（3）說也，析言事理也。荀子非十二子："閉約而無解。"史記呂后紀："君知其解乎?"正義："謂解說也。"

---

[1]　《辭源》（修訂本）前八個義項與之基本相同。

（4）脱也，免除也。禮曲禮："解屨不敢當階。"疏："脱也。"漢書孔光傳："於法無所解①。"注："免也。"

（5）開放也。後漢書耿純傳贊："嚴城解扉。"

（6）曉悟也。三國志魏志賈詡傳："太祖與韓遂、馬超戰渭南，問計于詡；對曰：'離之而已。'太祖曰：'解。'"注："謂曉悟也。"

（7）意識也。詳見解條。

（8）消釋怨隙也。如云和解。

（9）達也。莊子秋水："無南無北，奭然四解。"（奭 shì）

第一個意義是本義。第二個意義是引申義，"恐天下解也"的"解"就是解體，不必曲解爲"離散其心"。第三個意義是另一引申義，"閉約而無解"的"解"，原義是解繩結（約，繩結）。荀子這句話是用來做比喻的，是説解釋古書中難懂的話，也正像解結。第六個意義"曉悟"就是第三個意義"解説"的引申義。第七個意義"見解"的"解"也就是"了解"的"解"，當與（6）合併。第八個意義"和解"的"解"，也是由"解繩"的"解"引申出來的。第四個意義與第三個意義有糾纏，"解屨"的"解"也就是"解繩"的"解"，"於法無所解"的"解"纔是解脱的意思，和解繩的意義相近。第五個意義是第四個意義的引申。第九個意義的解釋是錯誤的，成玄英注《莊子》云"奭然無礙"，可見"四解"就是四面開放的意思，應該和第五個意義合併。抓住了本義，我們就可以把（1）（2）合併，（3）（6）（7）合併，（4）（5）（8）（9）合併，由九個意義歸併成了三個意義。

有一種情況值得注意，那就是不同的兩個字在意義上可以發生關係。這是因爲引申義距離較遠，一般人已經不再意識到它是一個意義的引申，爲了要求區別，就另造一個字來代表它。例如懈

---

① 《漢書·孔光傳》原作"於法無以解"，舊《辭海》誤。

怠的"懈",本作"解",《詩經‧大雅‧烝民》"夙夜匪解",《孝經》引作"夙夜匪懈";由解散的意義引申爲懈怠的意義,本來是很自然的(依徐灝説)。現在我們説"鬆懈","鬆"正是"解"的意思。又如豎(竪)字。《説文》臤部:"豎,豎立也。"其實"豎"就是"樹"的引申義(依羅振玉説)。"樹"由栽種引申爲樹立。讓人感覺是另一種意義,所以另造一個"豎"字。《後漢書‧靈帝紀》:"槐樹自拔倒豎。"當時"樹"既當"木"講,假使寫成"槐樹自拔倒樹",反而不好懂了。

　　詞除了本義和引申義之外,還有假借義。朱駿聲在解釋詞義的時候,一般分爲三部分:第一部分依照《説文》的解釋(有時加以訂正),作爲本義;第二部分是轉注,即引申義;第三部分是假借,用朱駿聲的話來説,即所謂"本無其意,依聲託字"。朱駿聲的辦法是對的。假借的意義和本義是不相干的,我們仍以"解"字爲例,《辭海》認爲"解"字同"獬",同"蟹",通"嶰"(地名),通"澥"(海),同"廨",通"邂"(解后即邂逅)。這些都是假借。"解"字之所以具有這些意義,祇是借用,而不是從本義引申出來的。

第二單元

文 選
戰 國 策

《戰國策》是一部戰國時代的史料彙編，作者已無可考。流傳到現在的本子是經西漢劉向整理過的，分爲東周、西周、秦、齊、楚、趙、魏、韓、燕、宋、衞、中山十二國，共三十三篇。書名亦爲劉向所擬定。

這部書記載了戰國時期二百三四十年間各國在政治、軍事、外交方面的一些動態以及策士們遊說諸侯或互相辯論時所提出的政治主張和鬥爭策略，同時也反映了尖銳的階級矛盾和複雜激烈的鬥爭，暴露了統治者的荒淫殘暴、愚蠢自私，顯示了人民在封建壓榨、兼併戰爭中的痛苦生活。其中對策士的作用作了不少誇大，不盡合乎史實。

《戰國策》的語言，流暢犀利，是論辯文的典型。每論述一個問題，都能反復縱橫，曲盡其意。對人物性格的刻畫，深刻而具體；又善於運用寓言故事來説明抽象的道理，所以它對後世的文學語言有很大的影響。

對這部書，前人祇作了些零星的校勘工作，還談不上系統地整理。東漢高誘的注,已經殘缺。目前通用的本子是清嘉慶時黃丕烈重刊的宋姚氏本。商務印書館國學基本叢書本就是根據黃本排印的。

馮諼客孟嘗君(齊策)[1]

齊人有馮諼者[2],貧乏不能自存[3],使人屬孟嘗君[4],願寄食門下[5]。孟嘗君曰:"客何好[6]?"曰:"客無好也。"曰:"客何能?"曰:"客無能也。"孟嘗君笑而受之,曰:"諾[7]。"

左右以君賤之也[8],食以草具[9]。居有頃[10],倚柱彈其劍,歌曰:"長鋏歸來乎[11],食無魚!"左右以告[12]。孟嘗君曰:"食之,比門下之客[13]。"居有頃,復彈其鋏,歌曰:"長鋏歸來乎,出無車!"左右皆笑之,以告。孟嘗君曰:"爲之駕[14],比門下之車客[15]。"於是乘其車,揭其劍[16],過其友曰[17]:"孟嘗君客我[18]!"後有頃,復彈其劍鋏,歌曰:"長鋏歸來乎,無以爲家[19]!"左右皆惡之[20],以爲貪而不知足。孟嘗君問:"馮公有親乎?"對曰:"有老母。"孟嘗君使人給其食用[21],無使乏。於是馮諼不復歌。

[1]《戰國策》原來沒有小標題,這是編者加的,以下各篇同。諼(xuān),一本作"煖",《史記·孟嘗君列傳》作"驩",都讀 xuān。客,用如動詞,這裏當作客講。孟嘗君,姓田,名文,齊國的貴族,封於薛(故城在今山東滕縣東南),孟嘗君是他的封號。他是戰國四公子之一(另外三個是:魏國的信陵君、趙國的平原君、楚國的春申君),門下有食客數千人。本文寫

　　孟嘗君的門客馮諼爲他出謀畫策來鞏固他的政治地位。

〔2〕者,語氣詞,表提頓。

〔3〕存,存在,這裏指生活。

〔4〕屬(zhǔ),囑託。後來寫作"囑"。

〔5〕寄食,就是依靠別人吃飯,這裏指到孟嘗君門下作食客。

〔6〕何好(hào),愛好什麼。

〔7〕諾(nuò),答應的聲音。

〔8〕左右,指在孟嘗君左右爲他辦事的人。以,認爲。賤,用如動詞,意動用
　　法。賤之,以之爲賤,等於説看不起他。

〔9〕食(sì),給……吃。草具,粗惡的飲食。具,饌具,飲食的東西。

〔10〕呆了不久。

〔11〕長鋏啊,咱們還是回去吧! 鋏(jiá),劍把,這裏指劍。

〔12〕以告,把〔馮諼唱歌的事〕告訴〔孟嘗君〕。"以"是介詞,賓語省略了。

〔13〕比照一般門客。

〔14〕給他準備車馬。這是雙賓語結構。

〔15〕車客,可以坐車的客。

〔16〕揭,高舉。

〔17〕過,指拜訪。

〔18〕客我,以我爲客,也就是把我當客。客,用如動詞。

〔19〕没有用來養家的東西,等於説没法養家。爲,動詞。

〔20〕惡(wù),厭惡。

〔21〕給,供應,使足。

　　　後孟嘗君出記〔1〕,問門下諸客:"誰習計會〔2〕,能爲
文收責於薛者乎〔3〕?"馮諼署曰〔4〕:"能。"孟嘗君怪之,
曰:"此誰也?"左右曰:"乃歌夫'長鋏歸來'者也〔5〕。"孟
嘗君笑曰:"客果有能也! 吾負之〔6〕,未嘗見也。"請而見
之,謝曰〔7〕:"文倦於事〔8〕,憒於憂〔9〕,而性懧愚〔10〕,

沉於國家之事[11]，開罪於先生[12]。先生不羞[13]，乃有意欲爲收責於薛乎[14]？”馮諼曰：“願之[15]。”於是約車治裝[16]，載券契而行[17]。辭曰：“責畢收[18]，以何市而反[19]？”孟嘗君曰：“視吾家所寡有者。”

〔1〕記，大約是文告之類。

〔2〕習，熟習。計會(kuài)，就是會計。

〔3〕責(zhài)，債務，債款，後來寫作“債”。

〔4〕署，簽名。

〔5〕就是唱那“長鋏歸來”的人啊。乃，就是。夫，指示代詞，當“那”講。

〔6〕我對不住他。

〔7〕謝，道歉。

〔8〕我因瑣事搞得疲勞。於，介詞，表涉及的對象，下句的“於”同。事，指瑣事。

〔9〕因憂慮搞得心煩意亂。憒(kuì)，心亂。

〔10〕懧(nuò)，同“懦”，懦弱。

〔11〕沉，沉溺。

〔12〕開罪，等於説得罪。

〔13〕不羞，不以爲羞。

〔14〕乃，卻，竟。爲(wèi)，介詞。

〔15〕之，代詞。指“爲收責於薛”。

〔16〕約車，套車。約，束。治裝，整理行裝。

〔17〕券(quàn)契，大致和後世的契據合同相當。借貸雙方各持一份書牘(竹木做成的)，刻齒其旁，以便合齒驗證。所以下文説“合券”。

〔18〕畢收，完全收了。

〔19〕用收回的債款買什麽東西回來？以，介詞。市，買。反，返回，後來寫作“返”。

　　驅而之薛[1]，使吏召諸民當償者[2]，悉來合券[3]。

券徧合[4]，起，矯命以責賜諸民[5]，因燒其券[6]，民稱萬歲。

長驅到齊[7]，晨而求見[8]。孟嘗君怪其疾也[9]，衣冠而見之[10]，曰：“責畢收乎？來何疾也？”曰：“收畢矣。”“以何市而反？”馮諼曰：“君云‘視吾家所寡有者’，臣竊計君宮中積珍寶[11]，狗馬實外廄[12]，美人充下陳[13]，君家所寡有者以義耳[14]。竊以爲君市義[15]。”孟嘗君曰：“市義奈何[16]？”曰：“今君有區區之薛[17]，不拊愛子其民[18]，因而賈利之[19]。臣竊矯君命，以責賜諸民，因燒其券，民稱萬歲，乃臣所以爲君市義也[20]。”孟嘗君不說[21]，曰：“諾。先生休矣[22]！”

〔1〕驅，本爲趕馬，這裏指駕車。之，往。

〔2〕當償者，應當還債的人。

〔3〕悉，盡，都。

〔4〕徧，同“遍”。徧合，普遍地合過了。

〔5〕起，站起來。矯命，假託命令。以責賜諸民，把債款賜給老百姓。

〔6〕因，於是。

〔7〕長驅，一直趕着車，指毫不停留。

〔8〕清晨就求見孟嘗君。

〔9〕疾，快。

〔10〕穿好衣服戴好帽子來接見他，以表示恭敬。衣、冠，都是名詞用如動詞。

〔11〕竊，謙詞，私自。計，考慮。

〔12〕實，和下句的“充”是同義詞，都當充實講。廄(jiù)，馬房。

〔13〕下陳，等於説後列。

〔14〕以，疑是衍文。

〔15〕我用債款替你買了義。以，介詞，用。爲(wèi)，介詞。

〔16〕奈何，怎麼樣。

〔17〕區區，小小的。

〔18〕拊(fǔ)，和"撫"的意思差不多。子其民，以其民爲子，就是把薛地的人民
　　　看成自己的子女。子，用如動詞。

〔19〕賈(gǔ)利之，用商賈之道向人民圖利。賈，藏貨待賣叫做賈。

〔20〕這就是我用來替你買義的方式啊。所，代詞。以，介詞。這裏的"所以"
　　　意思是"用來……的方式"，不同於現代漢語的"所以"。

〔21〕説(yuè)，喜悦，高興。後來寫作"悦"。

〔22〕休，停止。休矣，等於説算了吧。

　　　後朞年〔1〕，齊王謂孟嘗君曰〔2〕："寡人不敢以先王
之臣爲臣〔3〕！"孟嘗君就國於薛〔4〕。未至百里〔5〕，民
扶老攜幼，迎君道中〔6〕。孟嘗君顧謂馮諼："先生所爲文
市義者，乃今日見之〔7〕！"

〔1〕朞(jī)年，一周年。古代單説"朞"，也指一周年。朞，又寫作"期"。

〔2〕齊王，指齊湣(mǐn)王。

〔3〕我不敢把先王的臣作爲我的臣。這是委婉語，實際上是撤他的職。先
　　　王，指齊宣王。

〔4〕就國，前往自己的封邑。

〔5〕還差百里没到。

〔6〕君，指孟嘗君。

〔7〕大意是：先生替我買義的道理，今天纔見到了。乃，副詞，纔。

　　　馮諼曰："狡兔有三窟，僅得免其死耳〔1〕；今君有一
窟，未得高枕而臥也〔2〕。請爲君復鑿二窟！"孟嘗君予車
五十乘〔3〕，金五百斤，西遊於梁〔4〕，謂惠王曰〔5〕："齊
放其大臣孟嘗君於諸侯〔6〕，諸侯先迎之者，富而兵强。"

於是梁王虛上位[7]，以故相爲上將軍[8]，遣使者黃金千斤，車百乘，往聘孟嘗君[9]。馮諼先驅[10]，誡孟嘗君曰[11]："千金，重幣也[12]；百乘，顯使也[13]。齊其聞之矣[14]。"梁使三反[15]，孟嘗君固辭不往也[16]。

〔1〕僅，纔。耳，語氣詞，同"而已"，相當於現代漢語的"罷了"。

〔2〕高枕而臥，把枕頭墊得高高的躺着，比喩没有憂慮。高，用如動詞。

〔3〕予，給。

〔4〕梁，就是魏國。魏原都安邑，惠王遷都大梁（今河南開封），所以也叫梁。

〔5〕惠王，即梁惠王。

〔6〕齊國放逐他的大臣孟嘗君到各諸侯國去。放，放逐。

〔7〕虛上位，就是把上位（指相位）空出來。虛，用如動詞，使……虛。

〔8〕把原來的宰相調爲上將軍。故，原來。

〔9〕"黃金"前省略了介詞"以"。

〔10〕先驅，先趕車回去。

〔11〕誡，告誡。

〔12〕千金，等於說金千斤。幣，這裏指聘幣，是古代聘請人時送的禮物。

〔13〕顯使，顯貴的使臣。

〔14〕齊國大概聽說了。其，句中語氣詞，表示委婉語氣。

〔15〕梁國的使臣往返三次。

〔16〕固辭，堅決推辭。

齊王聞之，君臣恐懼。遣太傅賫黃金千斤[1]，文車二駟[2]，服劍一[3]。封書謝孟嘗君曰[4]："寡人不祥[5]，被於宗廟之祟[6]，沉於諂諛之臣[7]，開罪於君。寡人不足爲也[8]；願君顧先王之宗廟[9]，姑反國統萬人乎[10]！"馮諼誡孟嘗君曰："願請先王之祭器，立宗廟於薛[11]！"廟成，還報孟嘗君曰："三窟已就[12]，君姑高枕爲樂矣！”

　　孟嘗君爲相數十年，無纖介之禍者[13]，馮諼之計也。

〔1〕太傅，官名。賚(jī)，通“齎”，拿東西送人。

〔2〕文車二駟，繪有文彩的四馬車兩輛。駟，這裏指四馬拉的車的單位。

〔3〕服劍，佩帶的劍。

〔4〕封書，封好了書信。謝孟嘗君，向孟嘗君道歉。

〔5〕不祥，不善。

〔6〕遭受祖宗降下的災禍。被，遭受。宗廟，這裏借指祖宗。祟(suì)，神禍。

〔7〕諂諛(chǎnyú)，巴結逢迎。

〔8〕我是不值得您幫助的。爲，指幫助。

〔9〕顧，顧念。

〔10〕姑，副詞，暫且。統，治理。萬人，指全國人民。

〔11〕希望你向齊王請求先王傳下來的祭器，在薛建立宗廟。按：古人重視宗廟，這樣就可以使孟嘗君的地位更加鞏固。

〔12〕就，完成。

〔13〕纖(xiān)，細。介，通“芥”，小草。纖介，是細小的意思。

趙威后問齊使(齊策)[1]

　　齊王使使者問趙威后[2]，書未發[3]，威后問使者曰：“歲亦無恙耶[4]？民亦無恙耶？王亦無恙耶？”使者不說，曰：“臣奉使使威后[5]，今不問王而先問歲與民，豈先賤而後尊貴者乎[6]？”威后曰：“不然[7]。苟無歲[8]，何以有民[9]？苟無民，何以有君？故有問，舍本而問末者耶[10]？”

〔1〕趙威后，趙惠文王的妻。本文寫她的政治見解，突出了她的民本思想。

〔2〕齊王，指襄王的兒子，名建。使(shì)者，奉使命的人。問，聘問，是當時

　　諸侯之間的一種禮節。

〔3〕書,指齊王給趙威后的書信。發,啟封。

〔4〕歲,收成。恙(yàng),憂患,災害。耶,表疑問的語氣詞。

〔5〕第一個“使”是名詞,當使命講;第二個“使”是動詞,當出使講。使威后,
　　　出使到威后這裏來。兩個“使”字都讀去聲(shì)。

〔6〕難道把賤的擱在前頭,把尊貴的擱在後頭嗎? 先、後,都用如動詞,使動
　　　用法。賤,指民衆。

〔7〕不然,不是這樣。

〔8〕苟,假設連詞,假如。

〔9〕何以,靠什麽。

〔10〕大意是:有問話不問根本而問末節的嗎? 本,指歲與民。末,指君。

　　乃進而問之曰:“齊有處士曰鍾離子[1],無恙耶? 是
其爲人也[2],有糧者亦食[3],無糧者亦食;有衣者亦
衣[4],無衣者亦衣。是助王養其民也[5],何以至今不業
也[6]? 葉陽子無恙乎[7]? 是其爲人,哀鰥寡[8],卹孤
獨[9],振困窮[10],補不足[11]。是助王息其民者也[12],
何以至今不業也? 北宮之女嬰兒子無恙耶[13]? 徹其環
瑱[14],至老不嫁,以養父母。是皆率民而出於孝情者
也[15],胡爲至今不朝也[16]? 此二士弗業,一女不朝,何
以王齊國、子萬民乎[17]? 於陵子仲尚存乎[18]? 是其爲
人也,上不臣於王[19],下不治其家,中不索交諸侯[20]。
此率民而出於無用者[21],何爲至今不殺乎?”

〔1〕處士,有才能而未曾出來做官的人。鍾離,是複姓。

〔2〕是,指示代詞,指鍾離子,這裏當這個人講。

〔3〕食(sì),給食物吃。下句的“食”同。

〔4〕第一個“衣”（yī）是名詞，當衣服講；第二個“衣”（yì）用如動詞，給衣服穿。下句的兩個“衣”字分別同此兩“衣”字。

〔5〕是，指以上的行爲。

〔6〕何以，因爲什麼。不業，不使他成就功業（意思是不用他）。業，用如動詞。

〔7〕葉（舊讀 shè）陽子，齊國的處士。葉陽，複姓。

〔8〕哀，憐憫。鰥（guān），年老無妻。寡，寡婦。

〔9〕卹（xù），顧念。孤，年少無父。獨，年老無子。

〔10〕振，救濟。

〔11〕不足，指缺少衣食。

〔12〕息，動詞，蕃殖。鰥寡孤獨困窮的人得到救濟，不至於死亡，就是使民蕃殖。

〔13〕北宮，複姓。嬰兒子，姓北宮的女子的名字。

〔14〕徹，拿掉。環，指耳環。瑱（tiàn），用玉或石做的耳塞。

〔15〕率，領導。孝情，孝心。

〔16〕胡爲，爲什麼。“胡”是疑問代詞，當“什麼”講。不朝，不上朝。古代婦女有封號的纔能上朝，所以這裏的“不朝”實際上是指不加封號。

〔17〕王齊國，爲齊國之王。王（wàng），動詞，當成爲王講。子萬民，把人民看成自己的子女。這和統治階級所說的“爲民父母”是同樣的意思。子，用如動詞。

〔18〕於（wū）陵，齊邑名，在今山東長山縣西南。子仲，齊國的隱士。

〔19〕不臣於王，不向王稱臣，就是不做官。臣，用如動詞，當稱臣講。

〔20〕索，求。

〔21〕無用，没有作用，等於説同統治者不合作。

江乙對荆宣王（楚策）〔1〕

荆宣王問羣臣曰：“吾聞北方之畏昭奚恤也〔2〕，果誠何如〔3〕?"羣臣莫對〔4〕。江乙對曰:"虎求百獸而食之〔5〕,得狐。狐曰:'子無敢食我也〔6〕!天帝使我長百獸〔7〕,今子食我,是逆天帝命也。子以我爲不信〔8〕,吾爲子先行〔9〕,子隨我後,觀百獸之見我而敢不走乎〔10〕?'虎以爲然〔11〕,故遂與之行,獸見之皆走。虎不知獸畏己而走也,以爲畏狐也。今王之地方五千里〔12〕,帶甲百萬〔13〕,而專屬之昭奚恤〔14〕。故北方之畏奚恤也,其實畏王之甲兵也〔15〕——猶百獸之畏虎也〔16〕。"

〔1〕江乙,一本作"江一",魏人,有智謀,當時在楚國做官。荆宣王,就是楚宣王,因楚又稱荆。宣王名良夫。

〔2〕北方,當時指中原各諸侯之國。昭奚恤(xù),楚國的貴族,是當時的名將。之,介詞,作用在於取消"北方畏昭奚恤"的獨立性,使它作爲"聞"的賓語。

〔3〕真正怎麽樣呢?"果"和"誠"是同義詞,都是真正的意思。何如,怎麽樣。

〔4〕莫,否定性無定代詞,相當於現代漢語的"没有誰"或"没有人"。

〔5〕求,尋找。

〔6〕無敢,不敢。

〔7〕長(zhǎng),首領,這裏用如動詞。長百獸,做羣獸的首領。

〔8〕信,言語真實。不信,指説謊。

〔9〕我爲你在前邊走。爲(wèi),介詞。行,相當於現代漢語的"走"。

〔10〕走,相當於現代漢語的"跑",這裏指逃跑。

〔11〕老虎以爲狐的話説得很對。以爲,認爲,覺得。然,對,不錯。

〔12〕"地"和"方"不是一個詞,讀到"地"時應略停一下。方五千里,五千里見方,即東至西五千里,南至北五千里。不要誤會爲五千方里。

〔13〕帶甲,披鎧甲,這裏指披鎧甲的戰士。

〔14〕專,專一、單獨。屬(zhǔ),委託。之,指百萬軍隊。這句意思是,把百萬

軍隊專託付給昭奚恤。

〔15〕其實,這件事(指北方之畏昭奚恤)的實情。"其實"是狀語,"北方之畏奚恤"是本句的主語,"畏王之甲兵"是本句的謂語。甲兵,這裏指軍隊。

〔16〕猶,好像。

莊辛説楚襄王(楚策)〔1〕

莊辛謂楚襄王曰:"君王左州侯,右夏侯〔2〕,輦從鄢陵君與壽陵君〔3〕,專淫逸侈靡〔4〕,不顧國政,郢都必危矣〔5〕!"襄王曰:"先生老悖乎〔6〕?將以爲楚國祆祥乎〔7〕?"莊辛曰:"臣誠見其必然者也〔8〕,非敢以爲國祆祥也。君王卒幸四子者不衰〔9〕,楚國必亡矣!臣請辟於趙〔10〕,淹留以觀之〔11〕。"

〔1〕莊辛,楚人,楚莊王之後,因而以莊爲姓。説(shuì),勸説,説服。楚襄王,就是楚頃襄王,懷王的兒子,名横。懷王被秦昭王扣留,死在秦國。襄王不思發奮圖强,反而親信小人,荒淫自恣,結果遭到秦國的連年進攻,兵敗地削。本文就是寫這次大失敗前後莊辛的兩次諫諍。文中用層層比喻説明了衹圖目前享樂,對敵人喪失警惕,就必然招致嚴重後患的道理。

〔2〕你左面有州侯,右面有夏侯(意思是州侯、夏侯整天不離你的左右)。州侯、夏侯,都是襄王的寵臣。

〔3〕車後跟隨着鄢陵君和壽陵君。輦(niǎn),上古用人拉的車子。秦漢以後纔專指君王坐的車子。從(zòng),跟隨,侍從。注意:是鄢陵君等跟隨楚王,不是楚王跟隨鄢陵君等。鄢陵君、壽陵君,也都是襄王的寵臣。

〔4〕一味地放蕩奢侈。淫,越過常度。逸,放縱。侈,奢侈。靡,浪費。"淫逸"指行爲放蕩,"侈靡"指生活上浪費。

〔5〕郢(yǐng)都,楚國的國都郢,在今湖北江陵縣北。

〔6〕老悖(bèi)，年老而糊塗。悖，惑亂。

〔7〕還是認爲這是楚國不祥之兆呢？將，選擇連詞，還是。祥，吉凶的預兆。祅(後來寫作"妖")祥，不祥的預兆。

〔8〕我的的確確看到你這種行爲的必然結果啊。

〔9〕卒幸，始終寵愛。者，代詞，用在主謂結構後面，組成一個名詞性詞組。衰，減。

〔10〕辟，躲避。後來寫作"避"。

〔11〕淹，也當留講。

　　莊辛去之趙〔1〕，留五月，秦果舉鄢、郢、巫、上蔡、陳之地〔2〕。襄王流揜於城陽〔3〕。於是使人發騶徵莊辛於趙〔4〕。莊辛曰："諾。"

　　莊辛至。襄王曰："寡人不能用先生之言，今事至於此，爲之奈何〔5〕？"莊辛對曰："臣聞鄙語曰〔6〕：'見兔而顧犬〔7〕，未爲晚也；亡羊而補牢〔8〕，未爲遲也。'臣聞昔湯武以百里昌〔9〕，桀紂以天下亡〔10〕。今楚國雖小，絕長續短〔11〕，猶以數千里〔12〕，豈特百里哉〔13〕？

〔1〕去，離開，指離開楚國。之，往。

〔2〕舉，攻下。鄢(yān)，在今湖北宜城縣境。巫，今四川巫山縣。上蔡，今河南上蔡縣。陳，今河南淮陽縣。按《史記·六國年表》，楚襄王二十年，秦攻取鄢；二十一年，攻取郢；二十二年，攻取巫。襄王逃在陳。沒有攻下上蔡和陳的記載，和本文所説不同。

〔3〕流揜(yǎn)，流亡困迫。城陽，就是成陽，在今河南息縣西北。

〔4〕發，派遣。騶(zōu)，騎士。徵，召。

〔5〕對這怎麼辦？

〔6〕鄙語，俗語。

〔7〕顧，回頭看。

〔8〕亡,失掉,丢了。牢,這裏指羊圈。

〔9〕湯,商代開國之君。武,武王,周代開國之君。以,介詞。昌,興盛。

〔10〕桀,夏代最後的國君;紂,商代最後的國君。兩人都是歷史上有名的
　　暴君。

〔11〕等於説截長補短。絶,截。

〔12〕猶,尚,還(hái)。以,用,這裏當憑藉講。

〔13〕豈特,豈但,豈止。

　　“王獨不見夫蜻蛉乎〔1〕？六足四翼,飛翔乎天地之
間〔2〕,俛啄蚊虻而食之〔3〕,仰承甘露而飲之〔4〕。自以
爲無患,與人無爭也;不知夫五尺童子,方將調飴膠絲〔5〕,
加己乎四仞之上〔6〕,而下爲螻蟻食也〔7〕。

〔1〕獨,副詞,表示反問,略等於現代漢語的“難道”。夫(fú),指示代詞,那。
　　下文“不知夫”的“夫”同。蜻蛉(líng),即蜻蜓。

〔2〕翔(xiáng),盤旋地飛而不扇動翅膀。乎,介詞,於。

〔3〕俛,同“俯”,這裏指向下。啄(zhuó),鳥用嘴鴿(qiān)。這裏用的是擴
　　大義,因蜻蜓不是鳥類。虻(máng),小蚊(依王筠説,見《説文句讀》
　　“蟲”字注)。

〔4〕承,接。甘,甜美。

〔5〕方將,正要。調飴(yí)膠絲,調和糖漿,黏在絲上(綁在竿頭,用來黏取飛
　　蟲)。飴,糖漿。膠,黏。

〔6〕加己,加在自己身上。仞,周尺八尺,一説七尺。

〔7〕螻,螻蛄。蟻,螞蟻。

　　“夫蜻蛉其小者也〔1〕,黄雀因是以〔2〕。俯噣白
粒〔3〕,仰棲茂樹〔4〕,鼓翅奮翼〔5〕。自以爲無患,與人無
爭也;不知夫公子王孫〔6〕,左挾彈〔7〕,右攝丸〔8〕,將加
己乎十仞之上,以其類爲招〔9〕。晝游乎茂樹,夕調乎酸

醎〔10〕。倏忽之間,墜於公子之手〔11〕。

〔1〕蜻蛉〔的事〕是其中的小事啊。其,其中的,指代祇圖享樂、喪失警惕以致
　　遭遇不幸的事。

〔2〕因是以,如同這樣呢(參用王引之説,見《經傳釋詞》)。因,猶,如同。
　　是,指示代詞,這樣。以,通“已”,句末語氣詞。

〔3〕嚙,啄。白粒,指米粒。

〔4〕棲,止息。

〔5〕鼓,鼓動。奮,振動。

〔6〕公子,最初用來稱諸侯的兒子,後來用以稱官宦人家的兒子。王孫,貴族
　　的子孫。

〔7〕左手把着彈(dàn)弓。

〔8〕右手安上彈丸,拉緊弓弦。攝,引持。

〔9〕把黃雀的頸作爲彈射的目的物(依王念孫説,見《讀書雜誌》)。類,當爲
　　“頸”字之誤。招,射的目的物。

〔10〕酸醎,指調味的作料。醎,同“鹹”。

〔11〕倏(shū)忽,頃刻,極言時間的迅速短暫。據王念孫説,這句是衍文,因前
　　面已説了“夕調乎酸醎”,就用不着再説這句了。金正煒《戰國策補釋》
　　認爲這句當在“晝游乎茂樹”之上。

　　“夫黃雀其小者也,黃鵠因是以〔1〕。游於江海,淹乎
大沼〔2〕,俯嚙鱔鯉〔3〕,仰嚙蔆衡〔4〕,奮其六翮〔5〕,而
凌清風〔6〕,飄搖乎高翔〔7〕,自以爲無患,與人無爭也;不
知夫射者,方將脩其碆盧〔8〕,治其矰繳〔9〕,將加己乎百
仞之上,被礛磻〔10〕,引微繳〔11〕,折清風而抎矣〔12〕。故晝
游乎江河,夕調乎鼎鼐〔13〕。

〔1〕黃鵠(hú),俗名天鵝,像雁,但比雁大。

〔2〕沼(zhǎo),池。

〔3〕鱓(shàn),即鱔魚。一本作"鮎"。

〔4〕囓(niè),咬。薐,同"菱"。衡,就是荇(xìng),一種水草。

〔5〕翮(hé),羽毛的莖,這裏指鳥的大羽毛。六翮,指翅膀,鳥翅一般有六根
　　　大羽毛。

〔6〕凌,駕,乘。

〔7〕乎,詞尾。

〔8〕脩,整治。碆(bō),石製的箭頭。一本作"荢"。盧,黑弓。

〔9〕治,和"脩"同義。矰(zēng),弋(yì)射的箭。繳(zhuó),繫在箭上的生
　　　絲綫,用來射鳥,可以靠它收回來。

〔10〕被,遭受。劗(jiàn),銳利。一本作"礛"。磻(bō),同"碆"。

〔11〕引,拖着。微,輕細。

〔12〕在清風中夭折而墜落下來了。折,夭折,指被射殺。抎,通"隕"(yǔn),
　　　墜落。

〔13〕鼎鼐(nài),都是古代烹煮的器具。鼐,大鼎。

　　　"夫黄鵠其小者也,蔡靈侯之事因是以〔1〕。南游乎高陂〔2〕,北陵乎巫山〔3〕,飲茹溪之流〔4〕,食湘波之魚〔5〕,左抱幼妾,右擁嬖女〔6〕,與之馳騁乎高蔡之中〔7〕,而不以國家爲事;不知夫子發方受命乎靈王〔8〕,繫己以朱絲而見之也〔9〕。

〔1〕蔡靈侯,蔡國的國君,名般,弒父景侯,自立爲君。一本作"蔡聖侯"。蔡
　　　國在今河南上蔡縣。

〔2〕高陂(bēi),高丘。

〔3〕陵,昇,登。巫山,在今四川巫山縣。

〔4〕茹溪,水名,在巫山縣北。流,指水。

〔5〕湘波,就是湘水,在湖南。

〔6〕嬖(bì),形容詞,寵愛。

〔7〕馳騁(chěng),快馬加鞭地趕車。高蔡,今河南上蔡縣。

〔8〕子發,楚大夫。依《左傳·昭公十一年》所載,受靈王之命圍蔡的是公子棄疾,不是子發。靈王,一本作"宣王"。

〔9〕用紅繩綁上蔡靈侯帶他去見楚靈王。已,指蔡靈侯。朱絲,紅繩。見(xiàn),使……見。這裏指解送去見楚靈王。之,指蔡靈侯。

　　"蔡靈侯之事其小者也,君王之事因是以。左州侯,右夏侯,輦從鄢陵君與壽陵君,飯封禄之粟〔1〕,而載方府之金〔2〕,與之馳騁乎雲夢之中〔3〕,而不以天下國家爲事;不知夫穰侯方受命乎秦王〔4〕,填黽塞之內〔5〕,而投己乎黽塞之外〔6〕。"

　　襄王聞之,顏色變作〔7〕,身體戰慄〔8〕。於是乃以執珪而授之爲陽陵君〔9〕,與淮北之地也〔10〕。

〔1〕飯,吃。封禄之粟,指以封地賦税作俸給的穀物。禄,俸給。粟,這裏泛指穀物。

〔2〕載,用車裝載。方府,楚倉庫名。

〔3〕雲夢,雲夢澤,即今湖北江陵至蘄春間的大湖區域。

〔4〕穰(ráng)侯,秦昭王母宣太后之弟,姓魏,名冉,封在穰(今河南鄧縣東南)。秦王,指秦昭王。

〔5〕填,指布滿軍隊。黽(méng)塞,就是平靖關,在今河南信陽市南。內,秦將白起攻破鄢郢,在黽塞之南,所以説"內"。

〔6〕投,拋擲。外,楚王被迫出奔城陽,在黽塞之北,所以説"外"。

〔7〕變作,就是改變。

〔8〕戰慄,哆嗦。

〔9〕執珪(guī),楚國的爵位名。陽陵君,給莊辛的封號。

〔10〕與,通"舉",攻下。楚王用莊辛之計,收復了淮北之地(見劉向《新序》)。

魯仲連義不帝秦(趙策)〔1〕

　　秦圍趙之邯鄲〔2〕。魏安釐王使將軍晉鄙救趙〔3〕,

畏秦,止於蕩陰[4],不進。

　　魏王使客將軍辛垣衍間入邯鄲[5],因平原君謂趙王曰[6]:"秦所以急圍趙者,前與齊湣王爭强爲帝[7],已而復歸帝,以齊故[8];今齊湣王已益弱[9],方今唯秦雄天下[10],此非必貪邯鄲,其意欲求爲帝。趙誠發使尊秦昭王爲帝[11],秦必喜,罷兵去[12]。"平原君猶豫未有所決。

〔1〕事在趙孝成王八年(公元前258年)。魯仲連,齊人,一生不做官,好爲人排難解紛。義,根據正義,名詞用作狀語。不帝秦,不尊秦王爲帝。帝,用如動詞。本文生動地刻畫了反對妥協投降及功成不居的魯仲連、國難當頭束手無策的平原君和衹圖名利毫無政治遠見的辛垣衍。

〔2〕邯鄲(hándān),趙國國都,今河北邯鄲縣。

〔3〕魏安釐(xī)王,魏昭王的兒子,名圉(yǔ)。釐,通"僖"。晉鄙,魏國的大將。

〔4〕蕩陰,今河南湯陰縣,是趙魏兩國交界的地方。

〔5〕客將軍,別國人在魏做將軍,所以稱客將軍。辛垣,複姓。間(jiàn)入,指偷偷地進入。

〔6〕因,靠,通過。平原君,趙孝成王的叔父,名勝,封平原君,是戰國四公子之一,當時爲趙相。趙王,指孝成王,名丹。

〔7〕周赧王二十七年(公元前288年),齊湣王(宣王子,名地)稱東帝,秦昭王(名稷)稱西帝。

〔8〕已而,過了不久。歸帝,歸還帝號,也就是取消了帝號。以,因。蘇代勸齊湣王取消了帝號,秦昭王因之也取消帝號,所以説"以齊故"。

〔9〕秦圍邯鄲時,齊湣王已死二十餘年,此句疑有誤。意思可能是"今之齊比湣王時益弱"。益,更加。

〔10〕方今,現在。雄,用如動詞,稱雄。

〔11〕誠,真,這裏含有假設的意思。

〔12〕去,指離開邯鄲。

此時魯仲連適游趙〔1〕,會秦圍趙〔2〕,聞魏將欲令趙尊秦爲帝,乃見平原君曰:"事將奈何矣〔3〕?"平原君曰:"勝也何敢言事?百萬之衆折於外〔4〕,今又內圍邯鄲而不去〔5〕。魏王使客將軍辛垣衍令趙帝秦,今其人在是〔6〕。勝也何敢言事?"魯連曰〔7〕:"始吾以君爲天下之賢公子也〔8〕,吾乃今然後知君非天下之賢公子也〔9〕。梁客辛垣衍安在〔10〕?吾請爲君責而歸之〔11〕!"平原君曰:"勝請爲紹介而見之於先生〔12〕。"

平原君遂見辛垣衍曰:"東國有魯連先生〔13〕,其人在此,勝請爲紹介而見之於將軍。"辛垣衍曰:"吾聞魯連先生,齊國之高士也〔14〕。衍,人臣也,使事有職〔15〕,吾不願見魯連先生也。"平原君曰:"勝已泄之矣〔16〕。"辛垣衍許諾〔17〕。

〔1〕適,副詞,正巧,恰在這時。

〔2〕會,副詞,正巧碰上。

〔3〕奈何,怎麽辦。

〔4〕趙孝成王六年(公元前260年),秦將白起大破趙兵於長平(在今山西高平縣西北),坑趙降兵四十餘萬人。折,挫敗。

〔5〕內,狀語,指深入國內。去,離開,使動用法,指打敗秦軍使之離開。

〔6〕其人,那個人。其,指示代詞。是,指示代詞,等於説"這裏"。

〔7〕魯連,即魯仲連。

〔8〕始,當初。

〔9〕乃,副詞,這纔。

〔10〕梁,就是魏。見第105頁《馮諼客孟嘗君》注〔4〕。安在,在哪裏。安,疑

問代詞。

〔11〕歸之,使之歸,就是叫他回去。

〔12〕紹介,即介紹。原文作"勝請爲召而見之於先生",今據《史記·魯仲連列傳》校正。見(xiàn)之,使之見。

〔13〕東國,指齊國。因齊在趙的東方,所以稱東國。

〔14〕高士,品行高尚而不做官的人。

〔15〕使臣的事,有一定的職守。

〔16〕泄,泄露。之,指辛垣衍到趙國來這件事。

〔17〕許諾,答應。

　　魯連見辛垣衍而無言。辛垣衍曰:"吾視居此圍城之中者,皆有求於平原君者也;今吾視先生之玉貌,非有求於平原君者,曷爲久居此圍城之中而不去也〔1〕?"魯連曰:"世以鮑焦無從容而死者,皆非也〔2〕。今衆人不知,則爲一身〔3〕。彼秦者〔4〕,棄禮義而上首功之國也〔5〕,權使其士〔6〕,虜使其民〔7〕;彼則肆然而爲帝〔8〕,過而遂正於天下〔9〕,則連有赴東海而死矣〔10〕,吾不忍爲之民也〔11〕!所爲見將軍者,欲以助趙也〔12〕。"辛垣衍曰:"先生助之奈何?"魯連曰:"吾將使梁及燕助之,齊楚則固助之矣〔13〕。"辛垣衍曰:"燕,則吾請以從矣〔14〕;若乃梁〔15〕,則吾乃梁人也,先生惡能使梁助之耶〔16〕?"魯連曰:"梁未睹秦稱帝之害故也〔17〕;使梁睹秦稱帝之害〔18〕,則必助趙矣。"辛垣衍曰:"秦稱帝之害將奈何?"魯仲連曰:"昔齊威王嘗爲仁義矣〔19〕,率天下諸侯而朝周。周貧且微〔20〕,諸侯莫朝,而齊獨朝之。居歲餘〔21〕,周烈王崩〔22〕,諸侯皆弔,齊後往。周怒,赴於齊曰〔23〕:'天崩地坼〔24〕,天子下席〔25〕,

東藩之臣田嬰齊後至[26]，則斮之[27]！'威王勃然怒曰[28]：'叱嗟[29]！而母[30]，婢也！'卒爲天下笑[31]。故生則朝周[32]，死則叱之[33]，誠不忍其求也[34]。彼天子固然[35]，其無足怪[36]。"

〔1〕曷(hé)爲，爲什麼。曷，疑問代詞，何。

〔2〕世人中凡是認爲鮑焦由於心地狹隘而死的那些人，都不對(意思是都認識錯了)。按：魯仲連説這話，在於説明鮑焦不是爲個人利害而死。以，以爲(認爲)。鮑焦，周時隱士，相傳因不滿當時政治，抱木餓死。從容，指胸襟寬大。無從容，指心地狹隘。

〔3〕一般人不了解鮑焦，以爲他是爲個人打算。隱喻魯仲連不是爲個人打算。《史記》沒有"今"字。

〔4〕彼，指示代詞，那個。者，語氣詞，表提頓。

〔5〕上，尚，崇尚。首功，斬首之功。秦制：爵二十級，作戰時斬得敵人的首級(腦袋)越多，爵位越高。這就是獎勵作戰時多殺敵人。

〔6〕以權詐之術來使用他的士。權，詐術，名詞用作狀語。

〔7〕把他的人民當作奴隸來使用。虜，這裏當奴隸講。古人把俘虜做爲奴隸。虜也是名詞用作狀語。

〔8〕那秦國假如毫無忌憚地自稱爲帝。則，假設連詞，假如。《史記》作"即"。肆然，放肆地，毫無忌憚地。

〔9〕這句話不好懂，疑有誤字。《史記》作"過而爲政於天下"。司馬貞《索隱》："謂以過惡而爲政也。"以備參考。

〔10〕有，含"祇有"的意思。赴，奔向。矣，《史記》作"耳"。

〔11〕等於説我不忍於給他當老百姓。原句是雙賓語句。

〔12〕我見你的原因，就是想借此幫助趙國。爲(wèi)，介詞。所爲，表示原因。以，介詞。

〔13〕固，副詞，本來。

〔14〕燕國嗎，那麼請您允許我認爲它是會聽從你的。請，客氣語，有請求允許

的意思。以,以爲,認爲。

〔15〕若乃,至於。

〔16〕惡(wū),怎麽,疑問代詞做狀語。

〔17〕睹(dǔ),看見。

〔18〕使,假設連詞,假如。

〔19〕齊威王,名嬰齊,宣王的父親。爲仁義,等於説行仁義。

〔20〕微,弱小。

〔21〕等於説過了一年多的時間。

〔22〕周烈王,名喜。崩,封建時代帝王死的專稱。

〔23〕赴,使人奔告喪事,即報喪,後來寫作"訃"。

〔24〕天崩地坼(chè),比喻天子死。坼,裂開。

〔25〕天子,這裏指繼承烈王的新君顯王(名扁)。下席,指孝子離開原來的宮
　　　室,寢在苫(shān,草墊子)上守喪。

〔26〕東藩,指齊國。藩的本義是籬笆,引申爲屏蔽的意思。古代封建諸侯,爲
　　　的是屏藩王室,所以稱諸侯爲藩國。齊國在東方,故稱東藩。

〔27〕斮(zhuó),斬殺。

〔28〕勃然,生氣時變了色的樣子。然,詞尾。

〔29〕叱嗟(chìjiē),怒斥的聲音。

〔30〕而,代詞,你的。

〔31〕卒,終於。爲,介詞,表被動。

〔32〕生,指周烈王活着的時候。

〔33〕死,指周烈王死後。叱,大聲斥罵。

〔34〕忍,忍受。求,指苛求。

〔35〕固然,本來這樣,指憑自己是天子,隨便作威作福。

〔36〕不值得奇怪。其,語氣詞,表示委婉語氣。

　　辛垣衍曰:"先生獨未見夫僕乎[1]？十人而從一人
者,寧力不勝、智不若耶[2]？畏之也。"魯仲連曰:"然梁

之比於秦〔3〕,若僕耶〔4〕?"辛垣衍曰:"然〔5〕。"魯仲連曰:"然則吾將使秦王烹醢梁王〔6〕!"辛垣衍怏然不悦〔7〕,曰:"嘻〔8〕!亦太甚矣,先生之言也〔9〕!先生又惡能使秦王烹醢梁王?"魯仲連曰:"固也〔10〕!待吾言之:昔者鬼侯、鄂侯、文王〔11〕,紂之三公也〔12〕。鬼侯有子而好〔13〕,故入之於紂〔14〕。紂以爲惡〔15〕,醢鬼侯。鄂侯爭之急,辨之疾〔16〕,故脯鄂侯〔17〕。文王聞之,喟然而歎〔18〕,故拘之於牖里之庫百日〔19〕,而欲令之死〔20〕。——曷爲與人俱稱帝王,卒就脯醢之地也〔21〕?

〔1〕僕,奴僕。

〔2〕寧,疑問副詞,難道。若,動詞,及。不若,比不上。

〔3〕比於秦,跟秦國比。

〔4〕若,像。

〔5〕然,副詞,表示同意,等於説"是的"。

〔6〕然則,既然這樣,那麼。烹醢(hǎi),都是古代的酷刑。醢,剁成肉醬。

〔7〕怏(yàng)然,不高興的樣子。

〔8〕嘻,驚歎聲。

〔9〕甚,厲害,過分。"先生之言"是主語部分,"亦太甚"是謂語部分,謂語部分前置,表示的感歎語氣比較强烈。

〔10〕固,本來,當然。

〔11〕鬼侯、鄂侯、文王,都是紂時的諸侯。鬼侯的封地在今河北臨漳縣境;鄂侯的封地在今山西寧鄉縣境;文王就是周文王,他的封地在今陜西户縣一帶。

〔12〕公,這裏指諸侯。

〔13〕子,指女兒。在上古時代,子本是男女的通稱。好,貌美。

〔14〕入,進獻。

〔15〕惡(è),醜。

〔16〕辨,通“辯”。疾,跟上句的“急”同義。

〔17〕脯(fǔ),乾肉,這裏用如動詞,作成肉乾。

〔18〕喟(kuì)然,歎氣的樣子。

〔19〕牖(yǒu)里,一作“羑里”,在今河南湯陰縣北。

〔20〕令,一本作“舍”。

〔21〕爲什麼一個人跟別人都稱王,終於走向被脯被醢的地位呢？這暗指梁和
　　　秦都是稱王的平等國家,不應甘居人下,處於受秦宰割的地位。《史記》
　　　無“帝”字,當依《史記》。

　　“齊閔王將之魯〔1〕,夷維子執策而從〔2〕,謂魯人曰:
‘子將何以待吾君〔3〕？’魯人曰:‘吾將以十太牢待子之
君〔4〕。’夷維子曰:‘子安取禮而來待吾君〔5〕？彼吾君
者,天子也。天子巡狩〔6〕,諸侯辟舍〔7〕,納筦鍵〔8〕,攝
衽抱几〔9〕,視膳於堂下〔10〕;天子已食〔11〕,退而聽朝
也〔12〕。’魯人投其籥〔13〕,不果納〔14〕,不得入於魯。將之
薛〔15〕,假涂於鄒〔16〕。當是時,鄒君死,閔王欲入弔。夷
維子謂鄒之孤曰〔17〕:‘天子弔,主人必將倍殯柩〔18〕,設北
面於南方〔19〕,然後天子南面弔也。’鄒之羣臣曰:‘必若
此,吾將伏劍而死〔20〕。’故不敢入於鄒。鄒魯之臣,生則
不得事養〔21〕,死則不得飯含〔22〕,然且欲行天子之禮於鄒
魯之臣,不果納〔23〕。今秦萬乘之國,梁亦萬乘之國,俱據
萬乘之國,交有稱王之名〔24〕。睹其一戰而勝,欲從而帝
之,是使三晉之大臣〔25〕,不如鄒魯之僕妾也。

〔1〕齊閔王,就是齊湣王。齊湣王十七年,燕合五國之兵共攻齊,湣王逃跑到
　　　衞,因態度傲慢而激怒了衞人,於是離開衞國要到魯國去。

〔2〕夷維子,齊人,以邑爲姓。夷維,今山東濰縣。子,男子的美稱。策,馬鞭。

〔3〕子,你們。何以,指用什麼禮節。

〔4〕太牢,牛羊豕各一。十太牢,就是牛羊豕各十隻。

〔5〕你們從哪裏取這種禮節來款待我們的國君? 安,疑問代詞,哪裏。夷維子因以十太牢待湣王是待諸侯之禮,他要魯人以天子之禮待湣王,所以提出質問。

〔6〕巡狩(shòu),天子巡視諸侯之國。

〔7〕諸侯離開自己的宮室而讓給天子,自己居住在外。辟,避開,離開,後來寫作"避"。

〔8〕等於説把鎖鑰交給天子。納,繳納。筦(同"管")鍵,《史記》作"筦籥",筦指鎖外面的管狀部分,鍵指插入鎖管内的部分。

〔9〕提起衣襟,捧着几案。攝,持,提起。衽(rèn),衣襟。

〔10〕諸侯在堂下伺候着天子在堂上吃飯。視膳,等於説伺候別人吃飯。

〔11〕已食,吃完了飯。

〔12〕諸侯退回自己的朝廷上去聽政辦公。

〔13〕投其籥,指閉關下鎖。

〔14〕等於説没有讓湣王入境。果,副詞,表示成爲事實,常以"不果"二字連用。納,使入。

〔15〕薛,見第100頁《馮諼客孟嘗君》注〔1〕。

〔16〕假涂,借道。涂,通"塗",途。鄒,小國名,在今山東鄒縣。

〔17〕孤,父親死了,兒子叫孤。這裏指已故鄒君的兒子。

〔18〕倍,背,指不正面對着。殯、柩,見第22、23頁《蹇叔哭師》注〔3〕〔5〕。倍殯柩,不正面對着靈柩。古代喪禮,未葬時,靈柩停在西階上,喪事主人位於東階上,正面對着靈柩。天子來弔時,主人則站在西階上,面向北哭。

〔19〕在〔西階〕上的南面設置坐南向北的主人位置。面,動詞,向。下文"南面"的"面"同。下文"天子南面弔"指天子於階上南面而弔。

〔20〕等於説我們將用劍自刎而死。這是委婉語,實意是堅決拒絕。

〔21〕事養,侍奉供養。

〔22〕飯(fǎn)含,把米放在死人口中叫飯,把玉放在死人口中叫含。連上句,極言鄒魯之貧弱,以致國君生時不能侍養,死後也無力備飯含的東西。

〔23〕然而當齊想對鄒魯之臣行天子之禮時,鄒魯之臣還終於沒有讓湣王入境。然,連詞,然而。且,副詞,還。

〔24〕萬乘之國,擁有一萬輛兵車的國,是大國。交,皆,都。

〔25〕三晉,春秋時的晉國分裂爲韓、趙、魏三國,所以稱韓、趙、魏爲三晉。晉國本是春秋時的强國,這裏用"三晉",含有諷意。

　　"且秦無已而帝[1],則且變易諸侯之大臣[2],彼將奪其所謂不肖而予其所謂賢,奪其所憎而與其所愛[3];彼又將使其子女讒妾爲諸侯妃姬[4],處梁之宮[5],梁王安得晏然而已乎[6]?而將軍又何以得故寵乎[7]?"

　　於是辛垣衍起,再拜謝曰:"始以先生爲庸人[8],吾乃今日而知先生爲天下之士也!吾請去,不敢復言帝秦!"

〔1〕無已,沒有止境。帝,用如動詞,稱帝。

〔2〕且,將。變易,撤換。

〔3〕予、與都是給的意思。二字《史記》都作"與"。不肖,不賢,不才。

〔4〕子女,這裏專指女。讒妾,善於毀賢嫉能的妾。

〔5〕處,住。

〔6〕梁王哪裏能平安地了事呢?晏然,平安地。

〔7〕故寵,舊日的尊榮地位。

〔8〕庸人,平凡的人。

　　秦將聞之,爲卻軍五十里[1]。適會魏公子無忌奪晉鄙軍以救趙擊秦[2],秦軍引而去[3]。

　　於是平原君欲封魯仲連,魯仲連辭讓者三[4],終不肯受。平原君乃置酒[5]，酒酣[6]，起，前[7]，以千金爲魯連壽[8]。魯連笑曰："所貴於天下之士者，爲人排患、釋難、解紛亂而無所取也[9]；即有所取者[10]，是商賈之人也[11]。仲連不忍爲也。"遂辭平原君而去，終身不復見[12]。

〔1〕卻軍，退兵。

〔2〕魏公子無忌，就是信陵君，魏昭王的少子，安釐王的異母弟，也是戰國四公子之一。他託魏王的愛姬如姬盜出兵符，假傳魏王的命令奪得晉鄙軍去救趙。事詳《史記·魏公子列傳》。

〔3〕引，向後退。

〔4〕三，多次。

〔5〕置酒，設置酒宴。

〔6〕酒酣，酒喝得很暢快的時候。

〔7〕前，動詞，指走到魯仲連面前。

〔8〕爲魯連壽，等於説祝魯連長壽。這是雙賓語結構。

〔9〕排，排除。釋，消除。解，解開，也有除去的意思。這三個詞在這裏是同義詞。

〔10〕即，假如。

〔11〕是，指示代詞，做主語。商賈(gǔ)，商人的統稱，古代以販賣貨物者爲商，藏貨待賣者爲賈。

〔12〕不再來見平原君。

觸讋説趙太后(趙策)〔1〕

趙太后新用事[2]，秦急攻之。趙氏求救於齊。齊曰："必以長安君爲質[3]，兵乃出[4]。"太后不肯，大臣强諫[5]。太后明謂左右[6]："有復言令長安君爲質者〔7〕，老婦必唾其面〔8〕。”

〔1〕事在趙孝成王元年（公元前 265 年）。觸讋（chùzhé），趙國的左師（官
　　名）。《史記·趙世家》、1973 年長沙馬王堆三號漢墓出土的帛書《戰國
　　策》作“觸龍”。趙太后，就是趙威后，孝成王的母親。本文寫愛國的觸讋
　　針對趙太后的自私心理，巧妙地説服了趙太后。

〔2〕新，剛開始。用事，這裏指執政。公元前 266 年，趙惠文王死，子孝成王
　　立，年幼，所以由趙太后執政。

〔3〕長安君，趙太后最小的兒子的封號。質（zhì），抵押。當時諸侯間結盟，
　　常常把自己的子孫交給對方做抵押，以取得信任。

〔4〕乃，副詞，這裏當“纔”講。

〔5〕强（qiǎng）諫，竭力諫諍。

〔6〕明謂，明明白白地説給。

〔7〕者，代詞，這裏代人，相當於“的人”。

〔8〕老婦，趙太后自稱。唾其面，吐口水在他的臉上。

　　左師觸讋願見太后，太后盛氣而揖之〔1〕。入而徐
趨〔2〕，至而自謝曰：“老臣病足〔3〕，曾不能疾走〔4〕，不
得見久矣，竊自恕〔5〕，而恐太后玉體之有所郄也〔6〕，故
願望見太后。”太后曰：“老婦恃輦而行。”曰：“日食飲得無
衰乎〔7〕？”曰：“恃粥耳。”曰：“老臣今者殊不欲食〔8〕，乃
自强步〔9〕，日三四里，少益耆食〔10〕，和於身〔11〕。”太后
曰：“老婦不能。”太后之色少解〔12〕。

〔1〕太后很生氣地等着他。揖，《史記·趙世家》作“胥”，“揖”當是“胥”字傳
　　寫之誤。“胥”通“須”，等待。

〔2〕徐，慢慢地。趨，快步走。當時臣見君，按禮當快步走，祇因觸讋腳上有
　　毛病，所以祇能徐趨，其實祇不過作出趨的姿勢罷了。

〔3〕病足，腳上有毛病。

〔4〕曾，放在"不"字前面，加强否定的語氣。疾走，快跑。

〔5〕自恕，自己原諒自己。

〔6〕玉體，等於説貴體。古人把玉看成貴重的寶物，這裏用玉來表示貴重。
　　郄(xì)，不舒適。

〔7〕日，每天，時間名詞做狀語。得無，類似現代漢語的"該不會"。衰，減少。

〔8〕今者，這裏當"近來"講。殊，很。

〔9〕自己卻勉强散散步。乃，這裏當"卻"講。步，動詞，慢慢走。注意它和
　　"趨"的區別。

〔10〕少(shǎo)，副詞，稍稍。益，副詞，更加。耆，通"嗜"，喜愛。

〔11〕和，這裏指舒適。

〔12〕太后的怒色稍稍地消了一些。解，消。

　　左師公曰："老臣賤息舒祺〔1〕，最少，不肖〔2〕；而臣
衰〔3〕，竊愛憐之〔4〕，願令得補黑衣之數〔5〕，以衛王宫。
没死以聞〔6〕。"太后曰："敬諾〔7〕！年幾何矣〔8〕？"對
曰："十五歲矣。雖少，願及未填溝壑而託之〔9〕。"太后
曰："丈夫亦愛憐其少子乎〔10〕？"對曰："甚於婦人〔11〕。"
太后笑曰："婦人異甚〔12〕！"對曰："老臣竊以爲媪之愛燕
后〔13〕，賢於長安君〔14〕。"曰："君過矣〔15〕！不若長安君
之甚〔16〕！"左師公曰："父母之愛子，則爲之計深遠〔17〕。
媪之送燕后也，持其踵爲之泣〔18〕，念悲其遠也〔19〕，亦哀
之矣。已行〔20〕，非弗思也，祭祀必祝之，祝曰：'必勿使
反〔21〕！'豈非計久長，有子孫相繼爲王也哉〔22〕？"太后曰：
"然。"

〔1〕賤息，對人謙稱自己的兒子。息，子。舒祺，觸讋兒子的名字。

〔2〕不肖，見第124頁《魯仲連義不帝秦》注〔3〕。

〔3〕衰,衰老。

〔4〕憐,愛。古漢語裏,"憐"和"愛"在親愛這一意義上是同義詞。

〔5〕希望讓他得以補充衛士的數目。這是客氣的説法,意思就是請求讓他當一名衛士。得,表示客觀情況的容許。黑衣,衛士的代稱,因當時王宫的衛士都穿黑衣。

〔6〕冒着死罪把這話告訴你。没死,就是昧死("昧"通"冒")。以,介詞,省略了賓語。聞,使聞,即稟告的意思。

〔7〕敬諾,等於説遵命。

〔8〕幾何,多少。

〔9〕及,趁。填溝壑(hè),指死後没人埋葬,屍體被扔在山溝裏;這裏是謙虛的説法,就是指死。

〔10〕丈夫,男子的通稱。

〔11〕比婦人厲害。於,介詞,在形容詞後表比較。

〔12〕異甚,特别厲害,"異"是狀語。

〔13〕媪(ǎo),對年老婦人的尊稱。燕后,趙太后的女兒,嫁到燕國爲后,所以稱爲燕后。

〔14〕賢,勝,超越。

〔15〕過,動詞,錯。

〔16〕不像〔愛〕長安君那樣厲害。

〔17〕計深遠,等於説作長遠打算。計,動詞,打算,考慮。

〔18〕握着她的腳後跟爲她而哭。持,握。踵(zhǒng),腳後跟。

〔19〕惦念着她而且傷心她遠嫁於外。

〔20〕已經走了之後。

〔21〕一定别讓她回來。古代女子出嫁,祇有被棄纔回娘家。諸侯的女兒遠嫁到他國,祇有被廢或亡國後纔回到本國,所以趙太后祭祀時祝女兒别回來。反,回來,後來寫作"返"。

〔22〕難道不是作長遠打算,希望燕后有子孫世世代代相繼爲王嗎? 也、哉,都是語氣詞,"也"表判斷,"哉"表反問,語氣的重點落在"哉"字上。

　　左師公曰:"今三世以前[1],至於趙之爲趙[2],趙主之子孫侯者,其繼有在者乎[3]?"曰:"無有。"曰:"微獨趙[4],諸侯有在者乎[5]?"曰:"老婦不聞也[6]。""此其近者禍及身,遠者及其子孫。豈人主之子孫則必不善哉?位尊而無功,奉厚而無勞[7],而挾重器多也[8]。今媼尊長安君之位[9],而封之以膏腴之地[10],多予之重器[11],而不及今令有功於國;一旦山陵崩[12],長安君何以自託於趙[13]?老臣以媼爲長安君計短也[14]。故以爲其愛不若燕后[15]。"太后曰:"諾,恣君之所使之[16]!"於是爲長安君約車百乘,質於齊,齊兵乃出。

〔1〕三世,就是三代,父子相繼爲一世。這裏的"三世以前",指趙肅侯時。

〔2〕上推到趙氏開始建成趙國的時候。指趙烈侯由晉國的一個大夫成爲萬乘之國的國君。

〔3〕繼,指繼承人,就是後嗣。

〔4〕微獨,不僅,不但。

〔5〕這句話的主語不是"諸侯",而是"諸侯之子孫侯者,其繼"。

〔6〕不聞,沒有聽説。

〔7〕奉,通"俸",指俸禄。勞,功勞。

〔8〕挾,持。重器,貴重的寶物,指金玉珍寶鐘鼎等。

〔9〕尊長安君之位,使長安君的地位很高。

〔10〕膏腴(yú),肥沃。

〔11〕予,給。

〔12〕山陵崩,比喻君死,是一種委婉的説法。這裏比喻趙太后死去。

〔13〕長安君憑什麼在趙國寄託身軀呢?

〔14〕以,認爲。

〔15〕其愛,指對長安君的愛。

〔16〕任憑你怎樣支使他。恣,任憑。

　　子義聞之〔1〕,曰:"人主之子也,骨肉之親也,猶不能恃無功之尊〔2〕,無勞之奉,而守金玉之重也;而況人臣乎!"

〔1〕子義,趙國的賢士。

〔2〕猶,還。尊,指尊高的地位。

常 用 詞(二)　62字

　　辭謝責讓爭　使令屬託　往來去從違即就趨赴　戰擊引却馮據　約解釋　具給計謀會習　疾病餓厭　衰崩

　　匱困侈靡　寡少微强固　再三

　　帝后王侯子息　宗廟　詩書禮樂

61.【辭】

　　(一)口供。《尚書·吕刑》:"兩造具備,師聽五～。"(兩造:訴訟的雙方。師:獄官。)《漢書·趙廣漢傳》:"有詔即訊,～服。"(訊:審問。)

　　(二)言詞,話。《吕氏春秋·察傳》:"～多類非而是,多類是而非。"引申爲言之成文的,文辭。《周易》乾卦:"修～立其誠。"《論語·衛靈公》:"～達而已矣。"這種意義與"詞"相通,後來常寫作"詞"。引申爲口實,借口。《三國志·吳書·周瑜傳》:"挾天子以征四方,動以朝廷爲～。"

　　(三)文體的一種。曹丕《典論·論文》:"王粲長於～賦。"《文心雕龍·辨騷》:"名儒～賦,莫不擬其儀表。"又如書有"楚～",文章有"歸去來～"。

（四）不受。《論語·雍也》：“與之粟九百，～。”引申爲推辭。《左傳·僖公三十年》：“～曰：‘臣之壯也，猶不如人；今老矣，無能爲也已。’”又爲告别。《戰國策·趙策三》：“遂～平原君而去。”又爲躲避。如説“不～辛苦”。

按：《説文》於第一義寫作“辤”，其他義作“辭”。實際上，二者同音，是可以通用的；而且即使在第一義，古書一般也都作“辭”，不作“辤”。

62.【謝】

（一）道歉。《戰國策·齊策四》：“宣王～曰：‘寡人有罪國家。’”又：“封書～孟嘗君。”又《趙策四》：“入而徐趨，至而自～曰。”又《魏策四》：“秦王色撓，長跪而～之。”注意：在上古漢語裏，這種意義最爲常見。

（二）辭。《禮記·曲禮上》：“大夫七十而致事，若不得～，則必賜之几杖。”（致事：退職。）《史記·儒林列傳》：“～絶賓客。”成語有“閉門～客”。

（三）告，告訴。古詩《爲焦仲卿妻作》：“多～後世人，戒之慎勿忘！”

（四）對别人的幫助或贈與表示感激。《韓非子·外儲説左下》：“解狐舉邢伯柳爲上黨守，柳往～之曰：‘子釋罪，敢不下拜。’曰：‘舉子，公也；怨子，私也。子往矣，怨子如初也。’”《漢書·張湯傳》：“嘗有所薦，其人來～。”按：這與現代的意義一樣，但上古不多見。

（五）衰退，凋謝（後起義）。范縝《神滅論》：“形～則神滅。”杜甫《九日》詩：“干戈衰～兩相催。”

63.【責】

（一）讀 zhài。債務，債款。《戰國策·齊策四》：“先生不羞，乃有意欲爲收～於薛乎？"按：這個意義在上古都祇寫作"責"，後代纔寫作"債"。

（二）要求。《左傳·桓公十三年》："宋多～賂於鄭。"（賂：財物。）引申爲對別人或自己道德品行上的要求。《論語·衛靈公》："躬自厚而薄～於人。"今成語有"求全～備"。再引申爲用言語批評別人。《戰國策·趙策三》："梁客辛垣衍安在？吾請爲君～而歸之。"

（三）責任。《孟子·公孫丑下》："有言～者不得其言則去。"

64.【讓】

（一）責備。《左傳·僖公五年》："公使～之。"《史記·項羽本紀》："二世使人～章邯。"

（二）退讓，不跟別人爭奪權利，跟"爭"相對。這是儒家所提倡的一種社會道德。《戰國策·趙策三》："魯仲連辭～者三，終不肯受。"《禮記·禮運》："刑仁講～。"引申爲謙讓。《論語·先進》："其言不～。"又《衛靈公》："當仁不～於師。"

（三）把權益和職位讓給別人。《尚書·舜典》："禹拜稽首，～于稷、契暨皋陶。"《論語·泰伯》："三以天下～。"［禪～］以帝位讓給別人。《後漢書·逸民傳·論》："恥聞禪～。"引申爲先人後己，避讓。如"～路""～座"。

65.【爭】

（一）跟別人搶着要同一個東西。《左傳·隱公十一年》："公孫閼（è）與潁考叔～車。"引申爲競爭。《左傳·成公三年》："晉未可與～。"《戰國策·楚策一》："自以爲無患，與人無～也。"又《趙策三》："前與齊閔王～强爲帝。"又引申爲爲了真理而與人辯論。《戰國策·趙策三》："鄂侯～之急。"現代成語有"據理力～"。

(二)讀 zhèng，去聲。諫，規勸。"～臣""～友""～子"，都見於《孝經》。後來寫成"諍"。

66.【使】

(一)使，叫，讓。《左傳·僖公三十年》："～杞子、逢孫、楊孫戍之。"又《僖公三十二年》："鄭人～我掌其北門之管。"又《隱公元年》："無～滋蔓。"

(二)讀 shì，去聲。奉使命(外交上的)。《論語·子路》："～於四方，不辱君命。"又名詞。奉使命的人，使臣。《戰國策·齊策四》："千金，重幣也；百乘，顯～也。"又："梁～三反。"《漢書·蘇武傳》："匈奴～來。"又："單于使～曉武。"(第一個"使"字讀上聲，動詞；第二個"使"字讀去聲，名詞。)[～者]派遣爲代表的人，奉使命的人。《戰國策·齊策四》："遣～者黃金千斤，車百乘，往聘孟嘗君。"《史記·項羽本紀》："項王～者來。"

(三)連詞。假使。《論語·泰伯》："如有周公之才之美，～驕且吝，其餘不足觀也已。"《史記·魏其武安侯列傳》："上曰：'～武安侯在者，族矣！'"

67.【令】

(一)發出命令。《論語·子路》："其身正，不～而行；其身不正，雖～不從。"《孟子·離婁上》："既不能～，又不受命。"注意："令"字在古代往往用作不及物動詞。又名詞。命令。《孟子·梁惠王下》："王速出～。"

(二)舊讀 líng。使。《戰國策·趙策四》："有復言～長安君爲質者，老婦必唾其面。"杜甫《北征》詩："遂～半秦民，殘害爲異物。"引申爲假使。《史記·魏其武安侯列傳》："～我百歲後，皆魚肉之矣。"[就～]縱使，即使。胡銓《上高宗封事》："就～敵決可和，盡如倫議,天下後世謂陛下何如主也?"(倫:王倫。當時的投降派。)

(三)總其事的官。春秋時代,楚國的相稱"～尹"。《論語·公冶長》:"～尹子文三仕爲～尹。"秦漢以後,政府部門的主管人稱"令",如"中書～""郎中～"。又縣的長官也叫"令"。秦漢時代,縣滿萬户者稱"令",不滿者稱"長"。《後漢書·董宣傳》:"後特徵爲洛陽～。"後世縣官都稱"令"。方苞《獄中雜記》:"有洪洞～杜君者。"

(四)文體的一種。《昭明文選》有"令"一類。蕭統《文選序》:"又詔誥教～之流,表奏牋記之列。"

(五)時令。《禮記·月令》:"孟春行夏～,則雨水不時。"又:"〔季冬之月〕論時～,以待來歲之宜。"

(六)形容詞。善的,好的。《詩經·大雅·卷阿》:"～聞～望。"又《魯頌·閟宫》:"～妻壽母。"引申爲對别人親屬的敬詞。如:"～尊""～兄""～弟"等。

68.【屬】

(一)讀 zhǔ,動詞。連接。《莊子·馬蹄》:"萬物羣生,連～其鄉。"引申爲跟隨。《史記·項羽本紀》:"項王渡淮,騎能～者百餘人耳。"

(二)讀 shǔ。隸屬。《史記·項羽本紀》:"項羽由是始爲諸侯上將軍,諸侯皆～焉。"又:"當陽君、蒲將軍皆～項羽。"

(三)讀 zhǔ,動詞。通"囑"。請託,委託。《戰國策·齊策四》:"使人～孟嘗君,願寄食門下。"又《楚策一》:"今王之地方五千里,帶甲百萬,而專～之昭奚恤。"

(四)讀 shǔ。種類。《周禮·春官·龜人》:"掌六龜之～。"〔若～〕你們這班人。《史記·項羽本紀》:"不者,若～皆且爲所虜。"〔吾～〕我們這班人。《史記·項羽本紀》:"章將軍等詐吾～降諸侯。"

69.【託】

（一）寄託。《戰國策·趙策四》:"長安君何以自~於趙?"杜甫《大麥行》詩:"安得如鳥有羽翅,~身白雲歸故鄉。"[~名]名義上是……。《三國志·吳書·周瑜傳》:"然~名漢相,挾天子以征四方。"

（二）委託。《戰國策·趙策四》:"願及未填溝壑而~之。"諸葛亮《出師表》:"恐~付不效,以傷先帝之明。"

（三）假託,借故推託。《後漢書·姜肱傳》:"~以它辭。"

[辨]託,托。上古沒有"托"字。"托"是後代"託"的通俗寫法。宋代以後,"託身""託故"等,有人寫成"托"。但是,"托"字有它自己所特有的意義,表示用手掌承着東西,如"托缽"。又有引申義,如"襯托"。這些"托"字不能寫成"託"。

70.【往】

去,到某處去。《左傳·僖公三十年》:"行李之~來。"又《宣公二年》:"晨~,寢門闢矣。"引申為過去(指時間),從前。《論語·八佾》:"既~不咎。"又《微子》:"~者不可諫,來者猶可追。"

71.【來】

（一）小麥。《詩經·周頌·思文》:"貽我~牟。"(牟:大麥。)又《臣工》:"於皇~牟!"(於皇:歎美之辭。)

（二）來。跟"往"相對。《戰國策·齊策四》:"~何疾也?"又有使動用法,表示"使他來"。《論語·季氏》:"故遠人不服,則修文德以~之。"又:"遠人不服而不能~也。"《孟子·滕文公上》:"放勳曰:'勞之~之。'"注意:舊日於用作使動時讀作 lài,後來常寫作"徠"。成語有"以廣招~"。引申為將來。《論語·微子》:"~者猶可追。”“來年”“來日”連用表示“明年”“明日”。《孟子·滕文公下》:“以待~年然後已。”又:“何待~年?”漢樂府《善哉行》:“~日大難,口燥脣乾。”

（三）句終語氣詞。《孟子·離婁上》:“盍歸乎~!”《莊子·人間世》:“嘗以語我~!”又:“子其有以語我~!”

72.【去】

（一）離開。《左傳·僖公三十年》:“亦~之。”《孟子·公孫丑下》:“孟子~齊。”注意:上古的“去”是“離開”,跟“就”相反,所以説“去就”。離開某地就是不停留在某地,跟“留”相反,所以説“去留”。離開某人就是不從某人,所以説“去從”。今成語還有“何~何從”。上古的“去”一般都帶賓語,《戰國策》《史記》等書,“去”字可以不帶賓語,但仍是離開某地的意義,略等於現代漢語所謂“走了”。《戰國策·趙策三》:“今又內圍邯鄲而不~。”又:“遂辭平原君而~。”今成語還有“揚長而~”“拂袖而~”。引申爲距離(指時間或地點)。《孟子·公孫丑上》:“紂之~武丁未久也。”又《離婁下》:“地之相~也千有餘里。”

（二）舊讀 qǔ,上聲。除掉,去掉。跟“取”相對。《論語·顏淵》:“~兵。”《孟子·滕文公下》:“什一,~關市之征。”

[辨] 去,往。上古“去”和“往”的意義大不相同。“來”的反面不是“去”,而是“往”。“往”不能帶賓語,“去”經常帶賓語。“去”是離開,“往”是走向目的地,可見是迥然不同的。“孟子去齊”這一句話,若依現代漢語解釋,是“孟子到齊國去”,而依古代漢語解釋,則是“孟子離開了齊國”,意義正相反。這是必須嚴格辨別的。

73.【從】

（一）跟隨。《論語·微子》:“子路~而後。”引申爲歸順。《左傳·莊公十年》：“民弗~也。”又爲依順,聽從。《左傳·隱公元年》：“公~之。”又爲參與。如“~事”“~政”。［~而］表示乙事是甲事的繼續。《戰國策·趙策三》：“睹其一戰而勝,欲~而帝之。”《孟子·梁惠王上》：“及陷於罪,然後~而刑之。”

(二)舊讀 zòng,去聲。隨行,侍從。《左傳·莊公十年》：“戰則請~。”《孟子·滕文公下》：“後車數十乘,~者數百人。”《莊子·列禦寇》：“一悟萬乘之主而~車百乘者,商之所長也。”《三國志·吳書·魯肅傳》：“乘犢車,~吏卒。”注意：“從車百乘”不是跟隨百乘車,而是有百乘車隨從。“從吏卒”不是跟隨吏卒,而是有吏卒隨從。這裏有被動的意義。“從”又用作名詞,如“僕~”“扈~”“騶~”等。

(三)舊讀 zòng。次於最親的。指堂房親屬。如伯叔之子年長於己者爲“~兄”,姪爲“~子”。

(四)介詞。表示從某一處所出發。《左傳·宣公二年》：“~臺上彈人。”也表示時間。白居易《長恨歌》：“~此君王不早朝。”

(五)讀 zōng(陰平聲)。直。跟“橫”相對。南北曰“從”,東西曰“衡”。《詩經·齊風·南山》：“衡~其畝。”［合~]戰國時代的政治術語。指聯合南北諸國來對抗秦國。按：從衡,後來寫成“縱橫”。“合從”寫作“合縱”。

(六)讀 cōng。［~容]形容詞。舉動合乎禮貌的樣子。《禮記·緇衣》：“~容有常。”又爲不迫促,自然。《史記·魏其武安侯列傳》：“酒酣,~容言曰。”

74.【違】

(一)離開,避開。《左傳·成公十六年》：“有淖於前,乃皆左右,相~於淖。”(淖：泥坑。這是説,晉軍都分向左右兩邊,避開這個泥坑。）又《成公三年》：“雖遇執事，其弗敢~。”（弗敢違：不避一戰。）引申爲謙詞，指離開您的教益，離別（後起義）。蘇軾《答謝民師書》：“近奉~。”

（二）違反，違背。《孟子·梁惠王上》：“不~農時，穀不可勝食也。”

75.【即】

（一）動詞。走近，靠近，走向。《詩經·衛風·氓》：“來~我謀。”《論語·子張》：“~之也温。”（靠近他，〔覺得他〕温和可親。）今成語有“若~若離”“可望不可~”。又用於抽象意義。《左傳·成公二年》：“擐甲執兵，固~死也。”《論語·子路》：“善人教民七年，亦可以~戎矣。”（即戎：從事作戰。）今成語有“~景生情”。〔~位〕（1）就位。《儀禮·士冠禮》：“~位於門東，西面。”（西面：朝西。）（2）登上君主的位。《左傳·隱公元年》：“及莊公~位。”〔~席〕（1）就席。《儀禮·士冠禮》：“右還~席坐。”（2）在酒席座上。也指當場。如“~席賦詩”。〔~事〕（1）往就其事。《後漢書·黃瓊傳》：“豈~事有漸，將順王命乎？”（2）接觸眼前的事物，即景。陶潛《始春懷古田舍》詩：“雖未量歲功，~事多所欣。”

（二）動詞。就在〔當前的時間或地點〕。《史記·項羽本紀》：“項羽~日因留沛公與飲。”又：“~其帳中斬宋義頭。”《漢書·高帝紀》：“項伯許諾，~夜復去。”又《蘇武傳》：“~時誅滅。”

（三）副詞。就。《戰國策·楚策一》：“〔蘇秦〕~陰與燕王謀，破齊共分其地。”“即”字在判斷句中，可以譯爲“就是”。《左傳·襄公八年》：“非其父兄，~其子弟。”《史記·項羽本紀》：“梁父~楚將項燕。”

（四）連詞。如果，假如。《戰國策·趙策三》：“~有所取者，是商賈之人也。"《史記·李將軍列傳》:"虜多且近,~有急,奈何?"

(五)連詞。則。《史記·項羽本紀》:"公徐行~免死,疾行則及禍。"又:"先~制人,後則爲人所制。"又《廉頗藺相如列傳》:"使趙不將括~已,若必將之,破趙軍者必括也。"注意:這個意義後代少用。

76.【就】

(一)走近,靠近,接近,親近,趨向,走向,走上。跟"去"相對(因爲"去"是離開);又跟"避"相對。《孟子·梁惠王上》:"望之不似人君,~之而不見所畏焉。"(這是"走近"。)《荀子·勸學》:"金~礪則利。"(這是"接近"。)又:"故君子居必擇鄉,遊必~士。"(這是"親近"。)又:"施薪若一,火~燥也;平地若一,水~溼也。"(這是"趨向"。)《戰國策·趙策三》:"曷爲與人俱稱帝王,卒~脯醢之地也?"(這是"走上"。)今雙音詞有"~職""~業",成語有"避重~輕"等。

(二)成功,達到目的。《戰國策·齊策四》:"三窟已~。"今有雙音詞"成~"。

77.【趨】

快步走。《論語·微子》:"~而辟之,不得與之言。"又特指禮貌性的快走。《論語·季氏》:"〔孔子〕嘗獨立,鯉~而過庭。"(鯉:孔鯉,孔子的兒子。)《戰國策·趙策四》:"入而徐~。"(徐趨:指表示出"趨"的樣子。觸讋是借以作進說辭的引子。)秦漢以來,皇帝以允許大臣"入朝不趨"作爲特殊的恩寵和禮遇。引申爲嚮往,歸向。《文心雕龍·鎔裁》:"剛柔以立本,變能以~時。"今成語有"~炎附勢""大勢所~"。

78.【赴】

(一)奔向,投向。《莊子·秋水》:"~水則接腋持頤。"《孟子·梁惠王上》：“天下之欲疾其君者，皆欲~愬於王。”（愬：告訴，申訴。）又特指投向凶險的處所或危險的事物。《戰國策·趙策三》：“則連有~東海而死耳。”《荀子·議兵》：“若~水火，入焉焦没耳。”（入火則被燒焦，入水則被淹没。）曹植《白馬篇》：“捐軀~國難，視死忽如歸。”今成語有“~湯蹈火”“共~時艱”等。後來用爲一般的“奔向”。杜甫《詠懷古迹》詩：“羣山萬壑~荆門。”

（二）奔告喪事。《左傳·襄公十九年》：“鄭公孫蠆卒，~於晉大夫。”（蠆：讀 chài。）《戰國策·趙策三》：“周烈王崩，諸侯皆弔，齊後往。周怒，~於齊曰。”這個意義後來寫作“訃”。

79.【戰】

（一）打仗。《左傳·僖公四年》：“以此衆~，誰能禦之？”《孟子·梁惠王上》：“王好~，請以~喻。”

（二）害怕。《詩經·小雅·小旻》：“~~兢兢，如臨深淵。”[~慄]由於害怕而發抖。《戰國策·楚策四》：“襄王聞之，顏色變作，身體~慄。”

80.【擊】

打，敲打。《詩經·邶風·擊鼓》：“~鼓其鏜。”（鏜：鼓聲。）引申爲攻打，進攻。《左傳·僖公三十年》：“子犯請~之。”《戰國策·趙策三》：“奪晉鄙軍以救趙，~秦。”

81.【引】

（一）開弓。《孟子·盡心下》：“君子~而不發。”（發：射出去。）引申爲延長。《詩經·小雅·楚茨》：“子子孫孫，勿替~之。”（勿替：不廢。）引申爲牽引。《禮記·檀弓上》：“兄弟之子，猶子也，蓋~而進之也。”《孟子·滕文公下》：“~而置之莊嶽之間。”（莊嶽：齊都城中的地名。）又爲伸長。《左傳·成公十三年》：“我君景公~領西望。"又爲遥控。王勃《滕王閣序》："控蠻荆而~甌越。"

(二)向後退。《戰國策·趙策三》："秦軍~而去。"引申爲離開。賈誼《弔屈原賦》："鳳漂漂其高逝兮,固自~而遠去。"

82.【却】(卻)

(一)退,使退。《戰國策·趙策三》："秦將聞之,爲~軍五十里。"現代有雙音詞"退~"。

(二)不受。《孟子·萬章下》："~之,~之爲不恭。"今成語有"~之不恭"。注意:"却"又寫作"卻",但不能寫作"郤","郤"音隙,地名,姓。

[辨]引,却。"引"是退却的姿態,"却"是退却的行爲。二者並不相同。"引而去"不能説成"却而去"。

83.【馮】

(一)讀 píng。依凭。《漢書·酈食其傳》："食其~軾下齊七十餘城。"引申爲依傍,依賴。《左傳·僖公五年》："神所~依,將在德矣。"又《哀公七年》："~恃其衆。"這種意義後來寫成"憑""凭"。

(二)也讀 píng。侵犯。《周禮·夏官·大司馬》："~弱犯寡。"[~陵]侵犯。庾信《哀江南賦》："~陵畿甸。"

(三)讀 féng。秦漢時郡名"~翊",在今陝西大荔縣。

84.【據】(据)

手靠着。《莊子·德充符》："~槁梧而瞑。"(瞑:同"眠"。)又《盜跖》："~軾低頭。"又《漁父》："左手~膝,右手持頤。"(頤:下巴。)引申爲依附。《左傳·僖公五年》："吾享祀豐絜,神必~我。"《詩經·邶風·柏舟》："亦有兄弟,不可以~。"引申爲證據(後起義)。郭璞《爾雅序》："援~徵之。"韓愈《柳子厚墓誌銘》："議論證~今古。”

[辨]馮,據。在依附的意義上,“馮”與“據”是同義詞,所以“馮軾”又説成“據軾”。《左傳·僖公五年》,上文説“神必據我”,下文説“神所馮依”,可見“據”就是“馮依”。後代“憑據”變成了雙音詞,當“證據”講,原意是人所依傍作爲證明的東西。衹有某些習慣用途上稍有不同。例如“據理力爭”不説“憑理力爭”。

85.【約】

(一)纏,束縛。《詩經·小雅·斯干》:“~之閣閣。”(閣閣:上下嚴緊的樣子。)曹植《美女篇》:“攘袖見素手,皓腕~金環。”“約車”即將馬繫在車轅下(套車)。《戰國策·齊策四》:“於是~車治裝,載券契而行。”又《趙策四》:“於是爲長安君~車百乘,質於齊。”用作名詞時表示繩索,繩子。《老子》二十七章:“善結無繩~而不可解。”引申爲約束。《論語·子罕》:“博我以文,~我以禮。”[~束](1)盟約,規章。《史記·高祖本紀》:“待諸侯至而定~束耳。”又《廉頗藺相如列傳》:“趙括既代廉頗,悉更~束。”(2)諾言,信用。《史記·廉頗藺相如列傳》:“未嘗有堅明~束者也。”再引申爲簡要。《孟子·離婁下》:“博學而詳説之,將以反説~也。”又《公孫丑上》:“又不如曾子之守~也。”《文心雕龍·情采》:“故爲情者要~而寫真,爲文者淫麗而煩濫。”成語有“由博反~”。又引申爲少,節儉,如説“儉~”。

(二)訂約。《史記·項羽本紀》:“懷王與諸侯~,曰:‘先破秦入咸陽者王之。’”又名詞。盟約。賈誼《過秦論》:“於是從散~解。”又爲邀約,約會。《戰國策·趙策四》:“李兌~五國以伐秦。”又《燕策一》:“欲并代,~與代王遇於勾注之塞。”趙師秀《約客》詩:“有~不來過夜半,閑敲棋子落燈花。”

86.【解】

(一)分解,指分解動物(原義是解牛)。《莊子·養生主》:"庖丁爲文惠君~牛。"《左傳·宣公四年》:"宰夫將~黿。"引申爲把糾結着的東西解開。《孟子·公孫丑上》:"民之悦之,猶~倒懸也。"(這是解下來。)《禮記·月令》:"孟春之月,東風~凍。"(這是溶解。)《戰國策·趙策三》:"所貴於天下之士者,爲人排患釋難~紛亂而無所取也。"(這是排解。)李白《清平調》其三:"~釋春風無限恨。"(這是消解。)引申爲對一種道理的解釋。《史記·吕太后本紀》:"君知其~乎?"又爲曉悟,懂得,理解。《莊子·天地》:"知其愚者,非大愚也,知其惑者,非大惑也;大惑者終身不~,大愚者終身不靈。"杜甫《月夜》詩:"遥憐小兒女,未~憶長安。"

(二)讀 xiè。鬆弛,懈怠。《詩經·大雅·烝民》:"夙夜匪~。"這個意義後代寫作"懈"。

87.【釋】

(一)解開,放下〔原來拿着或背着的東西〕,放掉。《莊子·養生主》:"庖丁~刀對曰。"《穀梁傳·昭公二十九年》:"民如~重負。"《史記·孫子吳起列傳》:"彼必~趙而自救。"引申爲釋放,赦免。《左傳·成公三年》:"兩~纍囚以成其好。"又爲溶解。《老子》十五章:"涣兮若冰之將~。"又爲分解,排解。《戰國策·趙策三》:"爲人排患~難解紛亂而無所取也。"

(二)解説,解釋。《左傳·襄公二十九年》:"'春,王正月,公在楚。'~不朝正於廟也。"(朝正於廟:古代君主正月要朝祭太廟。)現代有雙音詞"注~""解~"等。

[辨]解,釋,放。"解"和"釋"在某些意義上有相通處。如都有"解開"或"鬆開"的意思,所以冰塊消融可以説"解凍",又可説

"渙然冰釋";又都有"分析""解説"的意思,所以可以説"注解",也可説"注釋"。在其他意義上,二者各有自己的習慣用法。"放"不具備"解"和"釋"的上述意義。"放"的一個突出的意義是"使事物向四外擴散"。所以把牛羊趕出去餵養爲"放牧",將人趕到邊遠地方叫"放逐",不守規矩、任意而行爲"放蕩"。這種意思也是"解""釋"所没有的。在現代漢語中,由"解""釋""放"構成的複合詞,仍有明顯的區別。如"解開"和"放開"、"解放"和"釋放"、"開釋"和"開放",應用的範圍、對象都不一樣。

88.【具】

(一)設食,準備酒席。《禮記·内則》:"若未食,則佐長者視~。"《史記·魏其武安侯列傳》:"請語魏其侯帳~。"又:"早帳~至旦。"(帳:設置帷帳。)引申爲餐。《戰國策·齊策四》:"食以草~。"《史記·項羽本紀》:"爲太牢~。"(太牢:牛、羊、豕。)

(二)動詞。具有。《孟子·公孫丑上》:"冉牛、閔子、顏淵則~體而微。"(三人都具有聖人的全體,但未够廣大。)現代變爲雙音詞"~有""~備"。引申爲準備。《左傳·隱公元年》:"繕甲兵,~卒乘。"杜甫《同元使君舂陵行》:"呼兒~紙筆。"

(三)副詞。義同"俱"。《詩經·小雅·節南山》:"民~爾瞻。"引申爲盡,完全。杜甫《寄薛三郎中》詩:"其樂難~陳。"

(四)才具,才能。杜甫《自京赴奉先縣詠懷》詩:"當今廊廟~,構厦豈云缺?"引申爲器具(後起義)。

89.【給】

(一)讀jǐ。形容詞。豐足(指食用)。跟"乏"相反。《孟子·梁惠王下》:"春省耕而補不足,秋省斂而助不~。"(省:視察。斂:收穫。)《史記·扁鵲倉公列傳》:"其家~富。"《後漢書·曹褒傳》:

“其秋大熟,百姓~足。”

(二)讀jǐ。動詞。供應〔食用〕,使足,使不匱乏。《戰國策·齊策四》:“孟嘗君使人~其食用。”司馬遷《報任安書》:“虜救死扶傷不~。”注意:上古“給”字意義和現代意義距離很遠。上古“給”字不表示“給予”。例如《左傳·隱公元年》“欲與大叔”,不能説成“欲給大叔”。

〔辨〕與,予,給。“與”和“予”自古同音,而且在“給予”的意思上同義。“給”則和“與”“予”大有區別。“給”用作動詞時,不是表示一般的“給予”,而是表示“供給”,並且一般祇限於供給食用。作“給予”解的“給”,是後起義,讀gěi。

90.【計】

結算,算賬。《戰國策·齊策四》:“問門下諸客:誰習~會。”《莊子·庚桑楚》:“今吾日~之而不足,歲~之而有餘。”引申爲打算,盤算,謀畫。《戰國策·趙策四》:“父母之愛子則爲之~深遠。”名詞。計策。《戰國策·齊策四》:“孟嘗君爲相數十年,無纖介之禍者,馮諼之~也。”

91.【謀】

(一)考慮,計畫,商議。《左傳·莊公十年》:“肉食者~之。”又:“未能遠~。”《詩經·衛風·氓》:“來即我~。”又名詞。計畫,計策。《論語·衛靈公》:“小不忍則亂大~。”有時指算計。《論語·季氏》:“而~動干戈於邦内。”

(二)營求,謀求。《論語·衛靈公》:“君子~道不~食。”

92.【會】

(一)動詞。會合,聚會,特指盟會、宴會等。《左傳·桓公十五年》:“公~齊侯于艾。”又名詞。引申爲機會。成語有“適逢其~”。

（二）副詞。正巧（指時間）。《戰國策·趙策三》：“～秦圍趙。”《史記·項羽本紀》：“～天大雨。”在這種意義上，“會”與“適”同義，所以二字可以連用。《戰國策·趙策三》：“適～魏公子無忌奪晉鄙軍以救趙擊秦。”

（三）讀 guài（今讀 kuài）。年終結賬，又泛指算賬。[～計]記賬的工作。《周禮·天官·司會》：“聽其～計。”又作“計會”。《戰國策·齊策四》：“問門下諸客：‘誰習計～，能爲文收責於薛者乎？’”

93.【習】

（一）鳥反復地飛，頻繁地飛。《禮記·月令》：“鷹乃學～。”引申爲反復練習，鑽研。《論語·學而》：“學而時～之。”又：“傳不～乎？”引申爲熟習，通曉。《戰國策·齊策四》：“問門下諸客：‘誰～計會，能爲文收責於薛者乎？’”

（二）人們受客觀事物反復影響所產生的反應習慣。《論語·陽貨》：“性相近也，～相遠也。”《荀子·大略》：“政教～俗，相順而後行。”今成語有“～以爲常”“～焉不察”。

94.【疾】

（一）病。《論語·泰伯》：“曾子有～。”

（二）恨，痛恨。《論語·季氏》：“君子～夫舍曰欲之而必爲之辭。”《孟子·梁惠王上》：“天下之欲～其君者，皆欲赴愬於王。”

（三）快，速。跟“徐”相對。《莊子·天道》：“不徐不～。”《戰國策·齊策四》：“來何～也？”又《趙策四》：“老臣病足，曾不能～走。”

95.【病】

（一）重病。《左傳·宣公二年》：“見靈輒餓，問其～。”《論語·述而》:"子疾~,子路請禱。"又《衛靈公》:"在陳絕糧,從者~,莫能興。"引申爲一般的病。《莊子·列禦寇》:"秦王有~召醫。"

(二)有病。《戰國策·趙策四》:"老臣~足。"(足有病。)又表示毛病在於。《孟子·告子下》:"夫道若大路然,豈難知哉?人~不求耳。"又表示以爲憾事。《論語·衛靈公》:"君子~無能焉,不~人之不己知也。"枚乘《七發》:"僕~未能也。"

[辨]疾,病。一般的病叫"疾";重病叫"病"。《論語·子罕》:"子疾病。"注:"疾甚曰病。"譯成現代漢語是:"孔子病了,病得很重。"但就現有史料看,"疾"和"病"單用時,並無分別。如病重既可說"病篤",又可說"疾革"(革,音jí,通"亟")。但是,"疾"的第二義和"病"的第二義仍然有很大的差別。"疾"的第三義更是"病"字所沒有的。

96.【餓】

挨餓。《左傳·宣公二年》:"見靈輒~。"《論語·季氏》:"伯夷叔齊~於首陽之下。"《孟子·公孫丑上》:"野有~莩而不知發。"又《告子下》:"勞其筋骨,~其體膚。"杜甫《醉時歌》:"但覺高歌有鬼神,焉知~死填溝壑!"注意:在上古漢語裏,"餓"字不當簡單的肚子餓講。直到唐代還是如此。

[辨]飢,饑,餓。這三個字古代不同義。"飢"是現在所說的一般的"肚子餓","餓"是嚴重的飢,指沒有飯吃,受到死亡的威脅。所以吃不飽的稱"飢民",而餓死者爲"餓莩"。其詞義區別極明顯。"饑"是指五穀不熟所形成的饑荒。"饑"與"飢"古不同音,一般不通用。上古文獻中個別混用的地方,可能是後代傳寫之誤。《韓非子·飾邪》:"家有常業,雖飢不餓。"可見二者是有區別的。《禮記·檀弓下》:"齊大饑,黔敖爲食於路,以待餓者而食之。"其中的

"饑"不能换成"飢"或"餓";其中的"餓"也不能换成"飢"或"饑"。後代"飢""餓"混用的情況多見,"飢""饑"混用的情況罕見。

97.【厭】

(一)飽。"厭"字用於"吃飽"的意義時,一般寫作"饜"。《孟子·離婁下》:"其良人出,則必饜酒肉而後反。"引申爲滿足。《左傳·隱公元年》:"姜氏何~之有?"又《僖公三十年》:"夫晉何~之有?"《論語·述而》:"學而不~。"

(二)討厭,憎惡。《左傳·隱公十一年》:"天而既~周德矣。"《論語·鄉黨》:"食不~精,膾不~細。"

(三)讀 yà。鎮壓。《左傳·昭公二十六年》:"將以~衆。"特指用迷信的方法去鎮壓。《史記·高祖本紀》:"秦始皇帝常曰'東南有天子氣',於是因東遊以~之。"[~勝]用迷信的方法鎮壓。《漢書·王莽傳下》載王莽鑄"威斗",想用它"~勝衆兵"。

[辨]飽,厭。"飽"與"厭"是同義詞。但"飽"字一般衹用於"吃飽",而"厭"則經常用於抽象的意義。"飽"字是不及物動詞,"厭"是及物動詞,所以説"饜酒肉"。"飽"字可以用作狀語,如"飽食","厭"字沒有這種用法。

98.【衰】

(一)力量減退。跟"盛"相對。《左傳·莊公十年》:"一鼓作氣,再而~,三而竭。"引申爲衰老。《戰國策·趙策四》:"而臣~。"又爲減少。《戰國策·趙策四》:"日食飲得無~乎?"《孟子·盡心下》:"禮貌未~。"又爲衰弱,衰微。《孟子·滕文公下》:"聖人之道~。"又:"世~道微。"杜甫《北征》詩:"不聞夏殷~,中自誅褒妲。"

(二)讀 cuī。等差。《左傳·桓公二年》:"各有分親,皆有等～。"又《襄公二十五年》:"且天子之地一圻,列國一同,自是以～。"(圻 qí:方千里。同:方百里。衰:遞減。)

(三)讀 cuī。喪服名。三年喪將麻布披於胸前。《論語·子罕》:"子見齊～者。"(齊:指麻布緝邊。)這個意義後代寫作"縗"。

99.【崩】

山塌下來。《左傳·成公五年》:"梁山～。""崩"又用於抽象的意義,表示"崩潰"。《左傳·隱公元年》:"不義不暱,厚將～。"《論語·季氏》:"邦分～離析而不能守也。"引申爲死,特指天子死。《戰國策·趙策三》:"周烈王～。"按:以"崩"指天子死,顯然是一種比喻。所以《戰國策·趙策》在敍述周烈王崩的訃告時説:"天～地坼,天子下席。"又觸讋對趙太后説:"一旦山陵～,長安君何以自託於趙?"(趙太后不是天子,但當時周天子無權,趙太后爲一國之主,所以也能以"山陵崩"爲比喻。)

[辨]崩,薨,卒,死,没(殁)。在封建社會中,等級的分別很嚴,連死也分了等級。《禮記·曲禮》:"天子死曰崩,諸侯曰薨,大夫曰卒,士曰不禄,庶人曰死。"《唐書·百官志》:"凡喪,二品以上稱薨,五品以上稱卒,自六品達於庶人稱死。"《左傳》對諸侯有時也稱"卒"。《僖公三十二年》:"冬,晉文公卒。"至於唐代,"卒"字的用法更變爲不嚴格的了。杜甫《自京赴奉先縣詠懷》:"入門聞號咷,幼子飢已卒。"這"卒"衹泛指死。"殁"也是泛指死。上古一般衹寫作"没"。《孟子·滕文公上》:"昔者孔子没。"賈誼《過秦論》上:"孝公既没。"《論語·學而》:"父在觀其志,父没觀其行。"《楚辭·懷沙》"伯樂既没",《史記·屈原賈生列傳》引作"伯樂既殁兮"。

100.【匱】

(一)匣。近似後代的櫃。《莊子·胠篋》:"將爲胠篋探囊發～

之盜而爲守備。”

（二）盡，缺乏。《詩經·大雅·既醉》：“孝子不~，永錫爾類。”《左傳·隱公元年》引此文。

101.【困】

（一）無路可走。“~窮”指生活艱難。《論語·堯曰》：“四海~窮。”“乏~”“~乏”，指缺乏〔吃的、穿的、用的〕。《左傳·僖公三十年》：“行李之往來，供其乏~。”

（二）遇到困難，被難住。《論語·季氏》：“~而學之，又其次也。”引申爲困住。《論語·子罕》：“不爲酒~。”歐陽修《五代史伶官傳序》：“而智勇多~於所溺。”

102.【侈】

過多。《莊子·駢拇》：“駢拇枝指，出乎性哉，而~於德。”（駢拇：指腳的大拇指與第二指相連合爲一指。枝指：指手生有六指。）《文心雕龍·鎔裁》：“駢拇枝指，由~於性。”引申爲邪，放肆，不檢束。《孟子·梁惠王上》：“放辟邪~，無不爲已。”又爲奢侈，跟“儉”相對。《戰國策·楚策四》：“專淫逸~靡，不顧國政。”

103.【靡】

（一）無。《詩經·大雅·蕩》：“~不有初，鮮克有終。”（《左傳·宣公二年》引此文。）又《小雅·采薇》：“~室~家。”

（二）倒下。《左傳·莊公十年》：“望其旗~。”〔披~〕也是倒下。《漢書·司馬相如傳》：“風之所被，罔不披~。”又用來形容兵敗如山倒的情況。《史記·項羽本紀》：“項王大呼馳下，漢軍皆披~。”

（三）浪費。《戰國策·楚策四》：“專淫逸侈~。”《禮記·檀弓上》：“若是其~也，死不如速朽之愈也。”

104.【寡】

(一)少。《戰國策·齊策四》:"視吾家所~有者。"《論語·季氏》:"不患~而患不均。"[~人]寡德之人。諸侯的自稱。《戰國策·齊策四》:"~人不祥。"

(二)老而無夫。《戰國策·齊策四》:"哀鰥~,卹孤獨。"後來指死了丈夫。如"新~"。

105.【少】

(一)多的反面。《孟子·梁惠王上》:"鄰國之民不加~,寡人之民不加多。"又副詞。稍,略。《戰國策·趙策四》:"~益嗜食,和於身。"又:"太后之色~解。"又指時間短暫。《孟子·萬章上》:"始舍之,圉圉焉,~則洋洋焉,攸然而逝。"(按:這是放魚於池的情況。)注意:上古"稍"字祇當"漸"講,而"少"字則相當於現代的"稍"。

(二)輕視,瞧不起。《史記·蘇秦列傳》:"顯王左右素習知蘇秦,皆~之。"《論衡·程材》:"世俗共短儒生,儒生亦自相~。"

(三)讀 shào。少年,青年。《戰國策·趙策四》:"十五歲矣。雖~,願及未填溝壑而託之。"注意:古人所謂"少",包括少年和青年。凡未滿三十歲都叫"少"。

(四)讀 shào。副職之名。如封建社會的"~師""~保""~傅"爲"太師""太保""太傅"之副,"~司馬""~司寇"爲"大司馬""大司寇"之副,"詹事"之副稱"~詹事",縣令之副稱"~府"。

[辨]寡,少。"寡"和"少"是同義詞。可能是方言的差別。《論語》《左傳》於多寡的意義説"寡"不説"少"。

106.【微】

(一)隱蔽,藏匿。《左傳·哀公十六年》:"白公奔山而縊,其徒~之。"引申爲未顯露的。《禮記·坊記》:"夫禮者,所以章疑別~以爲民坊者也。"(坊:同"防"。)又副詞,表示暗暗地。《禮記·坊記》:"~諫不倦。"引申爲微小,細微。《孟子·公孫丑上》:"冉牛、閔子、顏淵則具體而~。"[~言](1)微妙之言。《漢書·藝文志》:"昔仲尼没而~言絶。"(2)暗暗地說。《史記·魏其武安侯列傳》:"武安侯乃~言太后風上。"又爲低賤,卑下。《史記·高祖本紀》:"羣臣皆曰:'大王起~細,誅暴逆,平定四海。'"又:"高祖起~細。""微時"指微賤的時候,未發迹的時候。《漢書·王陵傳》:"高祖~時,兄事陵。"又《外戚列傳》:"上乃詔求~時故劍。"又爲衰微。《詩經·邶風·式微》:"式~式~,胡不歸?"(式:語氣詞。)《戰國策·趙策三》:"周貧且~。"

(二)義略同"非"。但衹用於事後的假設。《左傳·僖公三十年》:"~夫人之力不及此。"《論語·憲問》:"~管仲,吾其被髮左衽矣!"[~獨]不但,非但。《戰國策·趙策四》:"~獨趙,諸侯有在者乎?"

107.【强】(彊)

(一)有力,强盛。跟"弱"相對。《孟子·梁惠王上》:"弱固不可以敵~。"《戰國策·趙策三》:"前與齊閔王爭~爲帝。"引申爲有餘,用於數目的後面(後起義)。《木蘭辭》:"賞賜百千~。"

(二)上聲,讀 qiǎng。竭力,勉力。《戰國策·趙策四》:"大臣~諫。"引申爲强迫,勉强。《孟子·滕文公上》:"~曾子。"

108.【固】

(一)堅固,特指地理險要,或城郭堅固,便於防守。《論語·季氏》:"今夫顓臾,~而近於費。"引申爲堅持(用作狀語)。"固守",指堅守。賈誼《過秦論》上:"秦孝公據殽函之固,擁雍州之地,君臣~守,以窺周室。""固辭",指堅辭。《戰國策・齊策四》:"梁使三反,孟嘗君~辭不往也。"

(二)副詞。本來,當然。《孟子・梁惠王上》:"弱~不可以敵強。"又:"臣~知王之不忍也。"[~然](1)本來的樣子。《莊子・養生主》:"因其~然。"(2)本來如此。《戰國策・趙策三》:"彼天子~然。"

[辨]堅,固,剛,强。"堅"的本義是土硬,"剛"的本義是刀硬("鋼"字由此發展而來),"强"的本義是弓有力,"固"的本義是四面閉塞,難攻易守。由本義的不同,可以看出它們之間的差別。"固"字用於城郭險阻的時候,不是"堅""剛""强"所能代替的。"强"字用於本義時,如杜甫《前出塞》"挽弓當挽强",也不是其他三字所能代替的。"堅""剛""强"三字的分別又可以從它們的反義詞"脆""柔""弱"看出來。當然,四字相通的地方是有的。

109.【再】

副詞。兩次,第二次。《左傳・莊公十年》:"一鼓作氣,~而衰,三而竭。"又《僖公五年》:"一之爲甚,其可~乎?"《論語・公冶長》:"季文子三思而後行,子聞之曰:'~,斯可矣。'"注意:古人表示動作的量,於一次到十次,都用一般數目字,如"一鼓作氣""三思而後行""六出祁山""九伐中原"等等,唯獨"兩次"不用"二",而用"再"。

[辨]兩,再,復,更,又。"兩"字可以用作副詞,但它的意義和"再"不同。"兩"指雙方,指動作的面(參看第一單元"兩"字條);"再"指兩次,指動作的量。"再"和"復"更須要嚴格地區別開來。說"再"時着眼在次數(兩次);說"復"時,着眼在行爲的重復,所以不止兩次也可以說"復"。現代漢語的"再"相當於古代的"復";假

如拿現代意義去看古代的"再"字(特別是上古漢語),就會産生誤解。例如"三年再會",在上古是説"三年之内會面兩次";如果了解爲"三年之後再見",那就錯了。"更"的副詞意義是從"改變""更換"發展來的。所以用作副詞時有"另外""重新"的意思。《左傳·僖公五年》的"晉不更舉矣"是説晉國不須另外出兵。它所强調的是新情況,不在次數。"又"則是加强語氣,帶有感情色彩。如《左傳·莊公十年》:"肉食者謀之,又何間焉?"同時還可表示意思上更進一層,或語氣轉折。如《左傳·昭公十二年》:"爲賦蓼蕭,弗知,又不答賦。"(蓼蕭:《詩經·小雅》的篇名。)

110.【三】

數目字。《戰國策·齊策四》:"狡兔有~窟。"又泛指多次。《戰國策·趙策三》:"魯仲連辭讓者~,終不肯受。"泛指多次的"三"字,舊讀去聲(sàn)。

111.【帝】

(一)古人觀念中的天神,整個宇宙的主宰者。《尚書·洪範》:"~乃震怒。"《列子·湯問》:"〔操蛇之神〕告之于~。~感其誠。"又稱"上帝"。《詩經·大雅·大明》:"上~臨汝。"也稱"天帝"(少見)。《戰國策·楚策一》:"今子食我,是逆天~命也。"引申爲泛指尊神。《漢書·高帝紀》:"吾子,白~子也,化爲蛇當道,今者赤~子斬之。"

(二)人間的最高統治者,皇帝。《尚書·舜典》:"二十有八載,~乃殂落。"(帝:指堯。殂 cú 落:死。)《楚辭·離騷》:"~高陽之苗裔兮。"

112.【后】

(一)君主,人君,天子。《左傳·僖公三十二年》:"其南陵,夏~皋之墓也。"《楚辭·離騷》:"昔三~之純粹兮。"有時指諸侯。《尚書·舜典》:"班瑞于羣~"(班:頒發。)[~土]地神。《國語·越語下》:"皇天~土。"

(二)君王之妻爲"后",母爲"太后"。《戰國策·齊策四》:"齊王使使者問趙威~。"又《趙策四》:"趙太~新用事。"

(三)通"後"。《禮記·大學》:"知止而~有定,定而~能靜。"

113.【王】

(一)帝王,天子。《左傳·僖公四年》:"爾貢包茅不入,~祭不共,無以縮酒。"又《僖公五年》:"勳在~室。"注意:本來殷周時代,衹有天子纔可稱"王",例如"紂~""周文~"等。但春秋時的諸侯國楚、吳、越等稱了"王",戰國時的諸侯又都普遍稱"王",於是"王"逐漸降低。自秦始皇起,天子改稱"皇帝","王"便成了臣子的最高封爵。如西漢初,韓信先封"齊王",後改"楚王",劉濞(bì)爲吳王。

(二)讀 wàng。動詞。統治天下(作天下之王)。《孟子·梁惠王上》:"然而不~者,未之有也。"又:"德何如則可以~矣?"

114.【侯】

五等爵的第二等。《左傳·僖公三十年》:"晉~秦伯圍鄭。"《漢書·李廣傳》:"武帝封子延年爲~。"按:侯的地位,隨着時代而降低。漢代的侯,食邑很小。注意:"侯"與"候"音義都不同。

115.【子】

(一)兒女。一般指兒子。《戰國策·趙策四》:"丈夫亦愛憐其少~乎?"有時指女兒。《戰國策·趙策三》:"鬼侯有~而好。"《論語·先進》:"孔子以其兄之~妻之。"(妻,讀去聲,嫁給。)注意:"子"的最初意義是孩兒,不論男性或女性都可稱"子"。《詩經·小雅·斯干》"乃生男子""乃生女子",其中"男""女"都是定語,

“男子”等於今天所謂“男孩”，“女子”等於今天所謂“女孩”。

（二）男子的尊稱，用來專指有德的人，等於“夫子”。《論語·鄉黨》：“～退朝。”《左傳·僖公三十二年》：“孟～，吾見師之出而不見其入也。”引申爲對人的尊稱，可以譯成現代漢語的“您”。《左傳·僖公三十年》：“吾不能早用～，今急而求～。”注意：在此情況下，“子”字仍是名詞，所以它的前面可加“吾”字作爲定語。《左傳·隱公十一年》：“吾～其奉許叔以撫柔此民也。”《孟子·公孫丑上》：“吾～與子路孰賢？”在姓氏後面或諡號後面加“子”仍是尊稱。如“孔～”“莊～”“荀～”、“趙宣～”（趙盾）、“韓獻～”（韓厥）、“魏莊～”（魏絳）。在儒家的著作（如《論語》《禮記》）中，“子”常專指孔子。《論語·學而》：“～曰學而時習之，不亦説乎？”

（三）子爵，五等爵的第四等。《左傳·僖公四年》：“楚～使屈完如師。”

（四）地支名。《左傳·僖公五年》：“冬十二月丙～朔，晉滅虢。”

116.【息】

（一）氣息（一呼一吸爲一息）。《莊子·逍遥遊》：“生物之以～相吹也。”引申爲歎氣。《史記·高祖本紀》：“喟然太～。”（太息：長歎。）諸葛亮《出師表》：“未嘗不歎～痛恨於桓靈也。”

（二）休息。《禮記·檀弓下》：“公叔禺人遇負杖入保者～。”引申爲停止，止息。《漢書·賈誼傳》：“百姓素朴，獄訟衰～。”陶潛《歸去來辭》：“請～交以絶遊。”

（三）增長，跟“消”相對。《莊子·秋水》：“消～盈虛。”注意：現代漢語的“消息”表示“音信”，是後起的意義。

（四）兒子。《戰國策·趙策四》：“老臣賤～舒祺。”

117.【宗】

(一)祖廟。《左傳・成公三年》:"首其請於寡君而以戮於～。"引申爲祖先,祖宗。《左傳・成公三年》:"若不獲命,而使嗣～職。"

(二)宗族。同祖曰"宗"。《左傳・僖公五年》:"晉吾～也,豈害我哉?"按,上古同姓必同祖,也一定同宗;後代同姓不一定同祖,所以同姓也不一定同宗。引申爲同出一祖的派別,宗派。如佛教、道教都分南～、北～。又爲某一學術領域中值得繼承的人。《晉書・陸雲傳》:"百代文～,一人而已。"王勃《滕王閣序》:"騰蛟起鳳,孟學士之詞～。"

(三)朝見。《周禮・春官・大宗伯》:"〔諸侯朝天子〕春見曰朝,夏見曰～。"[朝～]朝見。《尚書・禹貢》:"江漢朝～于海。"引申爲歸向。《史記・孔子世家》:"孔子布衣,傳十餘世,學者～之。"又爲尊敬。《儀禮・士昏禮》:"～爾父母之言。"

118.【廟】

祭祀祖先的地方。賈誼《過秦論》上:"一夫作難而七～墮。""宗廟"二字常常連用。《戰國策・齊策四》:"寡人不祥,被於宗～之祟。"《論語・先進》:"宗～之事。"引申爲一般供奉神的地方(後起義)。注意:上古祇有祖廟稱"廟",神廟不稱"廟"。到了後代,道教稱"廟",佛教稱"寺"。

[辨]宗,廟。"宗廟"二字連用等於一個單詞。分用時,"宗"指供奉神主的地方,而"廟"則規模較大。後代於"宗廟"的意義單用時,稱"廟"不稱"宗"。

119.【詩】

(一)文體的一種。《尚書・舜典》:"～言志。"曹丕《典論・論文》:"銘誄尚實,～賦欲麗。"陶潛《歸去來辭》:"臨清流而賦～。"

（二）專指《詩經》。《左傳·隱公元年》：“～曰：‘孝子不匱。’”又《宣公二年》：“～曰：‘靡不有初，鮮克有終。’”《論語·爲政》：“子曰：‘～三百，一言以蔽之，曰：思無邪。’”又《季氏》：“曰：‘學～乎？’”注意：在古代漢語中凡稱“詩曰”“詩云”，都是指的《詩經》，沒有例外。先秦兩漢如果單説“詩”，一般也是指的《詩經》。後代就不同了。

120.【書】

（一）寫，寫字。《左傳·宣公二年》：“大史～曰：‘趙盾弑其君。’”《論語·衞靈公》：“子張～諸紳。”（子張把孔子的話寫在衣帶上。）引申爲字。《史記·項羽本紀》：“～足以記名姓而已。”後漢桓靈時童謡：“舉秀才，不知～。”

（二）信。《戰國策·齊策四》：“封～謝孟嘗君曰。”又《齊策四》：“～未發。”今雙音詞有“書信”。

（三）《尚書》（《書經》）的專稱。《論語·爲政》：“～云：‘孝乎惟孝。’”《孟子·盡心下》：“盡信～則不如無～；吾於武成，取二三策而已矣。”（武成：《尚書》篇名。）“詩書”連用，指《詩經》和《尚書》。《論語·述而》：“詩～執禮，皆雅言也。”引申爲一般的書籍。《論語·先進》：“何必讀～，然後爲學？”

121.【禮】

（一）社會的典章制度與傳統習慣。《論語·爲政》：“殷因於夏～，所損益可知也。”（因：繼承。損益：增減。）又《先進》：“爲國以～。”《禮記·禮運》：“大人世及以爲～。”注意：在古文獻中“禮”也作“礼”。

（二）禮貌，禮節，典禮。《左傳·僖公三十年》：“以其無～於晉，且貳于楚也。”

(三)行爲的規範。《左傳・成公三年》："其竭力致死,無有二心,以盡臣～。"

122.【樂】

(一)讀 yuè。音樂。《論語・子路》："事不成,則禮～不興。"

(二)讀 lè。快樂,愉快。《論語・學而》："有朋自遠方來,不亦～乎?"又名詞。《左傳・隱公元年》："其～也融融。"《論語・雍也》："回也不改其～。"

(三)讀 yào。喜愛。《論語・雍也》："知者～水,仁者～山。"(知:同"智"。)

古漢語通論
(五)漢字的構造

我們在討論詞的本義和引申義的時候說過,文字學家主要是憑字形來辨別本義,這是因爲漢字是屬於表意體系的文字,字形和意義有密切的關係,分析字形有助於對本義的了解。我們學習古代漢語,有必要了解漢字形體的構造。

關於漢字形體的構造,傳統有六書的說法。《周禮・地官・保氏》說,保氏(官名,掌教育)以六藝教國子(公卿大夫的子弟),六書是六藝之一,但是沒有說明六書的內容。班固《漢書・藝文志》說:"古者八歲入小學。故周官保氏掌養國子,教之六書,謂象形、象事、象意、象聲、轉注、假借。"鄭衆注《周禮》,以爲六書是象形、會意、轉注、處事、假借、諧聲。許慎《說文解字・敘》以爲六書是指事、象形、形聲、會意、轉注、假借。由此看來,三家對於六書的解說基本上是相同的。清代以後,一般人於六書的名稱大致採用許慎

的(衹有形聲有時也稱諧聲),於次序則採用班固的。這樣,六書的名稱和次序如下表:

　　　(1)象形　　　(2)指事　　　(3)會意
　　　(4)形聲　　　(5)轉注　　　(6)假借

　　許慎在《說文解字・敘》裏解釋六書時還各舉了兩個字爲例。象形以日月爲例,指事以上下爲例,形聲以江河爲例,這都容易了解。會意以武信爲例。武字本作𢓋,从止从戈,《左傳・宣公十二年》說"夫文,止戈爲武",意思是以武力止息干戈,保衛和平,這雖然是春秋時代的思想,但是可以說明武字是會意;信字从人从言,表示人言以誠信爲貴。假借是"本無其字,依聲託事",以令長爲例。令本是"發號"的令,後來借用爲"縣令"的令;長本是"久遠"的長,後來借用爲"縣長"的長(zhǎng)[①]。這也比較容易了解。最不好懂的是轉注。許慎說:"轉注者,建類一首,同意相受;考老是也。"後代的說文家對於轉注的解釋,爭論最多,這裏不須要一一列舉。值得介紹的有三家:第一家是江聲,他認爲所謂"建類一首"是指《說文》部首,而《說文》在每一部首下都說凡某之屬皆从某(如"凡木之屬皆从木"),那就是"同意相受"。第二家是戴震,他認爲轉注就是互訓(轉相爲注,互相爲訓),《說文》考字下說"老也",老字下說"考也",就是互訓的例子。第三家是朱駿聲,他在《說文通訓定聲》裏說:"轉注者,體不改造,引意相受;令長是也。"他不但修改了轉注的定義,而且更換了轉注的例字。按照朱駿聲的說法,當古人從某一本義引申出另一意義時,不另造一字,那就是轉注,他認爲令長不是假借,而是引申,所以舉爲轉注的例字。朱駿聲的說

[①]　此據《說文解字・敘》段玉裁注。《說文》:"令,發號也。"又:"長,久遠也。"漢律:縣萬户爲令,減萬户爲長。

法不是没有理由的，他不迷信古人的精神，是值得肯定的。

　　應該指出，古人並不是先定出六書的原則然後纔造字的。文字是社會歷史發展到一定階段的產物，創造文字的並不是某一個人，不可能事先訂好條例再着手造字。六書祇是後人根據漢字的實際情況，加以客觀分析所得出的結論。這種分析是合乎漢字實際情況的，它是漢字創造和應用的邏輯結果，在上古時代，人們能作出這種分析，是難能可貴的。正是由於分析是客觀的，所以在文字教學上能起良好的作用，歷來研究文字形音義的人必先講究六書，不是没有理由的。

　　《漢書·藝文志》説，六書是造字之本，這是不够全面的説法。六書中祇有象形、指事、會意、形聲是造字之法；至於轉注和假借，則是用字之法，因爲根據轉注和假借的原則並不能產生新字。

　　今天我們對於漢字的構造可以作更科學的説明。首先應該認爲轉注、假借和漢字的構造無關；其次，對於象形、指事、會意、形聲還可以作更合理的分類：一類是没有表音成分的純粹表意字（包括象形、指事、會意）；一類是有表音成分的形聲字。現在從這個論點的基礎上再加以闡述。

　　在文字的創造時期，象形是最基本的原則。象形文字以圖畫爲基礎，但圖畫決不是文字。原始社會的圖畫常常是畫一樣東西或是一件事情，用以告訴別人或是幫助自己記憶，而不是簡單地表示一個概念，更没有固定的讀音。直到圖畫表示的概念固定了，綫條簡略了，成爲形象化的符號，而且和語言裏的詞發生了聯繫，有了一定的讀音（這一點很重要），纔成爲文字。例如：

　　　　馬　　　　鹿

　　　　（以上是甲骨文）

這類象形字雖然還帶有濃厚的繪形意味，但它和圖畫卻有了質的差別。後來爲了書寫便利，進一步減少它的繪形意味，加强它的符號性，成爲：

馬　　　　　　鹿

（以上是篆書）

篆書筆畫圓轉，使得一部分字在一定程度上還保存着象形的意味。

我們説象形是基本原則，是因爲會意和形聲在多數情況下也都是以象形爲基礎的。所謂會意字，常常是兩個象形字的結合。《左傳·成公二年》"故不能推車而及"，甲骨文及字作，金文作，畫一個人和一隻手（又），象追及之意。《論語·微子》"子路從而後"，甲骨文從字作，畫兩個人，象相從隨行。形聲字也可以是兩個象形字的結合，不過其中一個象形字不取其義，祇取其聲，用爲表音的成分罷了。例如沐字，《説文》説："沐，濯髮也；从水，木聲。"水和木都是象形字，"濯髮"的意義雖然和木無關，但是和水是有關係的。所以我們可以認爲上古漢字基本上是一種象形文字①。

概念有具體的，又有抽象的。抽象的概念是畫不出來的，所以六書中有指事一類。但是真正的指事字是很少的。爲什麽呢？因爲抽象的概念也可以不用指事，而通過會意字來表示，例如上文所舉的武字和信字。抽象的概念還可以通過形聲字來表示，例如恩字从心，因聲。相反地，具體的概念也可以通過"象形兼指事"來表示，例如（本）字下面一畫，表示樹根之所在，（刃）字左邊一畫，表示刀刃之所在。這些情況更可以證明，漢字是以象形爲基本原則的。

---

① 注意：象形文字和象形字不同。象形文字是世界各種文字當中的一個類型；象形字則是六書之一。

但是我們不能由此得出結論說,六書當中象形一類最爲重要。實際上,形聲纔是一種最能産的造字方式。在漢字發展的過程中,形聲字所佔的比重日漸增長,就可以充分地説明這一點。

形聲字是由意符和聲符兩部分組成的。意符表示形聲字本義所屬的意義範疇,聲符表示形聲字的聲音。意符相同的形聲字,在意義上大都和意符所標示的事物或行爲有關,例如以貝爲意符的形聲字:財貨賄資齎贈賞賜貸責貿賒貪費貴賤,等等,都是和財物有關的字;以言爲意符的形聲字:語談請謁謀訪許諾諷讀訓誨譬諭論議諫諍誅討誹謗誣讒,等等,都是和言語有關的字;謹謙誠諒等字雖然是關於人的品德的,它們和言語的關係還是不難理解的。

但是,我們所説的意義範疇是一個比較寬泛廣闊的範圍,意義範疇並不等於詞義的本身。因此意符相同並不就意味着詞義相同。這一點可以由下面這一事實來證明,就是全部以貝或言爲意符的形聲字並不都是等義詞。有極少數的形聲字,其意符可能是表示詞義的,例如趨字,《説文》説:"趨,走也;从走,芻聲。"(《説文》又説:"走,趨也。")但是這種情況是個別的。就絶大多數的形聲字而論,意符並不表示詞義。我們不能從意符知道它們的本義。但是如果我們已經知道某一形聲字的幾個意思,則可以根據意符來辨認哪一個是本義或比較原始的意義,哪些是引申義或假借義。上一節通論裏所舉的責字和發字,可以爲例。現在再舉幾個例子如下:

過　《左傳·隱公元年》"大都不過參國之一",意思是超過;《左傳·宣公二年》:"人誰無過? 過而能改,善莫大焉",意思是過錯,犯錯誤;《論語·公冶長》"由也,好勇過我",意思是勝過;《論語·微子》"楚狂接輿歌而過孔子",意思是走過、經過。《説文》

説："過，度也；从辵(辶)，咼聲。"以辵爲意符的形聲字都和行走的意思有關，可見走過、經過是本義，超過、勝過是引申義，過錯、犯錯誤則是較遠的引申意義了。

　　征　《左傳·僖公四年》"五侯九伯，女實征之，以夾輔周室"，這是征伐；又"昭王南征而不復，寡人是問"，這是旅行；《孟子·滕文公下》"什一，去關市之征"，這是征税。征是延的異體字，《説文》説："延，正行也；从辵，正聲。征或从彳。"作爲意符，彳和辵相通(參看下文)，大都表示行走方面的意思，可見旅行是本義，征伐是引申義，征税是假借義。

　　舉　《左傳·僖公五年》"晉不更舉矣"，意思是舉兵；《論語·衞靈公》"君子不以言舉人，不以人廢言"，意思是舉薦；《孟子·梁惠王上》"吾力足以舉百鈞，而不足以舉一羽"，意思是舉起來；《楚辭·漁父》"舉世皆濁我獨清"，意思是全(形容詞)；《孟子·梁惠王下》"舉欣欣然有喜色而相告"，意思是都(副詞)。《説文》説："舉，對舉也；从手，與聲。"段玉裁、朱駿聲都説，對舉謂以兩手舉之。以手爲意符的形聲字大都指和手有關的動作，可見舉起來是本義，舉兵、舉薦是引申義，當全、都講是假借義。

　　叔　叔字通常表示年少，所以叔父是比父親年少的父輩。但是這是假借義。叔的本義是用手拾，《詩經·豳風·七月》"九月叔苴"，用的是本義。《説文》説："叔，拾也；从又，尗聲。"以又(指右手)爲意符也表示手的動作，叔字从又，段玉裁説"於此知拾爲本義也"，段玉裁的話是對的。

　　由此看來，掌握形聲字的意符，對於區別詞義，加深對詞義的理解，是有幫助的。

　　在討論形聲字的意符的時候，有幾點值得提一提：

　　第一，上文説過，意符是表示形聲字的本義所屬的意義範疇的，因此它和假借義没有關係，和引申義也没有必然的聯繫。有些形聲字我們看不出它的意符和《説文》所提供的古義有什麼直接聯繫，例如試字，《説文》説，從言式聲，當用講，這個意義和意符言字所表示的意義範疇之間的關係，實在難以理解。在這種情況下，我們寧願説試的本義可能早已消失了。還有一種情況，有些形聲字的本義是被《説文》保存下來了，在文字結構上也有所反映，但是在古代文獻裏這個本義並不處於主要地位，上文提到的叔字就是一個例子。又如權字，《説文》説：“權，黄華木也；從木，雚聲。一曰反常。”權字在古代的常用義不是黄華木，而是反常，即權變的意思，例如《孟子·離婁上》：“男女授受不親，禮也；嫂溺援之以手，權也。”由此引申爲權詐，《戰國策·趙策》：“彼秦者，棄禮義而上首功之國也，權使其士，虜使其民。”權字在古代的另一常用義是秤錘，《莊子·胠篋》：“爲之權衡以稱之，則並與權衡而竊之。”又用如動詞，當稱講，《孟子·梁惠王上》：“權，然後知輕重；度，然後知長短。”以上都是假借義。顯而易見，這些意義都和權字所從的木無關。

　　第二，從掌握意符辨認本義來説，我們要注意後起的形聲字，後起形聲字的所謂意符，不一定表示本義所屬的意義範疇。試以懸字爲例，看來這個字可以了解爲從心縣聲。但是，懸掛的意思和心有什麼聯繫呢？（而我們又很難説懸掛不是本義而是假借義。）其實懸本作縣，《説文》説“縣，繫也；從係持鼎（倒首）”，是一個會意字。金文更能説明問題，字作𥄉，象木上以系懸繫着一個人頭。由此可知縣的本義是懸掛，假借爲州縣的縣。後起的懸字從心，其實是無義可取的。又如影字，古書上一般寫作景。《説文》説“景，日光也；从日，京聲”（依段玉裁校）。本來就是形聲字，以日爲意符是有理由的。《顔氏家訓·書證篇》説：“凡陰景者因光而生，故即爲景。”這説明陰景是引申義。如果我們誤以爲後起的影字所加的彡是意符，那就會百思而不得其解。我們指出這一點，不是提倡寫本字，是希望不必拘泥於所謂意符去深求本義。

第三，有些意符由於它們所表示的意義範疇關係密切，可以互相通用。例如《説文》説彳是小步的意思，辵是乍行乍止的意思，所以彳辵足走等意符有時可以相通。這就産生了一些異體字如：征延、徯蹊、趞逴、踣趦，等等①。又如言口欠三個意符也比較相近，所以詠咏、嘯歗、訢欣成爲異體字。言和心又有相通之處，所以誖又寫作悖。異體字也可以是聲符的替换，《左傳·隱公元年》“不義不暱，厚將崩”的暱字，李善《文選注》四十一引作昵，就是一個例子。《孟子·梁惠王上》“天下之欲疾其君者，皆欲赴愬於王”的愬字其實就是訴（訴），這就不僅是意符的通用，而且是聲符的替换了。關於異體字，下一節通論還要作較詳細的討論，這裏暫不細説。

討論漢字的構造，應該提到許慎的《説文解字》。這是一部極有價值的書，一則因爲許慎的時代去古未遠，古漢字的形音義很多賴以保存下來；二則因爲許慎自己博學多聞，六書的道理靠許慎闡明的地方不少。今天我們看到比篆書更早的甲骨文、金文等古文字，能够據以補充或修正許慎的解釋②，但是如果没有《説文》作爲

① 這是根據《説文》對彳辵二字的解釋來説的。如果從形體看，彳來源於行，甲骨文行字作，象四通八達的路，《詩經·周南·卷耳》“嗟我懷人，寘彼周行”，用行的本義。行作爲偏旁常省作，就是彳；金文从彳的字往往加上止，這就成爲辵了。

② 例如“爲”字，甲骨文作，金文作，象手牽着一頭象，表示“役象以助勞”，最初是勞作的意思，引申爲作爲的爲。小篆變作，説文認爲“爲”的本義是母猴，从爪，下面畫個母猴，那完全是推測之詞。

橋梁,我們就很難接近比篆書更早的文字。《説文》是中國古代語言學的寶藏。

　　540 部首的建立,是許慎《説文解字》的重大創造。許慎根據當時對文字形音義關係的理解,按照六書的原則,把篆文的形體構造加以分析和歸類,從中概括出 540 個偏旁作爲部首,凡同一偏旁的字都系屬其下,例如桂松桃李等字都在木部。許慎又把形體相似或意義相近的部首排在一起,這樣 540 部首就像分爲若干大類,成爲有一定系統性的部首體系。

　　上文説過,形聲字是由意符和聲符兩部分組成的,但是意符和部首是兩個不同的概念。意符對聲符而言,部首對所統屬的各個字而言①。由於形聲字的意符同時又是形體構造上的偏旁,所以原則上意符都可以作爲部首,但是部首不一定都是形聲字的意符。這理由很簡單,一則因爲部首所統屬的字不一定都是形聲字,例如貝部的負贅質等字,言部的計討設等字;二則因爲有些部首本身就不是形聲字的意符,例如部首冓放隹等等,在這類部首下,沒有一個形聲字。但是從《説文》全書來看,形聲字約佔總字數的百分之八十以上。在絕大多數的情況下,我們可以説部首就是意符。

　　説文 540 部首是值得研究的,因爲它是文字學原則的部首,而不是檢字法原則的部首。前者是依照六書體系的,後者則在一定程度上擺脱了六書的體系。明代梅膺祚的《字彙》把部首減爲 214 部,具體字的歸部也有很大的出入。在檢字上,214 部比 540 部方便些,後代的字典辭書如《康熙字典》《辭海》等,一般都按照《字

---

① 《説文》有少數部首如三、彔、燕、五、甲等沒有所統屬的字。

彙》的部首歸字①,但是有些地方難免喪失《説文》部首原有的作用。例如舅字從男臼聲,《説文》歸男部,《字彙》歸臼部;發字從弓癹聲,《説文》歸弓部,《字彙》歸癶部,等等。研究文字學的人在討論字的本義的時候,所根據的是《説文》部首,而不是後代的部首。當然,《説文》部首還不是盡善盡美,有的部首可以合併或調整。具體字的歸部也有未妥之處。例如詹字,《説文》説"多言也",但是不在言部而在八部;又如詞字,《説文》説"意内而言外也",但是不在言部而在司部(司部所統屬的衹有詞一個字)。不過這種情況並不多見。

　　在漢字發展的過程中,隸書(楷書的前身)的産生是一次重大的改革,這種改革直接影響到漢字的構造,改變了篆書和篆書以前的古文字的面貌。象形字沒有象形的意味了,會意字和形聲字,有很多不容易分析了。例如香字,《説文》説:"𪏰,芳也。從黍,從甘。《春秋傳》曰:黍稷馨香。"是一個會意字;又如書字,《説文》説:"𦘠,箸也;從聿(筆),者聲。"是一個形聲字;但是香、書都不能根據隸變以後的構造來分析。我們研究漢字的構造,也應該有歷史主義的觀點。

(六)古今字,異體字,繁簡字

　　一個字原則上衹應有一個形體,不需要兩種以上的寫法。但是漢字是一種具有幾千年歷史的文字,使用漢字的人又非常多,在漢字發展過程中,有些字出現了兩種以上的寫法,那是很自然的。古書上常常可以見到一些形體分歧的字。現在漢字簡化以後,字

---

① 《新華字典》按簡化字編排,删減歸併爲189部,新版《辭海》調整爲250部,《漢語大字典》和《漢語大詞典》改成200部。

的形體統一起來了,這給人民羣眾學習文化帶來了很大的便利。對一般人來説,衹要掌握了簡化後的漢字就够了;但對我們學習古代漢語的人來説,如果衹掌握現在通行的形體劃一的簡化字,而不了解那些形體分歧的字,閲讀古書時就會遇到不少困難。

不同形體的字可以分爲三大類:1.古今字;2.異體字;3.繁簡字。下面分別加以敍述。

1.古今字

在上古時代,特別是先秦時代,漢字的數量比後代要少得多。許慎的《説文解字》衹收了9353個字,其中有許多是僻字,常用字實際上衹有三四千個。例如《四書》(《大學》《中庸》《論語》《孟子》)總共衹用了4466個字。宋代編輯的《廣韻》收字26194個,清代成書的《康熙字典》收字47035個,這並不能説明宋代、清代使用的漢字要比漢代多好幾倍。其實,各個時代一般使用的漢字很可能一直在五六千個左右。漢字增多的原因有三:(一)適應社會發展的需要而不斷產生新字;(二)各個時代逐漸衰亡的字仍然保存在字典中;(三)上古漢字"兼職"現象多,後代不斷分化。例如一個"辟"字就兼有後代的避、闢、僻、嬖、譬等字的意義:

從臺上彈人,而觀其辟丸也。(左傳·宣公二年)

(後來寫作避。)

欲辟土地,朝秦楚,莅中國,而撫四夷也。(孟子·梁惠王上)

(後來寫作闢①。)

苟無恒心,放辟邪侈,無不爲已。(同上)

(後來寫作僻。)

友便辟,友善柔,友便佞,損矣。(論語·季氏)

---

① 現在"闢"又簡化爲"辟"。

（後來寫作變。）

君子之道，辟如行遠，必自邇；辟如登高，必自卑。（中庸）

（後來寫作譬。）

再舉兩個字來看：《説文》裏没有"債"字，這不等於説上古没有"債"這個概念，這個概念當時是由"責"字表示的（見《戰國策·齊策》）。《説文》裏有"捨"字，但是十三經裏完全没有"捨"字，這也不等於説先秦没有"捨"這個概念，這個概念當時是由"舍"字表示的（見《左傳·僖公三十年》）。

由此看來，"責""舍"等是較古的字，"債""捨"等是比較後起的字。我們可以把"責債""舍捨"等稱爲古今字①。但是，我們不要誤會，以爲"責""舍"等字已經被廢棄了，它們的職務已經完全由"債""捨"等字代替了。要知道，"責""舍"所移交給"債""捨"的祇是它們所擔任的幾個職務當中的一個，它們還有別的職務（責任，房舍等）並没有卸掉。

古今字很多，現在再舉一些例子（古字在前，今字在後，今字不見於《説文》的歸 a 組，見於《説文》的歸 b 組）如下：

a.大太　　弟悌　　閒間　　説悦　　孰熟　　竟境　　隊墜　　涂塗
赴訃　　馮憑　　賈價②　　屬囑　　厭饜　　縣懸　　陳陣

b.共供　　辟避　　知智　　昏婚　　田畋　　戚慼　　反返　　錯措
卷捲　　尸屍

一般人常常以後世所習用的字去衡量古書中的字，以爲上面兩組中的第二個字纔是"正字"或"本字"。譬如説，人們總以爲先

---

① 現在"捨"又簡化爲"舍"。

② "悌""境""墜""塗""價"等是《説文》新附字。許慎《説文解字》540 部共收 9353 字，重文 1163 字。宋代徐鉉等校定《説文》，增補 400 多字，分別附在有關的各部之後，其中大都是"經典相承傳寫及時俗要用，而《説文》不載者"，這便是所謂新附字。

有一個"悦"字作爲本字,衹是經常寫一個"説"字來代替它。這是一種誤解。既然是先有一個本字"悦",爲什麼上古的經書中不用,倒反寫成"説"字呢? 合理的解釋衹能是:上古没有"悦"字。戰國時代有些書(如《莊子》),"説""悦"並用,可能是後人改的;經書不見"悦"字,是因爲後人認爲它是經,不敢改,所以纔維持了原樣。《孟子》有"悦"字,那是因爲《孟子》到宋代纔被尊稱爲經。許慎《説文》没有收"悦"字,這説明許慎時代"悦"字或者還没有産生,或者是産生了,但因它是俗字,所以没有收。凡是《説文》所不收的(a類),文字學家們都承認是後起字(今字),這没有什麼問題。但是,從前的文字學家們由於迷信《説文》,對於《説文》所收的字(b類),不但不敢認爲是後起字,反而認爲是本字,同時認爲第一個字是假借字。例如"舍"字,朱駿聲在《説文通訓定聲》裏説它假借爲"捨";而在"捨"字條下説:"經傳皆以舍爲之。"既然"皆以舍爲之",可見"舍"纔是本字,"捨"顯然是後起字。又如"嘗"字,本來是从旨尚聲的形聲字,以旨爲意符,旨的意符是甘,甘旨是美味,所以《説文》"嘗"字下説"口味之也"。又因"嘗"字經常用作"何嘗""未嘗"的"嘗",所以人們又在"嘗"字旁邊加了個意符"口",用來表示"嚐滋味"的"嚐"。假如不了解這種情況,就會對"未嘗君之羹"這類的用法發生誤解。其實"嚐"字的歷史很短,所以一般字典没有收録,現在漢字簡化,又把它給簡化掉了。由此可知,所謂"本字",實際上有許多都是後起字。

我們對於古今字的態度應該是:(1)了解古今字的關係,從而掌握古書的詞義;(2)承認文字發展的事實,不要厚古薄今和是古非今。從前有些文人專寫"本字",不寫後起字,那是不值得提倡的。

2.異體字

異體字跟古今字的分别是:兩個(或兩個以上的)字的意義完全相同,在任何情況下都可以互相代替。

在古代,同一個詞造出兩個或更多的字來代表,那是難免的。例如:

棄弃　齋賫　睹覩　廄厩　詒貽　諭喻

鷄雞　蚓螾　照炤　憑凭　罪辠

從前文字學家們根據《説文》,把異體字分爲正體、變體、俗體等。《説文》所載的,被認爲正體;《説文》所不載的,被認爲變體或俗體。這種分别往往是武斷的。

異體字有下列幾種情況:

(1)會意字與形聲字之差。如"泪"是會意字,"淚"是形聲字;"岩"是會意字,"巖"是形聲字。

(2)改换意義相近的意符。如從攴束聲的"敕",變成了從力束聲的"勅"。從欠的"歎",變成了從口的"嘆"。從糸的"綺",變成了從衣的"袴"。

(3)改换聲音相近的聲符。如"綫"從戔得聲,而"線"卻是從泉得聲了。"袴"從夸得聲,後來改成從庫得聲了。

(4)變换各成分的位置。有的是改變聲符和意符的位置,如"慚慙""和咊""鵝鵞鳶"等。有的祇是改變了聲符或意符的寫法,如"花"又寫作"苍"。

有一件事值得注意:有些異體字最初是完全同義的,但是後來有了分工。例如"諭喻",先秦兩漢都通用:

君子喻於義,小人喻於利。(論語·里仁)

寡人諭矣!(戰國策·魏策四)

乃使人與秦吏行縣鄉邑,告諭之。(史記·高祖本紀)

王好戰,請以戰喻。(孟子·梁惠王上)

誼追傷之,因以自諭。(漢書·賈誼傳)

前三例中的"喻"和"諭"都是懂得、曉諭的意思,後二例中的"喻"和"諭"都是比喻的意思。可見這兩個字通用。但到了後代,"詔諭""曉諭"的"諭"不能寫作"喻",而"比喻"的"喻"也不能寫作"諭"。原來是異體字,後來不是異體字了。

有三種情況不能認爲是異體字:

第一,有些字,雖然意義相近,後代讀音也相同,但不能把它們當作異體字。例如"寘"和"置",就"放置"這一意義說,二者相通,可是"置"還有一些別的意義是"寘"所沒有的,況且這兩個字的古音也不一樣,所以"寘"和"置"不是異體字。同樣的情況還有一些字,例如"寔"和"實"。

第二,有些字,它們之間的關係交錯複雜,有相通之處,也有不通之處,也不能把它們看作異體字。例如"雕""彫""凋",雕的本義是鳥名(又寫作鵰),彫的本義是彫琢、繪飾,凋的本義是凋傷、凋零。在《説文》裏,它們是分爲三個字的。由於它們是同音字,所以在某一意義上常常通用。拿雕字來説,彫飾的彫可以寫作雕,《左傳·宣公二年》"厚斂以彫牆",一本作雕。彫琢的彫更經常寫作雕,例如《文心雕龍》、"雕蟲小技"等。至於凋傷一義,上古也曾寫作雕,例如《國語·周語》"民力雕盡",但後來就不通用了。拿彫字來説,它曾經和凋傷、凋零的凋通用,《論語·子罕》"歲寒然後知松柏之後凋也",一本作彫;《荀子·子道》"故勞苦彫萃而能無失其敬",就寫作彫;但後代也很少這樣通用了。再拿凋字來説,它的意義最窄,祇表示凋傷、凋零,不能表示雕刻、彫飾。而凋和彫都不能表示雕鳥的雕。由此看來,這三個字之間的關係是很複雜的,它們不是異體字。其他像遊和游、修和脩都是這樣。

第三,有些字通用是有條件的,更不能認爲是異體字。例如"亡"和"無"相通,《論語·雍也》:"今也則亡。"(如今就没有了)但並不是所有用"無"的地方都可以换成"亡"。後來這種用法祇限於"亡何""亡慮"等少數固定形式。又如"沽"和"酤",在買酒或賣酒這個意義上是相通的,看來似乎像異體字,可是酤的對象祇能是酒,而沽的對象可以是酒,可以是玉,也可以是别的東西。意義廣狭不同,嚴格地説,這不能算是異體字。

3.繁簡字

簡體字可以追溯到甲骨文時代。漢代民間應用的簡體字就有不少;北魏時代,亂字已經簡化爲乱,和現在公布的簡化字相同;宋元以來簡體字在廣大人民羣衆中間又有進一步的發展。今天我國通行的簡化字,絶大部分都是歷代相傳下來的。

我們學習古代漢語既要掌握簡化字,又要掌握繁體字;因爲一般古書都用的是繁體字①。學習繁體字,要注意繁體字和簡化字之間的三種關係:

第一,絶大多數的簡化字跟繁體字是一對一的關係,我們祇要把繁體字記住就行了。例如:

爱:愛　罢:罷　办:辦　达:達　递:遞　矾:礬

茧:繭　籴:糴　窃:竊　灶:竈　隶:隸　粪:糞

祇有少數是一對二、一對三或一對四的關係。例如:

当:當噹　尽:盡儘　坛:壇罎　干:干幹乾

系:系係繫　　　台:台臺檯颱

第二,有些簡化字是可以從古書中找出根據來的。其中有些

---

① 爲了便於學習,我們在本書後面附有簡化字與繁體字對照表,以供查閲。

是本字,有些是異體字或通用字。例如:

舍:捨　古今字。　　　　　网:網　网是網的本字。

荐:薦　古通用。　　　　　气:氣　氣本作气,餼本作氣。

夸:誇　古通用。　　　　　礼:禮　古異體字。

踊:踴　古通用。　　　　　粮:糧　異體字。

启:啟　開啟的啟本作启。

了解這些關係,我們可由此知道古代已經有了這些字,今天簡化,祇是選擇了筆畫較少的,放棄了筆畫較繁的。我們切不要以爲現在的"舍"字在古代都該是"捨",現在的"荐"字在古代都該是"薦"。這樣,反而是弄錯了。

第三,有些簡化字和繁體字本來在詞義上是毫不相干的,或顯然有區別。僅僅因爲是同音的關係,簡化時就採用了那個筆畫較簡的。這就是説,在古書中,本來是有分別的兩個字(或三個字),經過簡化之後,混爲一個了。這種情況最值得注意。如果用現在簡化字所代表的那個詞義去解釋古書,就會發生誤解。現在舉些例字分別加以説明。

后後　在先秦少數古籍中曾以"后"代"後",但不普遍,後代一般不再通用。至於"君主""皇后"的意思,決不能寫作"後"。《孟子·梁惠王下》:"書曰:'徯我后,后來其蘇!'"兩個"后"字都是指商湯而言。《左傳·僖公三十二年》"夏后皋之墓也"中的"后",也是指君,這些"后"字決不能寫作"後"。

适適　在古代漢語中"适"和"適"是根本不同的兩個字。"适"音 kuò,"適"音 shì。《論語·憲問》:"南宫适問於孔子曰……"這裏"适"不是"適"字。又宋代有人叫洪适。這種地方如果不知道它和"適"的區別,就會弄錯了。

征徵　這兩個字在古代漢語中,除了在徵賦(稅)的意義上有時相通之外,決不混同。"征"是旅行(特指在外服役)、征伐。徵是證驗、徵兆、徵辟、徵求;又是音樂中的五聲之一(用於這個意義時讀 zhǐ)。像《論語·八佾》的"夏禮吾能言之,杞不足徵也"中的"徵",決不能寫作"征";《戰國策·燕策》中的"爲變徵之聲"的"徵",決不能換成"征"。反過來看,《左傳·僖公四年》"昭王南征而不復"中的"征",不能改作"徵";《周易》的"征夫不復",也不能寫作"徵夫"。

余餘　"余"是第一人稱代詞,"餘"是剩餘的意思。在古籍中兩個字如果都寫作"余",或都寫作"餘",許多話就會無法解釋[1]。如屈原《離騷》"僕夫悲余馬懷兮"中的"余",如果換成"餘","餘馬"就不通了;杜甫"隔籬呼取盡餘杯"的詩句,如果把"餘"換作"余",那就成了"盡我的杯"了。

像這種情況還非常多,我們祇能舉其一隅。總之,我們學習古代漢語,祇有懂得了簡體字與繁體字之間的這種分合關係,纔能有效地掌握它們,纔能正確地理解古代作品。

---

[1]　1986 年重新發表《簡化字總表》時規定:"在余和餘字意義可能混淆時,仍用餘。"

第三單元

文　選

論　語

　　《論語》是孔子門人及其再傳弟子集成的。書中輯録了孔子的言行和一些孔子弟子的言行，是一部儒家學派的經典著作。漢初所傳的《論語》，有古論、齊論、魯論之分。古論出自孔子壁中，用古文字寫成，孔安國曾爲之作訓解，但已失傳。齊論爲齊人所學；魯論爲魯人所傳。東漢鄭玄就魯論篇章，參考齊論，爲之作注，今亦殘佚。魏時的何晏集漢儒以來各家之説，成《論語集解》，這就是我們今天所看到的最早的《論語》注本。後來，《論語》逐漸被人重視，研究的人也很多。至唐文宗時，被列入經書。宋朱熹又把它與《大學》《中庸》(《禮記》中的兩篇)、《孟子》合爲《四書》，並爲《論語》《孟子》作了集注，成爲官定的讀本，《論語》從此更爲一般人所重視了。

　　孔子名丘，字仲尼，春秋魯國人，出身於没落奴隸主貴族。生於公元前551年，死於公元前479年。他曾在魯國做過官，但主要是從事於學術和教育活動。他是我國古代一位大教育家、大思想家和大政治家，是儒家學派的創始人。

　　《論語》共二十篇,内容包括政治主張、教育原則、倫理觀念、品德修養等方面。語言簡而易曉,含蓄有致,爲語録的典範。其中有很多總結社會生活經驗的言論,後來逐步發展爲格言和成語,對後代文學語言有很大的影響。

　　《論語》通行的注本有《論語注疏》(魏何晏集解,宋邢昺疏)和宋朱熹的《論語集注》,清劉寶楠的《論語正義》。今人楊伯峻的《論語譯註》也有一定的參考價值。

<h1 style="text-align:center">學　而[1]</h1>

　　(1)子曰[2]:"學而時習之[3],不亦説乎[4]? 有朋自遠方來[5],不亦樂乎? 人不知而不愠[6],不亦君子乎[7]?"

〔1〕"學而"是篇名。《論語》本來没有篇名,後人摘取每篇第一句的兩個字作爲篇名。

〔2〕子,男子的尊稱,這裏指孔子。

〔3〕時,以時,按時。時習,按時誦習(依王肅説)。

〔4〕説(yuè),喜悦,高興,後來寫作"悦"。

〔5〕上古朋和友是有區别的:同門(師)爲朋,同志爲友。

〔6〕人不知,指别人不了解自己。愠(yùn),惱怒。

〔7〕君子,舊指道德高尚的人。

　　(2)曾子曰[1]:"吾日三省吾身[2]:爲人謀而不忠乎[3]? 與朋友交而不信乎? 傳不習乎[4]?"

〔1〕曾子,名參(shēn),字子輿,孔子的弟子。

〔2〕日,每天。省(xǐng),看,檢查。

〔3〕爲(wèi),介詞。謀,策劃,考慮,這裏指考慮事情。

〔4〕傳(chuán),傳授,這裏指老師傳授的知識。習,復習,温習。

(3)子曰:"君子食無求飽[1],居無求安,敏於事而慎於言[2],就有道而正焉[3],可謂好學也已[4]。"

[1]無,通"毋"。

[2]敏於事,在辦事情上敏捷。慎於言,在説話上謹慎。

[3]大意是:在學業上有弄不清楚的地方,向有道德的人請教,以正定其是非(依邢昺説)。就,走向,接近。

[4]好,讀 hào,去聲。已,通"矣"。

爲　政

(1)子曰:"温故而知新,可以爲師矣。"

(2)子曰:"學而不思則罔[1],思而不學則殆[2]。"

[1]罔,指罔然無所得。

[2]殆,疑惑(從王引之説,見《經義述聞·通説上》)。

(3)子曰:"由[1],誨女知之乎[2]? 知之爲知之,不知爲不知,是知也[3]。"

[1]由,仲由,字子路,孔子的弟子。

[2]誨,教導。女,第二人稱代詞,後來寫作"汝"。

[3]是,指示代詞,指"知之爲知之,不知爲不知"。這幾句大意是:知道就是知道,不知道就是不知道,這纔是真正的"知"。

(4)子曰:"人而無信,不知其可也[1]。大車無輗,小車無軏[2],其何以行之哉!"

[1]而,連詞,這裏含有假設的意思,等於説如果。可,可以,行。

[2]大車,指牛車。輗(ní),連接牛車轅端與衡(橫木)的關鍵。小車,指馬車。軏(yuè),連接馬車轅端與衡(橫木)的關鍵。

里　仁

（1）子曰："朝聞道，夕死可矣。"

（2）子曰："參乎[1]！吾道一以貫之[2]。"曾子曰："唯[3]！"子出，門人問曰："何謂也?"曾子曰："夫子之道，忠恕而已矣[4]。"

〔1〕參，曾參，孔子的弟子。

〔2〕一以貫之，指用一個道理把一切事物之理貫串起來。以，介詞，有"用"或"拿"的意思。"一"是"以"的賓語，提到前面去了。

〔3〕唯，答應的聲音。

〔4〕恕，就是孔子所説的"己所不欲，勿施於人"的道理。

（3）子曰："君子喻於義[1]，小人喻於利。"

〔1〕喻，明白，懂得。

（4）子曰："見賢思齊焉[1]，見不賢而內自省也[2]。"

〔1〕思齊，想要和他看齊。齊，用如動詞。

〔2〕內，內心。自省(xǐng)，自我檢查。意思是説：看見不賢的人，就要自我反省，看有沒有同他一樣的毛病。

公　冶　長[1]

（1）宰予晝寢[2]，子曰："朽木不可雕也[3]，糞土之牆，不可杇也[4]。於予與何誅[5]！"子曰："始吾於人也[6]，聽其言而信其行；今吾於人也，聽其言而觀其行。於予與改是[7]。"

〔1〕公冶長，孔子的弟子，公冶是複姓。

〔2〕宰予,字子我,孔子的弟子。晝寢,白天睡覺。

〔3〕朽,腐爛。

〔4〕杇(wū),同“圬”,塗牆,這裏指粉刷。

〔5〕於,介詞,有“對於”的意思。與(yú),語氣詞,下文的“與”同。誅,譴責。
　　這句是説:對於宰予這樣的人,責備什麽呢(即不值得責備的意思)。

〔6〕始,等於説先前、起初。

〔7〕改是,改變了這個(聽其言而信其行)。

　　(2)子貢問曰〔1〕:“孔文子何以謂之文也〔2〕?”子
曰:“敏而好學〔3〕,不恥下問〔4〕,是以謂之文也。”

〔1〕子貢,姓端木,名賜,子貢是他的字,孔子的弟子。

〔2〕孔文子,名圉(yǔ),衛國大夫。“文”是他的諡號。謂,叫做。

〔3〕敏,理解問題快。

〔4〕下問,向不如自己的人請教。

　　(3)季文子三思而後行〔1〕,子聞之曰:“再〔2〕,斯
可矣〔3〕。”

〔1〕季文子,名行父(fǔ),魯國大夫。“文”也是諡號。三,古人説三的時候,
　　往往不指確數的“三”,而衹表示次數很多。但這裏和“再”相對,所以仍
　　應看做確數。

〔2〕再,兩次,和“又”“復”等字不同。

〔3〕斯,就。

　　(4)顏淵季路侍〔1〕。子曰:“盍各言爾志〔2〕。”子路
曰:“願車馬衣輕裘〔3〕,與朋友共〔4〕,敝之而無憾〔5〕。”
顏淵曰:“願無伐善〔6〕,無施勞〔7〕。”子路曰:“願聞子之
志。”子曰:“老者安之,朋友信之,少者懷之〔8〕。”

〔1〕顏淵,名回,字子淵,孔子的弟子。季路,即子路。侍,卑者陪伴在尊者身
　　旁叫侍。

〔2〕盍(hé)，“何不”的合音字。

〔3〕裘，皮衣。唐石經初刻本無輕字(見阮元《論語注疏校勘記》)。

〔4〕共，動詞，指共同享用。

〔5〕把它用壞了也不懊惱。敝，破，壞，這裏是使動用法。憾，懊惱。

〔6〕伐，誇耀。

〔7〕無施勞，指不把勞苦的事加在別人身上。

〔8〕對老年人，使他們安，對平輩的人(朋友)，使他們能信任我，對少年人，使他們歸依我。懷，歸(依孔安國説)。

雍　也

(1)哀公問〔1〕:"弟子孰爲好學?"孔子對曰:"有顔回者好學〔2〕，不遷怒，不貳過〔3〕。不幸短命死矣。今也則亡〔4〕! 未聞好學者也。"

〔1〕哀公，魯哀公。

〔2〕者，語氣詞。

〔3〕遷，移。不遷怒，不把怒氣轉移到與那件事無關的人身上。貳，重複一次。不貳過，不重犯同樣的錯誤。

〔4〕亡，通“無”。

(2)子曰:"賢哉回也! 一簞食，一瓢飲〔1〕，在陋巷，人不堪其憂〔2〕，回也不改其樂。賢哉回也!"

〔1〕飲，用如名詞，飲料。

〔2〕不堪，忍受不了。

(3)冉求曰〔1〕:"非不説子之道〔2〕，力不足也。"子曰:"力不足者，中道而廢〔3〕，今女畫〔4〕。"

〔1〕冉(rǎn)求，字子有，孔子的弟子。

〔2〕説(yuè)，喜歡，後來寫作“悦”。道，這裏指孔子的學説。

〔3〕中道,半路。廢,停止,這裏指因疲乏而走不動了(參照《禮記·表記》“中道而廢”鄭玄注)。

〔4〕畫,畫界,畫斷。指給自己畫定一個界限,不肯前進。

述　而

(1)子曰:“默而識之〔1〕,學而不厭〔2〕,誨人不倦,何有於我哉〔3〕?”

〔1〕識(zhì),記住。

〔2〕厭,滿足。

〔3〕對我來説有什麼呀? 也就是説:這三件事對我來説都不難。

(2)子曰:“德之不脩〔1〕,學之不講〔2〕,聞義不能徙〔3〕,不善不能改,是吾憂也。”

〔1〕脩,通“修”,培養。

〔2〕講,講習,研究。

〔3〕大意是:聽到了應當做的事(義),卻不能放下暫時可以不做的事,而改從應當做的事。

(3)子曰:“飯疏食〔1〕,飲水,曲肱而枕之〔2〕,樂亦在其中矣。不義而富且貴,於我如浮雲。”

〔1〕飯,舊讀上聲,動詞,吃。疏食(舊讀sì),粗糧。

〔2〕曲,彎曲,使動用法。肱(gōng),泛指胳膊。枕(zhèn),動詞,當枕頭用。

(4)葉公問孔子於子路〔1〕,子路不對。子曰:“女奚不曰:‘其爲人也,發憤忘食,樂以忘憂,不知老之將至云爾〔2〕。’”

〔1〕葉(舊讀shè)公,名諸梁,楚國大夫。

〔2〕云爾,如此而已。

(5)子曰:"三人行,必有我師焉〔1〕。擇其善者而從之,其不善者而改之〔2〕。"

〔1〕三人,等於説幾個人,並非確指"三"。行,走路。焉,指示代詞兼語氣詞,這裏指代"三人"。

〔2〕這兩句意思是:選擇他們的優點加以學習,他們身上的缺點作爲自己的借鑑,借以改正自己身上與他們相同的缺點。

(6)子曰:"若聖與仁,則吾豈敢?抑爲之不厭〔1〕,誨人不倦,則可謂云爾已矣〔2〕。"公西華曰〔3〕:"正唯弟子不能學也〔4〕!"

〔1〕抑,轉折連詞,這裏有"不過"的意思。爲之,指學習"聖人之道"。

〔2〕云爾已矣,等於"云爾"。

〔3〕公西華,姓公西,名赤,字子華,孔子的弟子。

〔4〕唯,句中語氣詞,表示判斷。

泰　伯

曾子曰:"士不可以不弘毅〔1〕,任重而道遠:仁以爲己任〔2〕,不亦重乎?死而後已〔3〕,不亦遠乎?"

〔1〕弘,大,這裏指心胸寬廣。毅,剛強。

〔2〕仁以爲己任,即"以仁爲己任"。

〔3〕已,停止。

子　罕

(1)子在川上曰:"逝者如斯夫〔1〕,不舍晝夜〔2〕!"

〔1〕逝者,消逝的事物。斯,指示代詞,指川水。夫(fú),感歎語氣詞。

〔2〕不舍晝夜,是説川水日夜不停地流。舍,止。

（2）子曰：“三軍可奪帥也[1]，匹夫不可奪志也。”

〔1〕這句是說：三軍人數雖多，如果軍心不齊，它的主將也會被人奪走。三軍，古代一萬二千五百人爲一軍，諸侯大國有三軍。

（3）子曰：“歲寒，然後知松柏之後彫也[1]。”

〔1〕彫，通“凋”，凋謝，凋零。

鄉　黨

廄焚[1]，子退朝，曰：“傷人乎？”不問馬。

〔1〕廄（jiù），馬棚。

先　進

（1）子貢問：“師與商也孰賢[1]？”子曰：“師也過[2]，商也不及[3]。”曰：“然則師愈與[4]？”子曰：“過猶不及[5]。”

〔1〕師，顓（zhuān）孫師，字子張。商，卜商，字子夏。兩人都是孔子的弟子。

〔2〕過，超過。

〔3〕不及，沒有達到。

〔4〕愈（yù），勝過。與（yú），疑問語氣詞。

〔5〕猶，像……一樣。這句是說：超過或沒有達到，都是不好。孔子以“中庸之道”作爲行爲的準則，所以認爲“過”與“不及”同樣不好。

（2）季氏富於周公[1]，而求也爲之聚斂而附益之[2]。子曰：“非吾徒也！小子鳴鼓而攻之可也[3]！”

〔1〕季氏，季孫氏，魯大夫，權威大於諸侯。於，介詞。富於周公，比周公富。

〔2〕求，冉求。聚斂，指搜刮錢財。附益，增加。

〔3〕徒，徒黨。小子，指門人。鳴，這裏是使動用法。

（3）子路問："聞斯行諸[1]？"子曰："有父兄在，如之何其聞斯行之[2]！"冉有問："聞斯行諸？"子曰："聞斯行之。"公西華曰："由也問'聞斯行諸'，子曰'有父兄在'；求也問'聞斯行諸'，子曰'聞斯行之'。赤也惑，敢問。"子曰："求也退[3]，故進之[4]；由也兼人[5]，故退之。"

〔1〕聞，聽見，這裏指聽見了應當做的事，即"聞義"。斯，就，馬上。行，實行，實踐。諸，"之乎"的合音字。

〔2〕如之何，等於如何。

〔3〕退，指遇事畏縮不前。

〔4〕進，使動用法。下文"退"的用法同此。

〔5〕兼人，指勝人。這是説子路喜歡勝過別人。

　　（4）子路、曾皙、冉有、公西華侍坐[1]。子曰："以吾一日長乎爾，毋吾以也[2]。居則曰[3]：'不吾知也[4]。'如或知爾[5]，則何以哉[6]？"

　　子路率爾而對曰[7]："千乘之國[8]，攝乎大國之間[9]，加之以師旅[10]，因之以饑饉[11]。由也爲之，比及三年[12]，可使有勇，且知方也[13]。"

　　夫子哂之[14]。

　　"求，爾何如？"

　　對曰："方六七十，如五六十[15]，求也爲之，比及三年，可使足民[16]。如其禮樂，以俟君子[17]。"

　　"赤，爾何如？"

　　對曰："非曰能之，願學焉[18]。宗廟之事[19]，如會同[20]，端章甫[21]，願爲小相焉[22]。"

"點,爾何如?"

鼓瑟希[23],鏗爾,舍瑟而作[24],對曰:"異乎三子者之撰[25]。"

子曰:"何傷乎[26]?亦各言其志也[27]!"

曰:"莫春者,春服既成[28],冠者五六人[29],童子六七人[30],浴乎沂[31],風乎舞雩[32],詠而歸[33]。"

夫子喟然歎曰[34]:"吾與點也[35]。"

〔1〕曾晳(xī),名點,曾參的父親,孔子的弟子。

〔2〕這兩句話歷來有不同的解釋,今依孔安國説,大意是:不要因爲我的年紀比你們大,就不敢回答我的問題。以,介詞,因爲。乎,於。爾,你們。

〔3〕居,閒呆着,指平日在家的時候。

〔4〕知,了解。

〔5〕或,無定代詞,有人。

〔6〕等於説:你們打算做些什麽事情呢?

〔7〕率爾,輕率急忙的樣子。

〔8〕乘,兵車。擁有一千輛兵車的國家在當時衹能算中等國家。

〔9〕攝,逼近。攝乎大國之間,意爲處於大國中間不得伸展。

〔10〕加,加到……上。之,指千乘之國。師旅,指侵略軍隊。

〔11〕因之,等於説繼之。饑,穀不熟。饉,菜不熟。饑饉,泛指荒年。

〔12〕比及,等到了。

〔13〕方,義方,道義。

〔14〕哂(shěn),笑。

〔15〕如,或者。下文"如會同"的"如"同。這兩句是指周圍六七十里和五六十里的小國家。

〔16〕足民,即使民富足。

〔17〕如,若,至於。俟,等待。

〔18〕我不敢説我能够做，但是，我願在這方面學習。

〔19〕宗廟之事，指諸侯祭祀祖先的事。

〔20〕會，指諸侯會盟。同，指諸侯共同朝見天子。

〔21〕端，古人用整幅布做的禮服，又叫玄端。章甫，一種禮帽。端和章甫這裏都用如動詞，即穿着禮服、戴着禮帽。這裏指小相所服（依劉寶楠説）。

〔22〕相（xiàng），在祭祀或會盟時，主持贊禮和司儀的人。按：宗廟會同，都是諸侯的事。公西華願爲小相，祇是謙詞。

〔23〕希，稀，這裏是説瑟的聲音已近尾聲。

〔24〕鏗，象聲詞。鏗爾，等於説鏗然，這裏形容推瑟發出的聲音。在古代漢語中，象聲和繪景是用同一種構詞法，所以加"爾"或"然"（比較：率爾、喟然）。舍，捨棄，後來寫作"捨"，這裏指放下。作，起，這裏指站起來。

〔25〕撰，才具（才幹），指從事政治工作的才能。

〔26〕傷害什麼呢？意思是"有什麼關係呢"。

〔27〕亦，副詞，這裏有"祇是""不過是"的意思。

〔28〕莫（mù），後來寫作"暮"。莫春，指三月。者，語氣詞。

〔29〕冠（guàn）者，成年人。古時，到了二十歲的男子，須行冠禮，此後，就算成年人了，所以用冠者稱成年人。

〔30〕童子，未冠的少年。

〔31〕沂（yí），水名，在今山東曲阜縣南。

〔32〕風，用如動詞，吹風，乘涼。舞雩（yú），是古時求雨的壇，在曲阜縣東面。

〔33〕詠，唱歌。

〔34〕喟（kuì）然，長歎的樣子。

〔35〕與（yù），贊成，同意。孔子當時知道他的政治主張已經實行不了，所以這樣説。

　　三子者出，曾晳後。曾晳曰："夫三子者之言何如〔1〕？"

　　子曰："亦各言其志也已矣〔2〕！"

曰："夫子何哂由也？"

曰："爲國以禮，其言不讓[3]，是故哂之[4]。唯求則非邦也與[5]？安見方六七十如五六十而非邦也者[6]？唯赤則非邦也與？宗廟會同，非諸侯而何[7]？赤也爲之小，孰能爲之大[8]？"

〔1〕夫(fú)，指示代詞。

〔2〕已矣，罷了。

〔3〕讓，謙讓。

〔4〕是故，等於説因此。

〔5〕這句大意是：〔子路談的固然是治理國家的大事，〕難道冉有説的就不是治國大事嗎？唯，句首語氣詞，幫助判斷。邦，國家。

〔6〕安見，怎見得。者，語氣詞。

〔7〕不是諸侯的事情是什麼？這是説：那也是國家大事啊！

〔8〕公西華衹能給諸侯做小相，那麼誰能給諸侯做大相呢？之，指諸侯。小，小相。爲之小，是雙賓語結構，下句同此。

顔　淵

(1)司馬牛問君子[1]，子曰："君子不憂不懼。"曰："不憂不懼，斯謂之君子已乎？"子曰："内省不疚[2]，夫何憂何懼？"

〔1〕司馬牛，名耕，字子牛，孔子的弟子。問君子，問怎樣纔算是君子。

〔2〕内省(xǐng)，内心反省。疚，病，這裏指有愧於心。

(2)司馬牛憂曰："人皆有兄弟，我獨亡[1]。"子夏曰："商聞之矣[2]：'死生有命，富貴在天[3]。'君子敬而無失[4]，與人恭而有禮，四海之内皆兄弟也[5]——君子何患乎無兄弟也?"

〔1〕亡,通"無"。

〔2〕聞之矣,聽説過這樣的話了。

〔3〕這兩句反映了宿命論觀點。

〔4〕敬,嚴肅。失,這裏指放縱、隨便。

〔5〕四海之内,古人認爲中國四境有海環繞,所以稱中國爲四海之内或海内。

　　(3)子貢問政〔1〕。子曰:"足食,足兵,民信之矣〔2〕。"子貢曰:"必不得已而去〔3〕,於斯三者何先〔4〕?"曰:"去兵。"子貢曰:"必不得已而去,於斯二者何先?"曰:"去食。——自古皆有死,民無信不立〔5〕。"

〔1〕問政,問怎樣管理政事。

〔2〕民信之,人民信任國家。

〔3〕去,去掉。

〔4〕何先,先做哪一樣,這裏是説先去掉哪一樣。

〔5〕人民對政府没有信任,國家就立不住。

　　(4)棘子成曰〔1〕:"君子質而已矣〔2〕,何以文爲〔3〕?"子貢曰:"惜乎!夫子之説君子也〔4〕,駟不及舌〔5〕!文猶質也,質猶文也,虎豹之鞹,猶犬羊之鞹〔6〕。"

〔1〕棘子成,衛國的大夫。

〔2〕質,樸質無華。

〔3〕何以,何用,爲什麽用。文,文采。爲,句末語氣詞,經常與"何以"相應。

〔4〕夫子,指棘子成。這句意思是:夫子這樣説明君子,真可惜呀!"夫子之説君子也"是主語,"惜乎"是謂語。

〔5〕四匹馬拉的車也追不上已經説出了的話。舌,這裏指説出的話。

〔6〕文猶質也,質猶文也,等於説文質不分。鞹(kuò),去掉了毛的皮。這幾

句是説:如果祇要質不要文,那麽君子與非君子就不能區別了,就像虎豹的鞟和犬羊的鞟不能區別一樣。

(5)哀公問於有若曰[1]:"年饑,用不足[2],如之何?"有若對曰:"盍徹乎[3]?"曰:"二[4],吾猶不足,如之何其徹也?"對曰:"百姓足,君孰與不足[5]? 百姓不足,君孰與足?"

[1]有若,即有子。

[2]國家的財用不足。

[3]盍,何不。徹,十分抽一的税率,這裏用如動詞。

[4]二,指十分抽二的税率。

[5]百姓富足了,您跟誰不富足呢? 意思是,您也富足了。

(6)子曰:"聽訟[1],吾猶人也。必也[2],使無訟乎!"

[1]訟,訴訟。聽訟,斷案。

[2]必,一定,必須。

(7)季康子患盜[1],問於孔子。孔子對曰:"苟子之不欲[2],雖賞之不竊[3]。"

[1]盜,偷東西的人。

[2]苟,如果。欲,指貪財。之,介詞。

[3]賞,獎勵。

子　路

(1)子路曰:"衛君待子而爲政,子將奚先[1]?"子曰:"必也,正名乎[2]?"子路曰:"有是哉,子之迂也[3]! 奚其正[4]?"子曰:"野哉由也[5]! 君子於其所不知,蓋闕如也〔6〕。名不正,則言不順。言不順,則事不成〔7〕。事不成,則禮樂不興〔8〕。禮樂不興,則刑罰不中〔9〕。刑罰不中,則民無所措手足〔10〕。故君子名之必可言也,言之必可行也。君子於其言,無所苟而已矣〔11〕。"

〔1〕奚,何。奚先,先做什麽?

〔2〕正,使動用法。名,名稱,名分。正名,使名分正。儒家按照自己的標準,要求社會上的人各從其類,各守其位,行事都合乎他的名分。

〔3〕迂,遠,這裏指遠離實踐。後代凡脱離實際,而衹知道搬書本,都叫做迂。這句大意是:你竟迂到了這種程度。"子之迂也"是主語,"有是哉"是謂語。

〔4〕爲什麽要"正"? 意思是没有正名的必要。其,句中語氣詞,加强反問語氣。

〔5〕野,鄙陋。

〔6〕蓋,句首語氣詞,有"大概"的意思,實際上表示肯定。闕,通"缺"。如,詞尾。闕如,指存疑,即闕而不論。

〔7〕事,指政事。

〔8〕禮樂,指教化。興,盛。

〔9〕不中(zhòng),指不得當。

〔10〕措,放。今本"措"作"錯"。無所措手足,没有放手脚的地方,意思是説不知如何是好。

〔11〕苟,不嚴肅,跟"敬"相對。

　　(2) 子曰:"其身正,不令而行〔1〕;其身不正,雖令不從。"

〔1〕令,下命令。行,指教化得以推行。

　　(3) 子適衛,冉有僕〔1〕。子曰:"庶矣哉〔2〕!"冉有曰:"既庶矣,又何加焉〔3〕?"曰:"富之。"曰:"既富矣,又何加焉?"曰:"教之。"

〔1〕僕,駕車。

〔2〕〔衛國〕人真多啊! 庶,衆,指人多。

〔3〕何加,增添些什麽? 意思是再辦些什麽。

　　(4)子夏爲莒父宰〔1〕,問政。子曰:"無欲速〔2〕,無見小利。欲速則不達〔3〕,見小利則大事不成。"

〔1〕莒父(jǔfǔ),魯邑名。宰,相當於縣長之類的官。

〔2〕辦事不要企圖很快成功。

〔3〕達,到達。不達,指達不到目的。

　　(5)子貢問曰:"鄉人皆好之〔1〕,何如?"子曰:"未可也。""鄉人皆惡之,何如?"子曰:"未可也。不如鄉人之善者好之,其不善者惡之。"

〔1〕好(hào),動詞,喜歡,跟"惡"(wù)相對。

憲　問

　　(1) 子曰:"爲命〔1〕,裨諶草創之〔2〕,世叔討論之〔3〕,行人子羽修飾之〔4〕,東里子産潤色之〔5〕。"

〔1〕命,辭令,指外交場合的言辭。

〔2〕裨諶(píchén),鄭國大夫。草創,指起草。

〔3〕世叔,游吉,鄭大夫。討,研究。論,評論。注意"討論"與今義的差別。

〔4〕行人,外交官。子羽,姓公孫,名揮,鄭大夫。修飾,指對文章進行修改。

〔5〕東里,地名,子産所居。潤色,指修辭方面的加工。

　　(2) 子路曰:"桓公殺公子糾,召忽死之,管仲不死〔1〕。"曰〔2〕:"未仁乎〔3〕?"子曰:"桓公九合諸侯〔4〕,不以兵車〔5〕,管仲之力也。如其仁,如其仁〔6〕!"

〔1〕齊襄公無道,鮑叔牙奉公子小白出奔莒國。後來襄公被殺,管仲和召忽
　　奉公子糾出奔魯國。魯送公子糾回齊國,沒有打進去,而公子小白先進
　　入齊國,做了國君,就是齊桓公。桓公使魯國殺了公子糾,把管、召二人
　　送回齊國。召忽自殺了,管仲請坐囚車至齊。由於鮑叔牙的推薦,管仲
　　作了齊桓公的相。"召忽死之,管仲不死"就是指這件事。死之,等於說
　　"殉難"。

〔2〕這個"曰"字和前一個"曰"字是同一人說話,這種重複的"曰"字常常表
　　示另起一個頭。這裏表示敘事已畢,再用"曰"字提出問題。

〔3〕不算是仁吧?

〔4〕九合,指多次會合。

〔5〕不憑藉武力。

〔6〕如,等於說乃。如其仁,〔這〕就是他的仁(依王引之說,見《經傳釋詞》)。

　　(3)子貢曰:"管仲非仁者與? 桓公殺公子糾,不能
死,又相之〔1〕!"子曰:"管仲相桓公,霸諸侯,一匡天
下〔2〕,民到于今受其賜〔3〕。微管仲,吾其被髮左衽
矣〔4〕! 豈若匹夫匹婦之爲諒也,自經於溝瀆而莫之
知也〔5〕!"

〔1〕相,輔佐。

〔2〕匡,匡正。

〔3〕賜,恩惠,好處。

〔4〕微,〔如果〕沒有。其,句中語氣詞,有"恐怕"的意思。被(pī),通"披"。
　　衽(rèn),衣襟。左衽,衣襟左掩。被髮左衽,指當時所謂"夷狄"(四方
　　外族)的風俗,意思是說中原被夷狄所佔。

〔5〕匹夫匹婦,指庶人,百姓。諒,信用,這裏指道義上的固執。經,上弔,弔
　　死。瀆(dú),小渠。

　　(4)子曰:"其言之不怍〔1〕,則爲之也難。"

〔1〕怍(zuò),慚愧。

(5)子曰:"君子道者三[1],我無能焉:仁者不憂,知者不惑,勇者不懼。"子貢曰:"夫子自道也[2]。"

〔1〕君子道,君子之道。

〔2〕自道,自己說自己。

(6)子曰:"不患人之不己知,患其不能也[1]。"

〔1〕其,指自己。

(7)子路宿於石門[1],晨門曰[2]:"奚自[3]?"子路曰:"自孔氏[4]。"曰:"是知其不可而爲之者與?"

〔1〕石門,地名,在今山東省平陰縣北。

〔2〕晨門,掌管早晚開閉城門的人,即守門的人。

〔3〕奚,何。奚自,從哪裏〔來〕。

〔4〕孔氏,指孔子。

衛 靈 公

(1)子曰:"志士仁人,無求生以害仁[1],有殺身以成仁。"

〔1〕害,損害。

(2)子曰:"人無遠慮,必有近憂[1]。"

〔1〕遠慮,長遠的打算。近憂,迫身的憂患。

(3)子曰:"君子不以言舉人[1],不以人廢言[2]。"

〔1〕大意是:君子不因爲這個人言論好就薦舉他。言,言論。舉,薦舉,推舉。

〔2〕大意是:不因爲這個人不好就廢棄他的好言論。

(4)子貢問曰:"有一言而可以終身行之者乎[1]?"子曰:"其恕乎[2]。己所不欲,勿施於人[3]。"

〔1〕一言,這裏指一個字。

〔2〕其,句首語氣詞,有"大概"的意思。

〔3〕"己所不欲,勿施於人"這八個字説明什麽是"恕"。

(5)子曰:"過而不改,是謂過矣〔1〕。"

〔1〕過,錯誤。第一個"過"用如動詞,第二個"過"爲名詞。

(6)子曰:"吾嘗終日不食,終夜不寢,以思,無益;不如學也。"

(7)子曰:"當仁〔1〕,不讓於師。"

〔1〕碰到要發揮仁的精神的時候。當,動詞。當仁,按字面解釋是"在仁的面前"。

季　氏〔1〕

季氏將伐顓臾〔2〕。冉有季路見於孔子〔3〕,曰:"季氏將有事於顓臾〔4〕。"

孔子曰:"求,無乃爾是過與〔5〕? 夫顓臾,昔者先王以爲東蒙主〔6〕,且在邦域之中矣〔7〕。是社稷之臣也〔8〕,何以伐爲〔9〕?"

冉有曰:"夫子欲之〔10〕;吾二臣者,皆不欲也。"

孔子曰:"求,周任有言曰〔11〕:'陳力就列〔12〕,不能者止。'危而不持〔13〕,顛而不扶〔14〕,則將焉用彼相矣〔15〕? 且爾言過矣。虎兕出於柙〔16〕,龜玉毀於櫝中〔17〕,是誰之過與?"

冉有曰:"今夫顓臾,固而近於費〔18〕,今不取,後世必爲子孫憂。"

　　孔子曰："求！君子疾夫舍曰欲之而必爲之辭[19]。丘也聞有國有家者[20]，不患寡而患不均，不患貧而患不安[21]。蓋均無貧[22]，和無寡[23]，安無傾[24]。夫如是[25]，故遠人不服，則脩文德以來之[26]。既來之，則安之[27]。今由與求也，相夫子[28]，遠人不服而不能來也，邦分崩離析而不能守也[29]，而謀動干戈於邦内[30]，吾恐季孫之憂不在顓臾，而在蕭牆之内也[31]。"

〔 1 〕季氏，季孫氏，魯國最有權勢的貴族，這裏指季康子，名肥。

〔 2 〕顓臾(zhuānyú)，小國，是魯國的屬國，故城在今山東費縣西北。

〔 3 〕冉有和季路當時都是季康子的家臣。見(xiàn)，謁見。

〔 4 〕事，指軍事。

〔 5 〕恐怕要責備你吧？無乃，這裏有"恐怕要"的意思。是，代詞，複指賓語"爾"。過，責備。

〔 6 〕先王，指周之先王。東蒙主，主祭東蒙山神的人。東蒙，即蒙山，在今山東蒙陰縣南四十里，西南接費縣界。主，主祭人。

〔 7 〕指在魯國疆土裏邊。

〔 8 〕是，代詞，指顓臾。社稷，代表"國家"，這裏指魯國。

〔 9 〕爲，語氣詞。

〔10〕夫子，指季康子。

〔11〕周任，古代的良史。

〔12〕陳，陳列，擺出來。陳力，這裏有"量力"的意思。列，位次，職位。

〔13〕危，不穩，這裏指站不穩。持，把着。

〔14〕顛，倒，跌。扶，攙着。

〔15〕相(xiàng)，扶着瞎子走路的人。

〔16〕兕(sì)，獨角犀。柙(xiá)，關猛獸的籠子。

〔17〕龜玉都是寶物。龜，龜版，用來占卜。玉，指玉瑞和玉器。玉瑞用來表示

爵位,玉器用於祭祀。櫝(dú),匣子。

〔18〕固,指城郭堅固。近,靠近。費(bì),季氏的私邑,即今山東費(fèi)縣。

〔19〕君子厭惡那種態度:想這樣,卻撇開不談,而一定要爲它作些別的説辭。
　　疾,痛恨。夫,代詞,那種。舍,捨棄,撇開,後來寫作"捨"。

〔20〕"國"是諸侯統治的政治區域。"家"是卿大夫統治的政治區域。

〔21〕這兩句話應該是:"不患貧而患不均,不患寡而患不安。"這樣上下文纔講
　　得通。《春秋繁露·制度篇》和《魏書·張普惠傳》引《論語》均作"不患
　　貧而患不均"。寡,指人口少。

〔22〕大意是:財富分配公平合理,上下各得其分,就没有貧困。

〔23〕大意是:上下和睦,人民都願歸附,就没有人口少的現象。

〔24〕大意是:國家安定,就没有傾覆的危險。

〔25〕夫,句首語氣詞。

〔26〕文,文教,指禮樂。來,使……來〔歸附〕。

〔27〕安,用如動詞,使……安定。

〔28〕相(xiàng),輔佐。

〔29〕分崩離析,等於説四分五裂。

〔30〕干,盾牌。戈,古代用來刺殺的一種長柄兵器。干戈,指軍事。

〔31〕蕭牆,國君宫門内當門的小牆,又叫做屏。全句是説季氏見疑於哀公,將
　　有内變(依方觀旭説,見《論語正義》)。

陽　貨

　　(1)陽貨欲見孔子[1],孔子不見。歸孔子豚[2]。孔
子時其亡也而往拜之[3]。遇諸塗[4]。

　　謂孔子曰:"來! 予與爾言。曰[5]:懷其寶而迷其
邦[6],可謂仁乎? 曰:不可。——好從事而亟失時,可謂
知乎[7]? 曰:不可。——日月逝矣,歲不我與[8]。"孔

曰：“諾！吾將仕矣。”

〔1〕陽貨，名虎，季氏家臣中最有權勢的人。欲見(xiàn)孔子，想讓孔子謁見他。

〔2〕歸，通“饋”，贈送。豚，小猪，這裏是指做熟了的小猪。

〔3〕時，伺，窺探。亡，不在。陽貨送孔子豚是打算讓孔子回拜他，借此能見得着孔子，孔子不願和陽貨見面，趁他不在家的時候去回拜。

〔4〕塗，通“途”。

〔5〕這裏的“曰”和下文的兩個“曰不可”都是陽貨自問自答(依毛奇齡説，見《論語稽求篇》)。

〔6〕懷，揣在懷裏。懷寶，比喻懷藏着才能。迷，亂。這是説孔子有政見藏着不拿出來而使魯國迷亂。

〔7〕好(hào)從事，指喜歡從事於政治。亟(qì)，屢次。時，時機。知(zhì)，有智慧，聰明，後來寫作“智”。

〔8〕與，等於説等待。“我”是“與”的前置賓語。

　　(2)子曰：“鄉原〔1〕，德之賊也〔2〕。”

〔1〕原，通“愿”，忠厚。鄉原，等於説好好先生。鄉里的人多數認爲他忠厚，實際上他是同流合汙，以博取忠厚之名。

〔2〕德的敗壞者。

微　子

　　(1)齊人歸女樂〔1〕，季桓子受之〔2〕，三日不朝。孔子行。

〔1〕歸，見本頁《陽貨》章注〔2〕。女樂(yuè)，女子歌舞隊。

〔2〕季桓子，季孫斯，魯國的上卿。

　　(2)楚狂接輿歌而過孔子曰〔1〕：“鳳兮〔2〕！鳳兮！何德之衰〔3〕？往者不可諫〔4〕，來者猶可追〔5〕。已而〔6〕！已而！今之從政者殆而〔7〕！”

　　孔子下〔8〕，欲與之言。趨而辟之，不得與之言。

〔1〕接輿，姓陸，名通，字接輿（依邢昺説），楚國的隱者，爲了避世，假裝瘋狂，
　　所以稱爲楚狂。歌而過孔子，一邊唱着，一邊走過孔子的旁邊。

〔2〕鳳，比喻孔子。兮，語氣詞，多見於詩歌韻文，用在句末和句中，大致和現
　　代漢語的“啊”相近。

〔3〕爲什麼德行這樣衰微呢？這是譏諷孔子不能隱退。

〔4〕諫，諫止。

〔5〕未來的事還可能來得及。暗指孔子現在隱退還來得及。

〔6〕算了吧！而，語氣詞。

〔7〕現在從事政治的人危險了！殆，危險。

〔8〕下，下車（從包咸注）。

　　（3）長沮桀溺耦而耕〔1〕。孔子過之，使子路問
津焉〔2〕。

　　長沮曰：“夫執輿者爲誰〔3〕？”子路曰：“爲孔丘。”曰：
“是魯孔丘與？”曰：“是也。”曰：“是知津矣〔4〕！”

　　問於桀溺。桀溺曰：“子爲誰？”曰：“爲仲由。”曰：“是
魯孔丘之徒與〔5〕？”對曰：“然〔6〕。”曰：“滔滔者，天下皆
是也〔7〕，而誰以易之〔8〕？且而與其從辟人之士也，豈若
從辟世之士哉〔9〕？”耰而不輟〔10〕。

　　子路行以告〔11〕。夫子憮然〔12〕，曰：“鳥獸不可與同
羣〔13〕。吾非斯人之徒與而誰與〔14〕？天下有道，丘不與
易也〔15〕。”

〔1〕長沮（jū）、桀溺，都是當時的隱士。長沮、桀溺可能不是這兩個人的真實
　　姓名。耦，古代的一種耕作方法，即兩人各執一耜（sì，犁），同耕一尺寬

之地(兩耜合耕,耕出之地的寬度恰爲一尺)。耦而耕,用耦耕的方法
來耕。

〔2〕津,渡口。

〔3〕那個在車上拿着繮繩的人是誰?執,這裏有執轡(繮繩)的意思。執輿,
是執轡於車的意思(從邢昺疏)。

〔4〕三個"是"字都是代詞,當"這個人"講。是也,這裏有"〔是〕這個人"的
意思。

〔5〕徒,徒黨。

〔6〕然,等於説是的。

〔7〕洪水瀰漫,天下都是這樣。比喻社會紛亂。因問渡口,故借水作比喻。
滔滔,水瀰漫的樣子。

〔8〕你們和誰來改變它呢?以,與。易,改變(依朱熹説)。

〔9〕再説,你跟隨"避人之士"(指孔子躲避壞人,不同他們合作),難道趕得
上跟隨"避世之士"(躲避亂世的人,桀溺自謂)嗎?且,連詞,這裏有"再
説"的意思。而,你,指子路。"與其"和"豈若"相呼應,等於現代"與其"
和"不如"相呼應。

〔10〕耰(yōu),播種以後,用土蓋上。輟(chuò),中斷。

〔11〕以告,把這話告訴了孔子,"以"後省略了賓語。

〔12〕憮(wǔ)然,發愣的樣子。

〔13〕鳥獸〔我們〕不可以跟它們同羣,即不能隱居山林,必須在社會中生活。

〔14〕我不是跟人羣在一起而是跟誰在一起呢?這是説不能隱居。斯,這。
徒,徒衆。斯人之徒,等於説人羣。兩個"與"字都當"跟……在一起"講。

〔15〕"與"字後面省略了賓語。

(4)子路從而後〔1〕,遇丈人〔2〕,以杖荷蓧〔3〕。

子路問曰:"子見夫子乎?"

丈人曰:"四體不勤〔4〕,五穀不分〔5〕,孰爲夫子?"植
其杖而芸〔6〕。

子路拱而立〔7〕。

止子路宿〔8〕，殺雞爲黍而食之〔9〕，見其二子焉〔10〕。

明日，子路行。以告。子曰："隱者也。"使子路反見之。至則行矣〔11〕。

子路曰："不仕無義。長幼之節，不可廢也；君臣之義，如之何其廢之？欲潔其身而亂大倫〔12〕！君子之仕也，行其義也。道之不行，已知之矣〔13〕。"

〔1〕子路跟隨孔子而落在後面。

〔2〕丈人，老人。

〔3〕荷(hè)，扛。蓧(diào)，古代除草用具。

〔4〕四體，四肢。勤，勞。

〔5〕五穀，稻、黍(黄米)、稷(與黍相似，不黏，即糜子)、麥、菽(豆)。分，辨别（依朱熹説）。

〔6〕植，倚（依孔安國説）。芸，通"耘"，除草。

〔7〕拱，拱手，表示敬意。

〔8〕止，留。

〔9〕爲黍，作黄米飯。

〔10〕使二子拜見子路。見(xiàn)，使見。

〔11〕到了丈人家裏的時候，原來丈人已經走(出門)了。

〔12〕想使自己身子乾净，卻亂了大倫。倫，人倫，古代社會所規定的人與人之間的正常關係。大倫，指君臣之義。

〔13〕〔自己的〕學説行不通，〔自己〕早已知道了。

子　張

(1)子夏之門人問交於子張〔1〕。子張曰："子夏云何？"對曰："子夏曰：'可者與之〔2〕，其不可者拒之〔3〕。'"子張曰:"異乎吾所聞〔4〕。君子尊賢而容眾〔5〕,嘉善而矜不能〔6〕。我之大賢與,於人何所不容〔7〕?我之不賢與,人將拒我,如之何其拒人也?"

〔1〕交,指交友之道。

〔2〕可以交往的,就跟他在一起。與,見第201頁《微子》注〔14〕。

〔3〕拒,拒絕。

〔4〕和我所聽到的不同。乎,於。

〔5〕容,包容。眾,普通人。

〔6〕嘉,贊美。矜,同情。不能,指無能的人。

〔7〕何所不容,即"所不容者爲何",也就是"無所不容"的意思。

(2)子貢曰:"君子之過也,如日月之食焉〔1〕。過也,人皆見之;更也,人皆仰之〔2〕。"

〔1〕食,蝕,後來寫作"蝕"。

〔2〕更(gēng),改變。仰,敬仰。

(3)衛公孫朝問於子貢〔1〕,曰:"仲尼焉學〔2〕?"子貢曰:"文武之道〔3〕,未墜於地,在人〔4〕。賢者識其大者〔5〕,不賢者識其小者。莫不有文武之道焉。夫子焉不學,而亦何常師之有〔6〕?"

〔1〕公孫朝,衛大夫。公孫,複姓。

〔2〕焉學,從哪裏學。

〔3〕文武,指周文王和周武王。

〔4〕在人,在於人們之中,是說人們還有能記得的(依朱熹説)。

〔5〕識(zhì),記住。其大者,其中之大者。其,指文武之道。下文"其小者"同。

〔6〕亦,又。何常師之有,等於説有何常師。之,代詞,複指賓語"何常師"。

禮　記

　　《禮記》是一部資料彙編性質的書。是七十子後學者和漢代學者所記。其所記録的都是戰國秦漢間儒家的言論，特別是關於禮制方面的言論，内容很複雜。其中有的是解釋禮經（即《儀禮》），有的是考證和記載禮節制度，有的是記述某項禮節條文和某項政令，有的是談關於禮制的理論。此外，還有些篇幅是專門記録孔子和七十子的言論以及孔門和時人的雜事的。其中有很多東西是封建性的糟粕，但這部書所收集的資料反映出古代社會倫理觀念、宗法制度、階級關係和儒家各派的思想等等，對研究這些問題還有不少參考價值。其中有些言論，是值得批判地繼承的。

　　《禮記》有兩種本子，都是漢人輯録的。戴德輯録本叫《大戴禮記》，原有八十五篇，現存三十九篇。戴聖輯録的叫《小戴禮記》，共四十九篇，就是現在通行的《禮記》，東漢鄭玄給它作了注，唐孔穎達作了疏。這就是所謂《禮記注疏》，是最通行的注本。此外較通行的還有元代陳澔的《禮記集説》和清代朱彬的《禮記訓纂》、孫希旦的《禮記集解》。

有子之言似夫子(檀弓上)〔1〕

　　有子問於曾子曰〔2〕：“問喪於夫子乎〔3〕？”曰：“聞之矣。‘喪欲速貧〔4〕，死欲速朽〔5〕。’”有子曰：“是非君子之言也。”曾子曰：“參也聞諸夫子也。”有子又曰：“是非君子之言也。”曾子曰：“參也與子游聞之。”有子曰：“然。然則夫子有爲言之也〔6〕。”

〔１〕《檀弓》是《禮記》的篇名。原篇没有小標題，以下各篇同。

〔２〕有子，即有若。

〔３〕在夫子那裏聽説過丢官罷職的事情嗎？問，當作“聞”（依《經典釋文》）。喪（sàng），失去，丢掉，這裏作丢官罷職講。夫子，指孔子，下同。

〔４〕丢了官，希望快點窮。

〔５〕死了，希望快點腐爛。

〔６〕有爲（wèi），有所爲（wèi），是“有目的”的意思。

　　曾子以斯言告於子游。子游曰：“甚哉，有子之言似夫子也〔１〕！昔者，夫子居於宋，見桓司馬自爲石椁〔２〕，三年而不成。夫子曰：‘若是其靡也〔３〕，死不如速朽之愈也〔４〕。’死之欲速朽，爲桓司馬言之也〔５〕。南宫敬叔反〔６〕，必載寶而朝〔７〕。夫子曰：‘若是其貨也〔８〕，喪不如速貧之愈也。’喪之欲速貧，爲敬叔言之也。”

〔１〕有子的話像夫子，〔像得〕可厲害啊！“有子之言似夫子”是主語，“甚”是謂語。

〔２〕桓司馬，桓魋（tuí）。椁（guǒ），同“槨”，套在棺材外面的大棺材。

〔３〕“其靡若是”的倒裝。靡，奢侈，浪費。是，代詞，指“自爲石椁，三年而不成”的情况。

〔４〕愈，比較好。

〔５〕爲，介詞，這裏有“針對”的意思。

〔６〕南宫敬叔，即魯孟僖子的兒子仲孫閲。反，回到魯國。他曾失去魯國官位而離開過魯國。

〔７〕載，以車裝載。寶，珍寶，寶物。南宫敬叔這樣做，是想行賄以求復位。

〔８〕貨，財物，這裏用如動詞，當以財物收買别人講，就是賄賂。這一句和上文“若是其靡也”句法相同。

　　曾子以子游之言告於有子。有子曰：“然。吾固曰非

夫子之言也。"曾子曰:"何以知之?"有子曰:"夫子制於中
都,四寸之棺,五寸之椁[1],以斯知不欲速朽也[2]。昔
者,夫子失魯司寇[3],將之荆[4],蓋先之以子夏,又申之
以冉有[5],以斯知不欲速貧也。"

〔1〕實即"夫子制四寸之棺五寸之椁於中都"的意思,不過語序稍有不同。
　　制,規定。中都,魯國的都邑。故城在今山東汶上縣西。孔子曾經做過
　　中都宰,所以他能在中都制定些制度。四寸五寸都指厚度。

〔2〕以斯,等於説因此。

〔3〕失掉魯司寇官位。

〔4〕荆,楚國。之荆,指到楚國應聘。

〔5〕用子夏先去表明孔子的意思,又用冉有去重申這個意思。蓋,句首語氣
　　詞,表示確定。

戰 于 郎 (檀弓下)[1]

　　戰于郎。公叔禺人遇負杖入保者息[2]。曰[3]:"使
之雖病也[4],任之雖重也[5],君子不能爲謀也[6],士弗
能死也[7], 不可, 我則既言矣[8]!" 與其鄰重汪踦
往[9],皆死焉。魯人欲勿殤重汪踦[10],問於仲尼。仲尼
曰:"能執干戈[11],以衛社稷,雖欲勿殤也,不亦可乎?"

〔1〕春秋時魯哀公十一年(公元前484年),齊國進攻魯國,魯國和齊國在郎
　　那個地方作戰。郎,魯國地名,在今山東魚臺縣。

〔2〕公叔禺(yú)人,魯昭公的兒子。負杖,把杖(扁擔之類)放在頸上,兩手
　　扶着,等於今天的橫挑。保,城堡,後來寫作"堡"。息,歇息。當時戰事
　　很緊,魯軍不利,人們逃避齊軍,走累了,所以負杖入堡休息。

〔3〕公叔禺人説。

〔4〕使，指徭役。之，代詞，指民，下句同。病，勞苦。

〔5〕任，負擔，使動用法。任之，指使人民負擔賦稅。

〔6〕君子，上層統治者。爲(wéi)，動詞，籌劃。謀，計謀，策略。

〔7〕士，統治階級的下層分子。死，指爲國犧牲。

〔8〕我既然是説出來了〔我自己就該行動起來〕。則，表示加强肯定。

〔9〕重，當作"童"，下同。往，這裏指奔向齊軍。

〔10〕不把童子汪踦(qí)當殤(shāng)看待。也就是説魯國對汪踦想不用兒童
　　的喪禮，用成人的喪禮。殤，未成年(未滿二十歲)而死叫殤。

〔11〕干戈，泛指武器。

苛政猛於虎(檀弓下)

　　孔子過泰山側，有婦人哭於墓者而哀[1]。夫子式而聽之[2]。使子路問之曰："子之哭也，壹似重有憂者[3]?"而曰[4]："然。昔者，吾舅死於虎[5]，吾夫又死焉[6]，今吾子又死焉。"夫子曰："何爲不去也?"曰："無苛政[7]。"夫子曰："小子識之[8]，苛政猛於虎也。"

〔1〕婦人哭於墓者，等於説在墓前哭的婦人。

〔2〕式，通"軾"，車前橫木，這裏用如動詞，扶軾。古時乘車，遇有應表敬意的
　　事，乘者即俯身扶軾。在這裏，孔子扶軾是表示對婦人哭墓的注意和
　　關懷。

〔3〕您這樣哭，實在像連着有了幾椿傷心事似的? 壹，副詞，表示肯定，有"實
　　在""的確"等意思。重(chóng)，重疊。

〔4〕而，等於"乃"。

〔5〕昔者，從前。舅，指丈夫的父親。

〔6〕焉，代詞兼語氣詞，等於説於虎。下句同。

〔7〕苛政，暴政。

〔8〕小子，老師叫學生可稱小子，這裏指子路。識(zhì)，記住。

大　同(禮運)〔1〕

　　昔者仲尼與於蜡賓〔2〕，事畢，出遊於觀之上〔3〕，喟然而歎。仲尼之歎，蓋歎魯也〔4〕。言偃在側曰〔5〕："君子何歎〔6〕?"孔子曰："大道之行也〔7〕，與三代之英〔8〕，丘未之逮也〔9〕，而有志焉〔10〕。

〔1〕同，和，平。大同，高度的和平，實際是指原始共產社會的那種局面，是當時知識分子由於對現實不滿而產生的復古思想。

〔2〕與(yù)於蜡賓，參加到蜡祭陪祭者的行列裏邊。與，參加。蜡(zhà)，古代國君年終祭祀叫蜡。賓，指陪祭者。

〔3〕觀(guàn)，宗廟門外兩旁的高建築物。又名闕。

〔4〕蓋，大概。

〔5〕言偃，孔子的弟子，姓言名偃，字子游。

〔6〕君子，指孔子。

〔7〕大道，指原始共產社會的那些準則。行，實行。

〔8〕三代，指夏商周。英，傑出的人物，這裏指英明的人主禹湯文武。

〔9〕逮(dài)，趕上。之，代詞，指"大道之行與三代之英"的時代，是"逮"的賓語。

〔10〕有志焉，指有志於此。孔子這句話是説：大道實行的時代和三代英明之主當政的時代，我都沒有趕上，可是我心裏嚮往。

　　"大道之行也，天下爲公〔1〕。選賢與能〔2〕，講信脩睦〔3〕。故人不獨親其親，不獨子其子〔4〕，使老有所終〔5〕，壯有所用〔6〕，幼有所長〔7〕，矜寡孤獨廢疾者皆有所養〔8〕，男有分〔9〕，女有歸〔10〕。貨惡其棄於地也，不必藏於己〔11〕；力惡其不出於身也，不必爲己〔12〕。是故謀閉而不興〔13〕，盜竊亂賊而不作〔14〕，故外戶而不閉〔15〕，是謂大同。

〔1〕天下成爲公共的。

〔2〕與，通"舉"（依王引之説，見《經義述聞》）。能，有才能的人。

〔3〕講信，講求信用。脩睦，調整人與人之間的關係，使它達到和睦。

〔4〕第一個"親"和第一個"子"都用如動詞，是"以……爲親"和"以……爲子"的意思。

〔5〕有所終，等於説晚年能得到照顧。所，代詞。下面三個"所"字同。

〔6〕有所用，等於説有用處。

〔7〕有所長(zhǎng)，等於説有使他們成長的各種措施。

〔8〕有所養，等於説有供養。矜，通"鰥"(guān)。

〔9〕分(fèn)，職分，職務。

〔10〕歸，出嫁，這裏指夫家。

〔11〕財物，〔人們〕恨它被扔在地上〔都想收起來〕，但不一定藏在自己家裏。貨，財物。棄，扔。

〔12〕力氣，〔人們〕恨它不從自己身上使出來〔都想使出來〕，但不一定爲了自己。身，自身。

〔13〕謀，指姦詐之心。閉，閉塞。興，起，生。

〔14〕盜竊、造反和害人的事情不發生。亂，指造反。賊，指害人。作，興起。

〔15〕外，用如動詞。外戶，從外面把門扇合上。閉，用門閂插門。

　　"今大道既隱，天下爲家〔1〕。各親其親，各子其子，貨力爲己；大人世及以爲禮〔2〕，城郭溝池以爲固〔3〕，禮義以爲紀〔4〕，以正君臣〔5〕，以篤父子〔6〕，以睦兄弟〔7〕，以和夫婦〔8〕，以設制度，以立田里〔9〕，以賢勇知〔10〕，以功爲己〔11〕。故謀用是作，而兵由此起〔12〕。禹湯文武成王周公，由此其選也〔13〕。此六君子者，未有不謹於禮者也。以著其義[14]，以考其信[15]，著有過[16]，刑仁講讓[17]，示民有常[18]。如有不由此者[19]，在執者去[20]，衆以爲殃[21]，是謂小康[22]。"

〔1〕隱，消逝不見。天下爲家，天下成爲私家的。

〔2〕大人，指天子諸侯。父子相傳叫"世"，兄弟相傳叫"及"。"世及"是介詞"以"的賓語，提前。下兩句同。

〔3〕溝池，指護城河。固，這裏指賴以防守的建築及工事。

〔4〕紀，綱紀，準則。

〔5〕以，介詞，後面省掉賓語(指"禮")。下七句同。正，用如動詞，使動用法，即"使……正常"。

〔6〕篤，用如動詞，即"使……純厚"。

〔7〕睦，用如動詞，即"使……和睦"。

〔8〕和，用如動詞，即"使……和諧"。

〔9〕里，住處，這裏指有關田里的制度。

〔10〕賢勇知，把有勇有謀的當作賢人。賢，用如動詞，意動用法。知(zhì)，後來寫作"智"。當時盜賊並起，所以需要智勇的人(依孔穎達説)。

〔11〕立功作事，只是爲了自己，不爲他人(依孔穎達説)。

〔12〕用，由。"是"和下文"兵由此起"的"此"字，都代表上文"今大道既隱……以功爲己"這段的情況。兵，指戰亂。

〔13〕大意是：禹湯文武成王周公因此成爲三代諸王中的傑出人物。選，指選拔出來的人物，也就是傑出的人物。

〔14〕用〔禮〕來表彰他們(民)做對了的事。"以"下省賓語(指"禮")。著，顯露，這裏是使動用法。其，指下文"示民有常"的"民"。

〔15〕用〔禮〕來成全他們(民)講信用的事。考，成全。

〔16〕"以著其有過"之省。用〔禮〕來揭露〔他們〕有過錯的事。著，彰明，這裏是使動用法，有揭露的意思。

〔17〕刑，法則。刑仁，把合於仁的行爲定爲法則。講，提倡。讓，不爭。

〔18〕"以示民有常"之省。用〔禮〕指示給人民要有常規。

〔19〕由,用。此,指禮。

〔20〕埶,勢力,權力,後來寫作"勢",這裏指職位。去,罷免,黜(chù)退,這裏有被罷免的意思。

〔21〕老百姓以此(指統治者不用禮)爲禍害。

〔22〕小康,小安。小康對大同而言,含有不及"大同"的意思。

教學相長(學記)

雖有嘉肴〔1〕,弗食,不知其旨也〔2〕。雖有至道〔3〕,弗學,不知其善也。是故學然後知不足〔4〕,教然後知困〔5〕。知不足然後能自反也〔6〕,知困然後能自強也〔7〕。故曰教學相長也〔8〕。兌命曰:"學學半〔9〕。"其此之謂乎〔10〕?

〔1〕肴,本指成塊的帶骨頭的熟肉,這裏泛指魚肉。

〔2〕旨,味美。

〔3〕至,好到極點的。

〔4〕是故,因此。知不足,知道自己有不够之處。

〔5〕知困,知道自己有搞不通之處。困,不通。

〔6〕自反,反求之於自己。

〔7〕自強(qiǎng),自己督促自己。

〔8〕教學相長,教和學是互相推進的。長(zhǎng),這裏指推進。

〔9〕兌(yuè)命,即說(yuè)命,《尚書》的一個篇名。學學半,前一學字音xiào,指教人。後一學字音xué,指向人學。今《尚書》作"斅學半"。意思是說教佔學的一半。

〔10〕參看第13頁《鄭伯克段于鄢》〔5〕"其是之謂乎"注。

博　學(中庸)

博學之〔1〕，審問之〔2〕，慎思之〔3〕，明辨之〔4〕，篤行之〔5〕。有弗學，學之弗能，弗措也〔6〕。有弗問，問之弗知〔7〕，弗措也。有弗思，思之弗得〔8〕，弗措也。有弗辨，辨之弗明，弗措也。有弗行，行之弗篤，弗措也。人一能之，己百之〔9〕；人十能之，己千之。果能此道矣〔10〕，雖愚必明〔11〕，雖柔必强〔12〕。

〔1〕博學，多方面地學。博，寬廣。之，指學的對象。

〔2〕審問，詳細地問。之，指問的對象。

〔3〕慎思，慎重地考慮。之，指思的對象。

〔4〕明辨，明確地分辨。之，指辨的對象。

〔5〕篤行，踏踏實實地實行。之，指行的對象。

〔6〕大意是：除非不學，學了就一定要學會，學不會，不罷休。有弗學，按字面講是“有不學的時候”或“有不學的東西”，實際應了解爲“不學則已”（依朱熹説）。措，放下。以下四句做此。

〔7〕知，懂。

〔8〕弗得，指不得結果。

〔9〕別人學它一次就會，我卻要學它一百次（多下功夫，精益求精）。下句做此。

〔10〕果真能實行這個方法。道，方法。

〔11〕愚，糊塗。

〔12〕柔，脆弱，這裏指意志脆弱。强，堅强，這裏指意志堅强。

誠　意(大學)

所謂誠其意者〔1〕，毋自欺也，如惡惡臭〔2〕，如好好色〔3〕。此之謂自謙〔4〕。故君子必慎其獨也〔5〕。

　　小人閒居爲不善〔6〕，無所不至〔7〕，見君子而後厭然揜其不善而著其善〔8〕。人之視己，如見其肺肝然〔9〕，則何益矣〔10〕？此謂誠於中，形於外〔11〕。故君子必慎其獨也。

　　曾子曰："十目所視，十手所指，其嚴乎〔12〕！"

　　富潤屋〔13〕，德潤身，心廣體胖〔14〕。故君子必誠其意。

〔1〕誠，用如動詞，使動用法，"使……誠實"。意，意念，念頭。

〔2〕惡(wù)，動詞，厭惡。臭(xiù)，氣味。惡(è)臭，不好聞的氣味。

〔3〕好(hào)，動詞，愛好。好(hǎo)色，指美女。色，顏色，容貌，特指女子的顏色。

〔4〕大意是把這個叫作自己不虧心。此，代詞，指"誠其意，毋自欺"。謙，同"慊"(qiè)，滿足。自謙，指"自我滿足"，不是爲了別人纔要求誠意(參用朱熹説)。

〔5〕所以君子對獨居〔這件事〕必須謹慎。

〔6〕閒(xián)居，獨居。

〔7〕沒有什麼達不到的。意思是説壞事做盡。

〔8〕厭然，掩藏的樣子。揜，同"掩"。著其善，顯示他的好的〔德行〕。

〔9〕如……然，像……的樣子。

〔10〕那麼有什麼好處呢？則，那麼。何益，這裏有"有什麼好處"的意思。

〔11〕誠於中，裏邊有實在的東西，這裏指心中藏着惡念。形，用如動詞，露出原形。

〔12〕十目、十手，甚言監視的人之多。嚴，嚴肅可畏。

〔13〕富足了就能使屋子光彩。潤，用如動詞，即"使……潤"，這裏指"使……光彩"。

〔14〕廣，寬。胖(pán)，安泰舒坦。注意：“胖”與現代漢語的“胖”音義都
　　　不同。

常 用 詞(三)　　65字

　　　知識見示視觀望　矜哀卹憾怒憤患　持措拱　攻竊誅翦脩講
設立

　　　忠信諒正邪辟好惡恭敬慎苟　顯著

　　　相帥士僕御右　盜賊　國家社稷　仁義道德　文質　色臭
先前後內外閒

123.【知】

　　　(一)知道，懂得，了解。《論語·學而》：“人不~而不愠。”《左
傳·僖公三十二年》：“爾何~？”《論語·先進》：“居則曰：‘不吾~
也。’”又名詞。知識，知覺。《論語·子罕》：“吾有~乎哉？無~
也。”《荀子·王制》：“草木有生而無~。”

　　　(二)讀zhì。知識豐富，經驗豐富，見解高明。形容詞。《左
傳·僖公三十年》：“失其所與，不~。”這種意義後來又寫作“智”。
《孟子·告子上》：“無或乎王之不智也。”(或：通“惑”。)又名詞。
《孟子·公孫丑上》：“雖有~慧，不如乘勢。”

124.【識】

　　　(一)知道，認識，能辨別。《孟子·梁惠王上》：“不~有諸？”又
《梁惠王下》：“吾何以~其不才而舍之？”《論語·陽貨》：“多~於鳥
獸草木之名。”

　　　(二)去聲，讀zhì。記住。《論語·述而》：“默而~之。”又《子
張》：“賢者~其大者，不賢者~其小者。”引申爲表記(後起義)。現

代變爲雙音詞"標~"(標誌)。

[辨]知,識,記。"知"是一般的知道,"識"常常是比較深的認識。至於"知"當"智"講,"識"當"記"講,更沒有共同之處了。"識"和"記"的區別是,"識"(zhì)爲記住,"記"等於記得。"記"是"識"的結果。雖然"記"也有當"記住"講的,如《莊子·山木》有"弟子記之",但一般多作"記得"講。

125.【見】

(一)看見。《論語·里仁》:"~賢思齊焉,~不賢而内自省也。"又名詞。見解,見識。如"高~""遠~"。

(二)讀 xiàn。謁見,拜見。《左傳·莊公十年》:"曹劌請~。"《論語·季氏》:"冉有季路~於孔子。"又《微子》:"~其二子焉。"(使其二子拜見子路。)注意:"見"字讀 xiàn 時,一般都當不及物動詞用。"見其二子"的"見"是使動用法(使拜見),所以是及物動詞。至於及物動詞的"見"字(包括省略賓語的"見"),就祇讀作 jiàn,作"見面"講,不作"謁見"講。例如《左傳·僖公三十年》:"若使燭之武~秦君,師必退。"

(三)讀 xiàn。被看見,出現。《戰國策·燕策三》:"圖窮而匕首~。"《論語·泰伯》:"天下有道則~,無道則隱。"按:上古没有"現"字,中古也很罕見。凡"出現"的意義在上古都寫作"見"。

(四)等於説"被"。《楚辭·漁父》:"衆人皆濁我獨清,衆人皆醉我獨醒,是以~放。"《莊子·秋水》:"吾長~笑於大方之家。"《史記·廉頗藺相如列傳》:"臣誠恐~欺於王而負趙。"有時候,"見"字表示一方面對另一方面施以某種行爲。如"見教"表示"教我"。

126.【示】

給看。《老子》三十六章:"國之利器不可以~人。"引申爲指示,顯示,使人明白某種道理。《禮記·禮運》:"刑仁講讓,~民有常。"

127.【視】

(一)看。《禮記·大學》:"十目所~,十手所指。"《左傳·莊公十年》:"下~其轍。"引申爲看待。《左傳·成公三年》:"荀罃善~之。"又爲按照。《孟子·萬章下》:"天子之卿受地~侯。"(按照侯的身份受地。)〔~……爲〕比……更(後起義)。孫樵《書褒城驛壁》:"蓋當時~他驛爲壯。"

(二)通"示"。"示"本是"使看"的意思,所以能用"視"字表示。《詩經》《尚書》《禮記》都有這種"視"字。《漢書》多以"視"爲"示"。如《高帝紀》敘述張良勸劉邦把棧道燒掉,一方面可以防止諸侯來侵襲,另一方面"亦~項羽無東意"(也讓項羽看見劉邦沒有向東進軍的意思)。

128.【觀】

(一)有目的地看,觀察。《左傳·僖公二十三年》:"曹共公聞其駢脅,欲~其裸;浴,薄而~之。"(駢脅:肋骨合併在一起。薄:迫近,走到跟前。)《論語·公冶長》:"今吾於人也,聽其言而~其行。"引申爲觀賞,欣賞。《左傳·隱公五年》:"公將如棠~魚者。"(如:到,往。棠:魯國地名。)又:"遂往,陳魚而~之。"又名詞。值得欣賞的事物。如說"洋洋大~""壯~"。引申爲一般的觀看,眺望。《孟子·盡心上》:"故~於海者難爲水。"陶淵明《歸去來辭》:"時矯首而遐~。"(矯首:抬頭。遐:遠。)

(二)讀 guàn,去聲。高大可見的建築物。《左傳·宣公十二年》:"收晉屍以爲京~。"這是指把敵人的屍體堆積起來封上土的高大的土堆(留給人看以誇耀武功)。宗廟或宮庭大門外兩旁的高建築物,又名闕。《禮記·禮運》:"出遊於~之上。"引申爲臺榭(高臺上的房子)。《左傳·哀公元年》:"宮室不~。"又爲一般的高大華麗的建築物,如樓閣之類。漢代有"東~""白虎~"。又爲道教的廟宇(後起義)。劉禹錫《玄都觀桃花》詩:"玄都~裏桃千樹,盡是劉郎去後栽。"

129.【望】

(一)向遠處看。《左傳·莊公十年》:"登軾而~之。"(軾:車前端的橫木。)《戰國策·趙策四》:"故願~見太后。"引申爲希望,盼望。《孟子·梁惠王上》:"王如知此,則無~民之多於鄰國也。"

(二)名譽,名望。《詩經·大雅·卷阿》:"令聞令~。"(令:好。)今成語有"德高~重"。

(三)古人於陰曆的每月十五前後,日月相望,月光滿盈時叫"望"。又特稱十五日爲"望日"。《漢書·蘇武傳》:"以武著節老臣,令朝朔~。"(朔:初一。)又《張禹傳》:"罷就第,以列侯朝朔~。"[既~]陰曆的十六日。《尚書·召誥》:"惟二月既~。"蘇軾《前赤壁賦》:"七月既~。"按:這個意義《説文》作"望"。

(四)怨,怨恨,責怪。司馬遷《報任安書》:"若~僕不相師。"《史記·汲鄭列傳》:"黯褊心不能無少~。"

注意:"望"字有平去兩讀。第(二)(三)(四)三種意義都讀去聲(wàng),第(一)義既可以讀平聲,又可以讀去聲。

[辨]視,望,觀,看,見,睹。"視"是近看,所以能引申出"視察"的意思。"望"是遠看,所以可引申出"盼望"的意思。"觀"是有目的地看,所以能引申出"欣賞"的意思。"觀"可遠可近(如觀潮,觀戰,觀棋)。"見"是"視"和"望"的結果,所以《禮記·大學》説"心不在焉,視而不見",《戰國策·趙策》説"故願望見太后"。

“睹”是“見”的同義詞（但少用），故可説“熟視無睹”“耳聞目睹”。“看”是探望。《韓非子·外儲説左下》：“梁東新爲鄴令，其姊往看之。”早期的“看”是訪問、探望的意思（《世説新語》一書有許多這類“看”字），最初與“視”不同義，後來纔逐漸同義。一般在古文中多用“視”，詩歌則多用“看”。

130.【矜】

（一）矛柄。賈誼《過秦論》上：“鉏櫌棘～，非銛於鉤戟長鎩也。”（櫌 yōu：鋤柄。銛 xiān：鋒利。鎩 shā：長刃矛。）也寫作“穜”。

（二）自誇。《史記·淮陰侯列傳》：“不伐己功，不～其能。”李密《陳情表》：“本圖宦達，不～名節。”

（三）憐憫，同情。《公羊傳·宣公十五年》：“見人之厄則～之。”《論語·子張》：“嘉善而～不能。”李密《陳情表》：“凡在故老，猶蒙～育。”

（四）讀 guān，通“鰥”。老而無妻的人。《禮記·禮運》：“～寡孤獨廢疾者皆有所養。”引申爲没有妻的成年男人。後代一般都衹寫作“鰥”。

131.【哀】

悲傷。《禮記·檀弓下》：“有婦人哭於墓者而～。”引申爲憐憫，同情。《戰國策·齊策四》：“～鰥寡。”又《趙策四》：“念悲其遠也，亦～之矣。”《論語·子張》：“如得其情，則～矜而勿喜。”

132.【卹】（恤）

（一）憂，憂慮。《詩經·邶風·谷風》：“我躬不閲，遑恤我後。”（我自己都不〔爲丈夫〕容納，還來得及憂慮我走後的事嗎？閲：容納。）引申爲顧念，顧惜。《戰國策·齊策四》：“哀鰥寡，～孤獨。"胡銓《上高宗封事》："竭民膏血而不～,忘國大仇而不報。"

（二）救濟。《周禮·春官·典瑞》："以～凶荒。"賈誼《過秦論》中："百姓困窮而主弗收～。"范縝《神滅論》："不恤親戚,不憐窮匱。"

133.【憾】

心中不滿,懊惱。《論語·公冶長》："敝之而無～。"《孟子·梁惠王上》："是使民養生喪死無～也。"《左傳·襄公二十九年》："美哉猶有～。"現代雙音詞有"遺～"。注意:現代漢語裏的"遺憾"是一個詞;在古代漢語裏,"遺～"是一個詞組,等於"遺恨"。現代"遺憾"的意思古人祇説單音詞"憾"或"恨"。"憾"與"恨"是同義詞,上古"恨"字一般也不解作"怨恨"。參看"恨"字條。

134.【恕】

將自己的心度別人的心。《論語·衛靈公》："其～乎! 己所不欲,勿施於人。"又《里仁》："夫子之道,忠～而已矣。"依《論語》,"恕"是"己所不欲,勿施於人",這是作爲道德標準來説。引申爲饒恕,寬恕。《戰國策·趙策四》："竊自～。"《楚辭·離騷》："羌內～己以量人兮,各興心而嫉妒。"

135.【憤】

煩悶。司馬遷《報任安書》："是僕終已不得舒～懣以曉左右。"引申爲憋悶。《論語·述而》："不～不啟。"（對學生要等他道理想不出來,心中憋悶,纔啟發他。）又："發～忘食。"又爲感情激動（後起義）。杜甫《秦州見敕》詩："忠臣辭～激,烈士涕飄零。"

[辨]憤,怒,忿。"憤"與"怒"在上古漢語裏,意義的差別很大。"發憤"跟"發怒"的意義全不相干,後來逐漸接近。"忿"是生氣,怨恨,與"怒"義近。古代"憤""忿"不同音（"憤"讀濁音,"忿"

讀清音）。

136.【患】

擔心,發愁。《論語·顏淵》:"季康子~盜。"又《季氏》:"不~貧而~不安。"又《憲問》:"不~人之不己知,~其不能也。"又名詞。憂患,麻煩。《孟子·告子下》:"入則無法家拂士,出則無敵國外~者,國恒亡。""患"字有平去兩讀;但用作名詞時,一般祇讀去聲。

[辨]憂,患。"憂"與"患"爲同義詞。一般地說,"憂"多用於比較嚴重的場合。有時沒有分別,如"内憂外患"。

137.【持】

拿着。《孟子·公孫丑下》:"子之~戟之士一日而三失伍。"引申爲把着使不動搖或墜落。《論語·季氏》:"危而不~,顛而不扶。"《孟子·滕文公上》:"疾病相扶~。"現代雙音詞有"支~""維~""護~""劫~""挾~"等。

138.【措】

放下,放。《論語·子路》:"則民無所~手足。"(措:今本作"錯"。)又用於抽象意義。《禮記·中庸》:"學之弗能,弗~也。"又引申爲安放。《禮記·禮器》:"~則正。"[~意]留意。《戰國策·魏策四》:"且秦滅韓亡魏,而君以五十里之地存者,以君爲長者,故不~意也。"按:"措"字在古書中常寫作"錯"。

139.【拱】

拱手,兩手在胸前相合,一般是用左手握住右手。這是表示恭敬的姿勢。《論語·微子》:"子路~而立。""拱手"又用於比喻的意義,表示容易取得。賈誼《過秦論》上:"於是秦人~手而取西河之外。"引申爲兩手做合抱姿勢。這種意義常用來說明樹木的大小。《左傳·僖公三十二年》:"中壽,爾墓之木~矣。"

140.【攻】

（一）進攻，攻打。《左傳·僖公四年》：“以此~城，何城不克？”引申爲指責〔過失，罪惡〕。《論語·先進》：“小子鳴鼓而~之可也。”又《顏淵》：“無~人之惡。”

（二）進行工作，特指匠人及其他手工業的工作，如建築、雕琢等。《詩經·大雅·靈臺》：“庶民~之，不日成之。”又《小雅·鶴鳴》：“它山之石，可以~玉。”引申爲做學問或接受某種專門訓練。韓愈《師說》：“聞道有先後，術業有專~。”

141.【竊】

（一）偷。《論語·顏淵》：“苟子之不欲，雖賞之不~。”《莊子·胠篋》：“彼~鈎者誅，~國者爲諸侯。”注意：凡“偷竊”的意義，在先秦都說“竊”或“盜”。參看“偷”字條。

（二）偷偷地，暗地裏。《史記·孫子吳起列傳》：“~載與之齊。”

（三）謙詞。表示自己的話不一定說得對，自己的行爲不一定做得對。《戰國策·趙策四》：“~愛憐之。”又：“老臣~以爲媼之愛燕后，賢於長安君。”司馬遷《報任安書》：“僕~不遜，近自託於無能之辭。”

［辨］盜，竊。用作動詞時，“竊”與“盜”是同義詞。但是“盜”字又是名詞，表示“盜賊”；“竊”字不用作名詞。

142.【誅】

（一）譴責。《論語·公冶長》：“於予與何~？”成語有“口~筆伐”。

（二）殺戮〔有罪惡的人〕。《荀子·正論》：“~紂，斷其首。”引申爲剷除。《楚辭·卜居》：“寧~鋤草茅以力耕乎？”

（三）要求,要別人負責供給東西。《左傳·襄公三十一年》："~求無時。"又《莊公八年》："反,~履於徒人費。"（費:人名。）

143.【翦】

翦斷。《詩經·召南·甘棠》："勿~勿伐。""翦"又用於比喻,表示削弱或消滅。《左傳·成公十三年》："又欲闕~我公室,傾覆我社稷。"又《成公二年》："余姑~滅此而朝食。"又表示"裁去"。《文心雕龍·鎔裁》："~截浮詞謂之裁。"俗作"剪"。

144.【脩】（修）

（一）乾肉。古人用來送禮。《論語·述而》："自行束~以上,吾未嘗無誨焉。"（束脩:十塊乾肉成爲一束。）引申爲乾。《詩經·王風·中谷有蓷（tuī）》："中谷有蓷,暵（hàn）其~矣。"

（二）培養,增進,改進,加强。《左傳·成公十三年》："吾與女同好棄惡,復~舊德。"又《桓公元年》："~好於鄭。"又《桓公六年》："隨侯懼而~政。"《論語·季氏》："則~文德以來之。"

（三）修理,修茸,修飾。《左傳·成公三年》："而帥偏師以~封疆。"《左傳·宣公十二年》："鄭人~城。"

（四）長。《詩經·小雅·六月》："四牡~廣。"《戰國策·齊策一》："鄒忌~八尺有餘。"《楚辭·離騷》："紛吾既有此內美兮,又重之以~能。"（脩能等於説長才。）引申爲善,美。《楚辭·離騷》："老冉冉其將至兮,恐~名之不立。"

[辨]修,脩。依《説文》,"修"是修飾,"脩"是乾肉。由於二字同音,一般可以通用;但"乾肉"的意義決不能寫作"修"。

145.【講】

（一）講和,和解。《戰國策·西周策》："而秦未與魏~也。"《史記·項羽本紀》："業已~解。"又《樗里子甘茂列傳》："與魏~,

罷兵。""講"本身就有"講和"的意義,後來變爲雙音詞"～和"。胡銓《上高宗封事》:"〔秦〕檜曰敵可～和,〔孫〕近亦曰可和。"

(二)謀畫。《左傳·襄公五年》:"～事不令。"(不令:不善。)又爲研究,商討。《論語·學而》:"德之不脩,學之不～。"《左傳·宣公十六年》:"武子歸而～求典禮。"韓愈《張中丞傳後序》:"二公之賢,其～之精矣。"引申爲講究,重視。《禮記·禮運》:"～信脩睦。"注意:在上古漢語裏,"講"字沒有現代的"講話"的意思。《禮記·禮運》的"講於仁",乃是討論,議論。

146.【設】

(一)安排,擺設,建立。《禮記·禮運》:"以～制度,以立田里。"《文心雕龍·鎔裁》:"情理～位,文采行乎其中。"

(二)假設連詞。假如,如果。《史記·魏其武安侯列傳》:"～百歲後,是屬寧有可信者乎?"(是屬:這些人。)[～如]比如,例如。白居易《與元九書》:"～如'北風其涼',假風以刺威虐也。"

147.【立】

(一)站着。《論語·微子》:"子路拱而～。"《莊子·養生主》:"提刀而～。"[～待]比喻事情很快就要到來。賈誼《過秦論》中:"故其亡可～而待。"引申爲建立,設立,樹立。《戰國策·齊策四》:"～宗廟于薛。"《禮記·禮運》:"以設制度,以～田里。"

(二)登上帝王或諸侯的位置。賈誼《過秦論》下:"子嬰～。"引申爲使登上某一個位置。《史記·項羽本紀》:"項羽乃～章邯爲雍王。"《左傳·襄公三年》:"將～之而卒。"

(三)副詞。立刻,馬上。《史記·項羽本紀》:"沛公至軍,～誅殺曹無傷。"現代變爲雙音詞"立刻""立即"。

148.【忠】

盡力做好分内的事,盡力做好別人付託的事,對別人負責。《左傳・莊公十年》:"～之屬也。"又《宣公二年》:"賊民之主,不～。"《論語・學而》:"爲人謀而不～乎?"注意:上古"忠"字意義很廣,不限於忠君。這是階級社會産生的一種倫理觀念,後來被統治階級利用來專指忠君。

149.【信】

(一)言語真實,不虛僞。《老子》八十一章:"～言不美,美言不～。"《戰國策・楚策一》:"子以我爲不～。"《左傳・莊公十年》:"犧牲玉帛,弗敢加也,必以～。"(加:指虛報)引申爲對人的一種道德,指對人真誠,不虛僞。《論語・學而》:"與朋友交而不～乎?"又爲守信,實踐諾言。《左傳・宣公二年》:"棄君之命,不～。"

(二)相信,認爲可靠。《論語・公冶長》:"始吾於人也,聽其言而～其行。"《左傳・襄公三十一年》:"人謂子産不仁,吾不～也。"按:這個意義和現代漢語一樣。

(三)副詞。真的,的確。《左傳・襄公三十一年》:"蔑也今而後知吾子之～可事也。"《孟子・公孫丑上》:"～能行此五者,則鄰國之民仰之若父母矣。"

(四)使者,送信的人(後起義)。《世説新語・雅量》:"謝公與人圍棋,俄而謝玄淮上～至,看書竟,默然無言。"注意:不但上古的"信"字不當"書信"講,連中古的"信"字也不當"書信"講。"書信"的意義是從送信的人的意義再引申出來的。

(五)讀 shēn,通"伸"。《周易・繫辭下》:"尺蠖之屈,以求～也。"(尺蠖:蟲名。)又:"屈～相感。"

150.【諒】

（一）形容詞。誠實。《論語·季氏》：“友直，友~，友多聞。”引申爲固執（指道義方面）。《論語·憲問》：“豈若匹夫匹婦之爲~也？”

（二）動詞。相信別人的真實。《詩經·鄘風·柏舟》：“母也天只，不~人只！”引申爲原諒。又引申爲料想。漢樂府《戰城南》：“野死~不葬，腐肉安能去子逃？”

151.【正】

（一）不偏，跟“偏”相對；不斜，跟“斜”“邪”相對（邪就是斜）。《論語·鄉黨》：“席不~不坐。”引申爲正當，合適。《論語·子路》：“名不~則言不順。”又爲作風正派。《論語·憲問》：“齊桓公~而不譎。”（譎 jué：姦詐。）用如動詞時，表示使正。《論語·堯曰》：“君子~其衣冠。”

（二）主管人，長（zhǎng）。如古代樂官之長稱“樂~”。《儀禮·大射》：“樂~命大師曰。”後世有“村~”“里~”。

（三）副詞。恰好。《論語·述而》：“~唯弟子不能學也。”

（四）讀 zhēng。陰曆每年的第一個月叫“~月”。《左傳·隱公十年》：“十年春王~月，公會齊侯、鄭伯于中丘。”引申爲指曆法。《尚書·甘誓》：“怠棄三~。”（三正：指三種曆法。）杜預《春秋序》：“所用之麻（曆），即周~也。”[~朔]每年的第一個月爲“正”，每月的第一日叫“朔”，“~朔”連用指曆法。《史記·曆書》：“漢得土德，宜更元，改~朔，易服色。”後來“~朔”指帝王的年號，“奉……~朔”表示歸順某王朝。左思《魏都賦》：“思稟~朔，樂率貢職。”《後漢書·南蠻傳》：“前世所不至，~朔所未加。”

152.【邪】

(一)斜的。《詩經・小雅・采菽》:"~幅在下。"(邪幅:即現在所謂綁腿,因爲斜綁在腿上,所以叫邪幅。)

(二)不正直,邪曲。《孟子・梁惠王上》:"放辟~侈,無不爲已。"按:"邪"與"斜"自古同音,本是通用的字。後代逐漸有了分別:於第一義寫作"斜",第二義寫作"邪"。

(三)讀 yé。疑問語氣詞,略等於"與"(歟)。《戰國策・趙策三》:"寧力不勝、智不若~?"又寫作"耶"。《戰國策・齊策四》:"民亦無恙耶?"

153.【辟】

(一)讀 bì。法。《詩經・小雅・雨無正》:"~言不信。"(法度之言,而不聽信。)

(二)君,君主。《詩經・大雅・文王有聲》:"皇王維~。"又《棫樸》:"濟濟~王。"(濟濟:容貌美的樣子。)現代有雙音詞"復~"。

(三)徵召。《後漢書・黄憲傳》:"憲初舉孝廉,又~公府。"又《徐穉傳》:"屢~公府,不起。"又:"穉嘗爲太尉黄瓊所~。"

(四)讀 pì。刑,刑法。《尚書・吕刑》:"墨~疑,赦;其罰百鍰。"(墨:古代五刑之一,即臉上刺字。鍰 huán:古代度量單位,六兩爲鍰。)又:"劓~疑,赦;其罰惟倍。"(劓 yì:五刑之一。割去鼻子。)[大~]古代五刑之一。死刑。《尚書・吕刑》:"大~疑,赦;其罰千鍰。"《禮記・文王世子》:"其死罪,則曰某之罪在大~。"

(五)躲避。《左傳・隱公元年》:"姜氏欲之,焉~害?"又《成公二年》:"且~左右。"這個意義後來寫作"避"。

(六)開闢。《孟子・梁惠王上》:"欲~土地,朝秦楚。"又《離婁上》:"~草萊任土地者次之。"這個意義後來寫作"闢"。

（七）不正。《孟子・梁惠王上》:"放~邪侈。"這個意義後來作
"僻"。

（八）卑賤而得寵的。《論語・季氏》:"友便~,友善柔,友便
佞,損矣!"《戰國策・齊策四》:"王使人爲冠,不使左右便~。"（便
辟:善於迎合人意而得寵的小人。）這個意義後來寫作"嬖"。

154.【好】

（一）貌美。《戰國策・趙策三》:"鬼侯有子而~。"古樂府《陌
上桑》:"秦氏有~女。"《禮記・大學》:"如好~色。"

（二）美好,良好。跟"惡"(è)相對。《詩經・鄭風・緇衣》:
"緇衣之~兮。"《論語・子張》:"窺見室家之~。"

（三）讀 hào,去聲。友好,友愛。《詩經・小雅・斯干》:"兄及
弟矣,式相~矣。"《左傳・成公三年》:"兩釋纍囚以成其~。"

（四）也讀 hào,去聲。動詞。愛好,喜歡。跟"惡"(wù)相對。
《論語・公冶長》:"敏而~學。"

155.【惡】

（一）罪惡,不良的行爲。跟"善"相對。《左傳・宣公二年》:
"爲法受~。"《論語・顏淵》:"君子成人之美,不成人之~。"

（二）貌醜。跟"好"(hǎo)相對,又跟"美"相對。《戰國策・
趙策三》:"鬼侯有子而好,故入之於紂。紂以爲~。"《孟子・離婁
下》:"雖有~人,齊戒沐浴,則可以祀上帝。"引申爲不好。《論語・
里仁》:"士志於道,而恥~衣~食者,未足與議也。"又《鄉黨》:
"色~不食,臭~不食。"（臭:氣味。）

（三）讀 wù,去聲。動詞。討厭,不喜歡。跟"好"(hào)相對。
《左傳・隱公元年》:"故名曰寤生,遂~之。"《禮記・禮運》:"貨~

其棄於地也,不必藏於己;力~其不出於身也,不必爲己。"

(四)讀 wū,平聲。疑問代詞作狀語。哪裹。《戰國策·趙策三》:"先生又~能使秦王烹醢梁王?"[~乎]等於説"於何"。《論語·里仁》:"君子去仁,~乎成名?"《孟子·梁惠王上》:"天下~乎定?"

156.【恭】(共)

恭敬,有禮貌。《左傳·宣公二年》:"不忘~敬,民之主也。"《論語·顔淵》:"君子敬而無失,與人~而有禮。"

157.【敬】

(一)嚴肅。《左傳·宣公二年》:"不忘恭~。"《論語·子路》:"居處恭,執事~,與人忠。"

(二)動詞。尊敬,尊重。《論語·先進》:"門人不~子路。"

[辨]恭,敬。"恭"與"敬"是同義詞。分開來説,"恭"着重在外貌方面,"敬"着重在内心方面。"敬"的意義比"恭"的意義廣泛,往往指一種内心的修養,嚴肅對待自己。如《論語·公冶長》:"其行己也恭,其事上也敬。"又《顔淵》:"君子敬而無失,與人恭而有禮。"又《子路》:"居處恭,執事敬。"又《季氏》:"貌思恭,……事思敬。"這些例子都可以説明"恭"和"敬"在分用時是有區別的。

158.【慎】

小心。《論語·學而》:"敏於事而~於言。"特指警惕自己。《禮記·大學》:"故君子必~其獨也。"

159.【苟】

(一)苟且,不嚴肅。跟"敬"相對。《論語·子路》:"無所~而已矣。"《禮記·曲禮上》:"臨財毋~得,臨難毋~免。"今有成語"一絲不~"。

（二）如果。《戰國策·齊策四》：“～無歲，何以有民？～無民，何以有君？”《論語·顏淵》：“～子之不欲，雖賞之不竊。”賈誼《論積貯疏》：“～粟多而財有餘，何爲而不成？”

160.【顯】

動詞。放光明。形容詞。光明的。一般衹用於抽象意義。《詩經·大雅·大明》：“不～其光。”《孟子·滕文公下》：“書曰：‘丕～哉，文王謨！’”引申爲顯貴，在社會上層。《戰國策·齊策四》：“百乘，～使也。”《孟子·離婁下》：“而未嘗有～者來。”

161.【著】

（一）顯露。《禮記·中庸》：“誠則形，形則～，～則明。”又《大學》：“揜其不善而～其善。”成語有“見微知～”。現代有雙音詞“顯～”。

（二）寫下來。司馬遷《報任安書》：“僕誠已～此書。”《漢書·杜周傳》：“前王所是，～爲律。”這個意義又寫作“箸”。

（三）讀 zhuó，舊讀入聲。附著。《左傳·宣公四年》：“～於丁寧。”（丁寧：鉦，樂器名。古時行軍用以節止步伐。）這個意義又寫作“着”。引申爲多種意義。如“～意”表示用心。宋玉《九辯》：“惟～意而得之。”“～手”表示下手（後來表示開始做）。《晉書·杜預傳》：“兵威已振，譬如破竹，數節之後，皆迎刃而解，無復～手處也。”“～鞭”表示馬上加鞭（意指行動）。《晉書·劉琨傳》：“吾枕戈待旦，常恐祖生先吾～鞭。”（祖生：指祖逖。）“～花”表示開花。王維《雜詩》：“來日綺窗前，寒梅～花未？”等等。［土～］定居於一地，不是遊牧的。《史記·西南夷列傳》：“其俗或土～，或移徙。”《漢書·張騫傳》：“身毒國在大夏東南，可數千里，其俗土～。”後來指世代居住本地的人（“著”改讀 zhù）。

（四）讀 zhuó，舊讀入聲。穿〔衣〕。《南史・劉瓛傳》：“方下牀～衣立。”岑參《白雪歌》：“都護鐵衣冷難～。”又名詞。穿著。陶潛《桃花源記》：“男女衣～悉如外人。”

注意：（1）讀 zhuó 的“著”，近代俗寫作“着”，以別於讀 zhù 的“著”。現代“著”“着”分爲二字。（2）“附著”的“著”和“著衣”的“著”，舊讀不同音。前者讀直略切，濁音入聲；後者讀張略切，清音入聲。今吳粵等方言裏，此二義讀音不同。普通話則無別。

162.【相】

（一）仔細看，審察。《詩經・鄘風・相鼠》：“～鼠有皮。”《左傳・隱公十一年》：“～時而動。”引申爲辨察人的身體容色，以判斷他的命運。這是封建社會的迷信。《左傳・文公元年》：“内史叔服能～人。”《史記・淮陰侯列傳》：“～君之面，不過封侯，又危不安；～君之背，貴乃不可言。”

（二）助。《尚書・呂刑》：“今天～民。”《左傳・昭公四年》：“晉楚唯天所～。”特指扶助盲人。《論語・衞靈公》：“固～師之道也。”（師：指樂師，上古樂師一般以盲人充當。）又名詞。扶助盲人的人。《論語・季氏》：“危而不持，顛而不扶，則將焉用彼～矣？”引申爲扶助君主的人，略等於後代所謂宰相。《左傳・襄公四年》：“信而使之，以爲己～。”《孟子・公孫丑上》：“夫子加齊之卿～。”用作動詞時，表示作某國或某人的相。《莊子・秋水》：“惠子～梁。”

（三）贊禮者。《論語・先進》：“願爲小～焉。”以上（一）（二）（三）都讀去聲（xiàng）。

（四）互相。《左傳・隱公元年》：“不及黃泉，無～見也。”引申爲共同。《孟子・離婁下》：“而～泣於中庭。”又指單方面對另方面。《列子・湯問》：“雜然～許。”（相許：指贊成愚公的意見，等於説"贊成他"。)

163.【帥】

率領。《左傳・隱公元年》:"命子封~車二百乘以伐京。"引申爲率領軍隊的人,大將。《論語・子罕》:"三軍可奪~也,匹夫不可奪志也。"

164.【士】

(一)男子,特指未婚的男子。跟"女"相對。《詩經・召南・野有死麕》:"有女懷春,吉~誘之。"又《鄭風・溱洧》:"維~與女,伊其相謔。"

(二)武士,甲士。《左傳・襄公十年》:"諸侯之~門焉。"(門:攻打城門。)按:士與卒不同(卒是步卒)。

(三)統治階級的下層。上古把人分爲五個等級,即天子、諸侯、大夫、士、庶人。戰國時代,士又指勇士,壯士。《戰國策・魏策四》:"此三子,皆布衣之~也。"

(四)文士,讀書人。這是知識分子階層,和"武士"的"士"不同。儒家常常把士看作道德較高的人物。《論語・子路》:"行己有恥,使於四方,不辱君命,可謂~矣。"又《泰伯》:"~不可以不弘毅。"又《衛靈公》:"志~仁人,無求生以害仁,有殺身以成仁。"

(五)獄官,執法官。《孟子・盡心上》:"舜爲天子,皋陶爲~,瞽瞍殺人,則如之何?"(瞽瞍:舜的父親。)又《告子下》:"管夷吾舉於~。"(按:管仲囚於獄官,桓公舉以爲相。)在這個意義上,又稱爲"士師"。《論語・微子》:"柳下惠爲~師。"

165.【僕】

(一)奴隸的一個等級。《左傳・昭公七年》:"天有十日,人有十等,……故王臣公,公臣大夫,大夫臣士,士臣皂,皂臣輿,輿臣隸,隸臣僚,僚臣~,~臣臺。"(據此,士以上是各級奴隸主,皁以下爲各級奴隸。)奴隸的通稱。《詩經·小雅·正月》:"民之無辜,並其臣~。"又爲奴僕。《戰國策·趙策三》:"先生獨未見夫~乎?"後世指被僱來服役的人。《徐霞客遊記》:"時夫~俱阻險行後,余亦停弗上。"又爲對己的謙稱。司馬遷《報任安書》:"~非敢如此也。"白居易《與元九書》:"~既受足下書。"

（二)駕車的人。《詩經·小雅·正月》:"屢顧爾~。"《楚辭·離騷》:"~夫悲余馬懷兮。"引申爲駕車。《論語·子路》:"子適衛,冉有~。"(冉有:人名。)這個意義後代罕用。

166.【御】

（一)駕駛車馬。《論語·爲政》:"樊遲~。"《左傳·成公二年》:"邴夏~齊侯。"引申爲駕御其他東西。《莊子·逍遙遊》:"列子~風而行。"又名詞。御車的人。《左傳·成公十六年》:"其~屢顧。"

（二)形容詞。屬於天子的。《史記·平準書》:"出~府禁藏以贍之。"(禁藏 zàng:皇帝的錢財。贍 shàn:供給。)《洛陽伽藍記·法雲寺》:"寺在西陽門外三里~道南。"

（三)抵禦,抵抗。《詩經·邶風·谷風》:"亦以~冬。"這個意義後來寫作"禦"。

[辨]御,禦。二字一般不通用。"御"的第一、二兩義,不能寫作"禦"。至於"抵禦"的意義,後代一般衹寫作"禦",不寫作"御"。先秦古籍一般也都寫作"禦"。如《詩經·大雅·緜》:"予曰有禦侮。"《孟子·梁惠王上》:"誰能禦之?"《莊子·馬蹄》:"毛可以禦風寒。"

167.【右】

（一)右邊。《左傳·成公二年》:"射其左,越於車下;射其~,

驂於車中。"古人以右爲尊。《漢書・高帝紀》:"無能出其~者。"(没有人能勝過他。)引申表示尊尚。《淮南子・氾論》:"兼愛,尚賢,~鬼,非命,墨子之所立也。"[左~]指近臣。《孟子・梁惠王下》:"左~皆曰賢,未可也。"又指左右執事的人,實指其本人。司馬遷《報任安書》:"以曉左~。"

(二)陪乘的人,參乘(驂乘)。《左傳・宣公二年》:"其~提彌明知之。"

168.【盜】

偷。《左傳・文公十八年》:"~器爲姦。"《荀子・不苟》:"~名不如~貨。"(貨:財物。)又名詞。偷東西的人,小偷。《論語・顏淵》:"季康子患~。"又《陽貨》:"其猶穿窬之~也與?"(穿窬:穿壁踰牆。)《莊子・胠篋》:"將爲胠篋探囊發匱之~而爲守備。"

169.【賊】

(一)毀,害。《論語・先進》:"~夫人之子。"(害了人家的兒子。)又特指殺害。《左傳・宣公二年》:"使鉏麑~之。"又名詞,指敗壞者。《論語・陽貨》:"鄉原,德之~也。"引申爲凶狠,狠毒。《史記・游俠列傳》:"少時陰~。"

(二)違法亂紀,犯上作亂的人。《左傳・宣公二年》:"反不討~。"

[辨]盜,賊。用作動詞時,上古"盜"字祇指偷東西,"賊"字指毀害。用作名詞時,"盜"字一般指偷竊東西的人,而"賊"字指亂臣。"盜""賊"二字的上古意義,跟現代意義差不多正好相反。現在普通話所謂"賊"(偷東西的人)上古叫"盜";現在所謂"強盜"上古叫"賊"。《荀子・儒效》:"故人無師無法,而知(智)則爲盜,勇則爲賊。"可見盜是偷竊的,賊是搶劫的。當然,上古強盜也可以稱

"盜"，例如盜跖就是傳説中的強盜的首領；但偷東西的決不稱"賊"。

170.【國】

（一）國家。《孟子・梁惠王上》："寡人之於~也，盡心焉耳矣。"周代諸侯的領土叫國，西漢諸侯王的封邑也叫國。西漢的一國略等於一郡，所以常"郡國"連稱。

（二）國都，首都。《左傳・隱公元年》："先王之制，大都不過參~之一。"《戰國策・齊策四》："願君顧先王之宗廟，姑反~統萬人乎？"《孟子・離婁下》："徧~中無與立談者。"注意：先秦"國"字當首都講的，例子可以舉得很多。

［辨］邦，國。"邦"與"國"是同義詞。但"邦"字不當"首都"講。

171.【家】

（一）家，家庭。與現代的"家"字同義。指房子或指人。《論語・子張》："窺見室~之好。"《孟子・梁惠王上》："數口之~可以無飢矣。"

（二）大夫所統治的政治區域。跟"國"相對。《論語・季氏》："丘也聞有國有~者，不患寡而患不均，不患貧而患不安。"又《公冶長》："千室之邑，百乘之~，可使爲之宰也。""國家"二字連用是一個並列結構，指諸侯的國和大夫的家。《孟子・滕文公上》："惡能治國~？"

172.【社】

土地之主，土神。又名"后土"。古人封土爲社，各栽種其土所宜種之樹。因此，"社"又指祭祀土神的地方。《左傳・昭公十七年》："伐鼓於~。"（伐鼓：打鼓。）

173.【稷】

（一）穀名，跟黍相似，但不黏。《詩經‧王風‧黍離》：“彼~之穗。”

（二）穀神。［社~］土神與穀神。古代用作國家的象徵。《論語‧季氏》：“是社~之臣也。”《禮記‧檀弓下》：“能執干戈以衛社~。”

174.【仁】

中國古代哲學，特別是儒家哲學，理想中的一種道德標準。它是指人與人相處的道理，是有具體的階級内容的。《論語‧述而》：“若聖與~，則吾豈敢？”又《憲問》：“桓公殺公子糾，召忽死之，管仲不死。曰：未~乎？”

175.【義】

（一）合理的事，應該做的事。跟仁一樣，這是封建的倫理道德之一。《論語‧述而》：“聞~不能徙，不善不能改，是吾憂也。”引申爲道理。《孟子‧梁惠王上》：“申之以孝悌之~。”白居易《與元九書》：“皆所以陳古今詩歌之~。”又形容詞。行爲合理的。《左傳‧隱公元年》：“不~不暱，厚將崩。”

（二）意義，意思。《論衡‧自紀》：“察文以~可曉。”《世説新語‧文學》：“立異~于衆賢之外。”

176.【道】

（一）路，道路。《戰國策‧齊策四》：“民扶老携幼，迎君~中。”《論語‧雍也》：“中~而廢。”又《泰伯》：“任重而~遠。”引申爲途徑（抽象的意義）。《孟子‧梁惠王下》：“交鄰國有~乎？”

（二）達到某種道德標準或思想標準的途徑。《論語‧里仁》：“朝聞~，夕死可矣。”引申爲正當的手段。《論語‧里仁》：“不以其~得之,不處也。"又爲封建社會所認爲好的政治措施和政治局面。《論語・衛靈公》:"邦有~則仕,邦無~則卷而懷之。"

(三)思想,學説。《論語・里仁》:"吾~一以貫之。"又《雍也》:"非不説子之~。"引申爲方法,技巧。《論語・子張》:"雖小~,必有可觀者焉。"又爲道理,規律。《莊子・養生主》:"臣之所好者~也。"

(四)述説。《論語・憲問》:"夫子自~也。"又《季氏》:"樂~人之善。"《孟子・梁惠王上》:"仲尼之徒,無~桓文之事者。"

(五)引導。後來寫作"導"。《左傳・襄公三十一年》:"小決使~。"《論語・子張》:"~之斯行。"又《爲政》:"~之以政。"

按:舊時於(一)(二)(三)義,即用作名詞時,讀上聲;於(四)(五)義,即用作動詞時,讀去聲。

[辨]道,路。就道路的意義説,二者是同義詞。但用於抽象意義時,"路"較簡單,"道"的許多引申義都是"路"所没有的。如"思想""學説""方法""技巧""道理""規律"等。就是"途徑"這個意義,一般也多用"道",不用"路"。

177.【德】

(一)道德,修養。《論語・子罕》:"吾未見好~如好色者也。"又《述而》:"~之不脩,學之不講。"按:儒家所謂"德",往往指心中能辨別是非善惡。引申爲作風,品行。《論語・顏淵》:"君子之~風,小人之~草。"按:"德"指品行時,不限於好的方面。《尚書・盤庚下》有"凶~",《僞古文尚書・泰誓》有"穢~"。今雙音詞有"私~"。又特指好的品質。《荀子・勸學》:"積善成~。"

(二)恩惠,德澤。《左傳・成公三年》:"無怨無~,不知所報。"《孟子・公孫丑上》:"且以文王之~,百年而後崩,猶未洽於天下。"

《史記·項羽本紀》:"吾爲若~。""德"又引申爲動詞,表示感激。《左傳·成公三年》:"然則~我乎?"

178.【文】

(一)彩色交錯爲文。《孟子·告子上》:"令聞廣譽施於身,所以不願人之~繡也。"引申爲華麗有文采,跟"質"相對。《論語·顏淵》:"君子質而已矣,何以~爲?"[~章]在繪畫和刺繡上,青與赤相交錯爲文,赤與白相交錯爲章。"文章"最初也是指"文繡""文采"。《荀子·禮論》:"雕琢刻鏤黼黻~章,所以養目也。"(黼 fǔ:禮服上繡的黑白交錯的花紋。黻 fú:禮服上繡的青黑相交的花紋。)引申爲文辭。《文心雕龍·情采》:"聖賢書辭,總稱~章,非采而何?"

(二)文獻。《論語·學而》:"行有餘力,則以學~。"又《子罕》:"文王既没,~不在兹乎!"蕭統《文選序》:"世質民淳,斯~未作。"[~學]指文獻和經典。《論語·先進》:"~學:子游,子夏。"《韓非子·五蠹》:"而諸先生以~學取。"注意:古代所謂"文學"和今天所謂"文學"不同。

(三)獨體的漢字叫"文",如"日""月""牛""馬"等。引申爲文字。《孟子·萬章上》:"故説詩者不以~害辭。"(辭:指句子。不要因爲一個字而損害了全句的意義。)

(四)文章。蕭統《文選序》:"騷人之~,自兹而作。"

(五)文化教育。跟"武"相對。《論語·季氏》:"遠人不服,則脩~德以來之。"

(六)舊讀 wèn。動詞。裝飾,增添文采。《論語·憲問》:"~之以禮樂。"引申爲掩飾。《論語·子張》:"小人之過也,必~。"蘇軾《答謝民師書》:"揚雄好爲艱深之辭,以~淺易之説。"成語有"~

過飾非"。

179.【質】

(一)讀 zhì。抵押。《戰國策·趙策四》:"必以長安君爲~,兵乃出。"又《燕策三》:"燕太子丹~于秦。"

(二)本質,本體,本性。《荀子·勸學》:"其~非不美也。"《文心雕龍·情采》:"夫水性虛而漣漪結,木~實而花萼振。"

(三)樸實,樸素。跟"文"相對。《論語·雍也》:"文~彬彬,然後君子。"蕭統《文選序》:"世~民淳。"

(四)正,正直。《論語·顏淵》:"~直而好義。"用作動詞時,表示向別人求正,以定是非。《禮記·中庸》:"~諸鬼神而無疑。"又《曲禮上》:"疑事無~。"引申爲詢問,責問。今有雙音詞"~問"。[~明]正明,天大亮。《儀禮·既夕禮》:"~明滅燭。"《禮記·昏義》:"~明贊見婦於舅姑。"(贊:唱名,稱名。)方苞《獄中雜記》:"~明啟鑰。"

(五)砧板。[鈇~][斧~]斬人的刑具。《史記·廉頗藺相如列傳》:"君不如肉袒伏斧~請罪。"這個意義又寫作"鑕"。

按:(二)(三)(四)舊讀入聲,(一)(五)舊讀去聲。今普通話無別。

180.【色】

(一)臉上的氣色,表情。《孟子·梁惠王上》:"民有飢~。"又:"舉欣欣然有喜~。"《楚辭·漁父》:"顏~憔悴。"《戰國策·楚策四》:"顏~變作。"又《趙策四》:"太后之~少解。"

(二)女色。在封建社會裏,統治階級以婦女爲玩物,所以稱婦女的容貌爲"色"。《論語·季氏》:"少之時,血氣未定,戒之在~。"《禮記·大學》:"如好好~。"

(三)色彩。《老子》十二章:"五~令人目盲。"

[辨]顏,色。顏指額,色指臉上的表情,二字有密切關係,所以常常連用。但是,"色"字在上古可以當"色彩"講,"顏"字不能當"色彩"講。女色也不能稱爲"顏"。

181.【臭】

(一)讀 xiù。氣味。《周易·繫辭上》:"其~如蘭。"《禮記·大學》:"如惡(wù)惡~。"引申爲壞的氣味,"香"的反面。讀chòu。《墨子·尚賢下》:"腐~餘財。"又爲發臭。《尚書·盤庚中》:"今予命汝一,無起穢以自~。"(汝:你們。一:專一。)按:本來作氣味講的"臭"也讀 chòu,後來纔讀 xiù,以別於香臭的"臭"。

(二)讀 xiù。動詞,聞〔氣味〕。《荀子·禮論》:"三~之,不食也。"這個意義後代寫作"嗅"或"齅"。

182.【先】

(一)動詞。先行,先做某事。《左傳·宣公二年》:"會請~。"《論語·顏淵》:"於斯三者何~?"又《子路》:"衛君待子而爲政,子將奚~?"《禮記·檀弓上》:"昔者夫子失魯司寇,將之荆,蓋~之以子夏,又申之以冉有。"

(二)形容詞,副詞。時間在前的。次序在前的。跟"後"相對。《戰國策·齊策四》:"馮諼~驅。"引申爲去世的〔上代或長輩〕。《戰國策·齊策四》:"願君顧~王之宗廟。"司馬遷《報任安書》:"太上不辱~。"[~生](1)年長的人。此義後代罕用。(2)有道德學問的。用來作對人的尊稱。《戰國策·趙策三》:"東國有魯連~生,其人在此。"

183.【前】

(一)動詞。向前,前進。《戰國策·趙策三》:"酒酣,起,~,以千金爲魯連壽。”又《齊策四》：“齊宣王見顔斶，曰：‘斶~！’”《史記·魏其武安侯列傳》：“及至壁門，莫敢~。”成語有“勇往直~”“畏縮不~”。

（二）臉所向的一面。跟“後”相對。《孟子·梁惠王上》：“便嬖不足使令於~與？”引申爲發生在前的，次序在前的。《孟子·梁惠王下》：“而孟子之後喪踰~喪。”《戰國策·趙策一》：“~事之不忘，後事之師。”《史記·項羽本紀》：“~時某喪，使公主某事。”

184.【後】

（一）動詞。走在後面，落後。《論語·微子》：“子路從而~。”又《先進》：“三子者出，曾晳~。”

（二）位置在後的。跟“前”相對。《論語·子罕》：“瞻之在前，忽焉在~。”《史記·淮陰侯列傳》：“其勢糧食必在其後。”又爲時間在後的，次序在後的。跟“先”相對，又跟“前”相對。《戰國策·齊策一》：“昔年之~。”《史記·廉頗藺相如列傳》：“括前~所亡凡四十五萬。”又：“以先國家之急而~私讎也。”注意：除個別古書外，“後”字都不寫作“后”。

按：“先”“前”“後”三字都能作動詞，這是和現代漢語大不一樣的地方。

185.【內】

（一）內，內室。《詩經·唐風·山有樞》：“子有廷~，弗洒弗埽。”（廷：中廷。）又《大雅·抑》：“洒埽廷~。”《漢書·晁錯傳》：“家有一堂二~。”引申爲裏邊。《論語·顔淵》：“四海之~，皆兄弟也。”又爲內心。《論語·里仁》：“見不賢而~自省也。”又：“~省不疚，夫何憂何懼？”引申爲內部，特指國家內部或家庭內部。《戰國策·趙策三》：“今又~圍邯鄲而不去。”《孟子·梁惠王下》：“~無怨女。"(怨女:到了結婚年齡而未結婚的女子。)

(二)指妻妾。《左傳·僖公十七年》:"齊侯好~,多內寵。"[~人](1)妻妾。《禮記·檀弓下》:"〔文伯之喪〕~人皆行哭失聲。"(2)後代謙稱自己的妻子。[~子]卿大夫的嫡妻。《左傳·僖公二十四年》:"以叔隗爲~子,而己下之。"後代謙稱自己的妻子。

(三)通"納"。《孟子·萬章上》:"若己推而~之溝中。"

186.【外】

外面。跟"內"相對。《戰國策·楚策四》:"填黽塞之內,而投己乎黽塞之~。"引申爲外部,特指國家的外部或家庭的外部。《戰國策·趙策三》:"百萬之衆折於~。"《孟子·梁惠王下》:"~無曠夫。"(曠夫:到了結婚年齡而未結婚的男子。)

187.【間】

(一)讀 jiàn。夾縫,間隙。《莊子·養生主》:"彼節者有~,而刀刃者無厚。"《史記·管晏列傳》:"晏子爲齊相,出,其御之妻從門~而闚其夫。"(闚:同"窺"。)引申爲置身其中。《左傳·莊公十年》:"肉食者謀之,又何~焉?"又爲間隔,間斷。《戰國策·齊策一》:"時時而~進。"又爲抄近路,抄小路。《史記·項羽本紀》:"從酈山下道芷陽~行。"又《廉頗藺相如列傳》:"故令人持璧歸,~至趙矣。"這個意義後來寫作"間"。

(二)讀 jiàn。離間,挑撥。《史記·廉頗藺相如列傳》:"秦之~言曰。"又:"趙王信秦之~。"蘇軾《范增論》:"漢用陳平計,~疏楚君臣。"這個意義後來也寫作"間"。

(三)讀 jiàn。副詞。偷偷地,暗暗地。《戰國策·趙策三》:"魏王使客將軍辛垣衍~入邯鄲。"《史記·陳涉世家》:"又~令吳廣之次所旁叢祠中。"這個意義後來也寫作"間"。

（四）讀 jiān。中間。《論語・先進》：“攝乎大國之～。”《孟子・離婁下》：“其～不能以寸。”這個意義後來也寫作“間”。

（五）讀 xián。閑着，無事可做。《孟子・公孫丑上》：“今國家～暇。”這個意義後來有人寫作“閑”。但不能作“間”。

[辨]閒，間，閑。上古本來無“間”字，後代凡作“間”的，上古都作“閒”（有些古籍經後人改過，也有刻寫訛錯。如《史記》的“閒”，有的版本作“間”）。後代於“閒暇”的“閒”仍作“閒”，於“閒隙”的“閒”改作“間”，以示區別。依《説文》，“閒”的本義是“門隙”，“閑”的本義是“柵欄”，所以二者的引申義大不相同。在一般情況下，“閒”和“閑”是不相通的；衹在“閒暇”的意義上，偶可作“閑”。

古漢語通論

（七）判斷句，也字

判斷句是以名詞或名詞性的詞組爲謂語，表示判斷的。在現代漢語裏，判斷句的主語和謂語之間一般要用繫詞（判斷詞）“是”字來聯繫，例如“我是中國人”。但是在秦漢以前，判斷句一般不用繫詞，而是在謂語後面用語氣詞“也”字來幫助判斷。例如：

　　制，巖邑也。（左傳・隱公元年）

　　虢，虞之表也。（左傳・僖公五年）

　　董狐，古之良史也。（左傳・宣公二年）

　　而母，婢也。（戰國策・趙策三）

　　都城過百雉，國之害也。（左傳・隱公元年）

有時候在主語後面用語氣詞“者”字表示提頓，然後再在謂語後面用語氣詞“也”字。例如：

彼秦者,棄禮義而尚首功之國也。(戰國策・趙策三)

彼吾君者,天子也。(同上)

南冥者,天池也。(莊子・逍遙遊)

臣之所好者,道也。(莊子・養生主)

這種用"也"字煞句和用"者""也"照應的句子,是古代漢語判斷句的典型結構。

在先秦時代,有些"是"字容易被人誤解爲繫詞,實際上是指示代詞作判斷句的主語或謂語。例如:

是吾師也。(左傳・襄公三十一年)

是社稷之臣也。(論語・季氏)

在這兩個例子裏,"是"字用作主語,"吾師""社稷之臣"是謂語。

若士必怒,伏屍二人,流血五步,天下縞素,今日是也。(戰國策・魏策四)

(今天就是這樣。)

取之而燕民悅,則取之。古之人有行之者,武王是也。(孟子・梁惠王下)

湯之問棘也是已①。(莊子・逍遙遊)

在這三個例子裏,"是"字用作謂語,"今日""武王""湯之問棘"是主語。

在判斷句中,人們所判斷的不限於人或物,有時候是一件事情,這件事情在前面敘述過了,然後用指示代詞"是"字或"此"字複指,使意義更爲明確。例如:

吾不能早用子,今急而求子,是寡人之過也。(左傳・僖公三十年)

---

① "是已"略等於"是也","已"字也是語氣詞。

知之爲知之，不知爲不知，是知也。（論語・爲政）

虎兕出於柙，龜玉毀於櫝中，是誰之過與？（論語・季氏）

我騰躍而上，不過數仞而下，翱翔蓬蒿之間，此亦飛之至也。（莊子・逍遥遊）

在第一個例句裏，"是"字複指"吾不能早用子，今急而求子"這件事情，其餘由此類推。

但是，在古代漢語裏，這種用來複指的指示代詞往往不用。這樣，好像不是判斷句，其實仍是判斷句。例如：

君惠徼福於敝邑之社稷，辱收寡君，（是）寡君之願也。（左傳・僖公四年）

許君焦瑕，朝濟而夕設版焉，（是）君之所知也。（左傳・僖公三十年）

執事不以釁鼓，使歸即戮，（是）君之惠也。（左傳・成公三年）

在第一個例子裏，"君惠徼福於敝邑之社稷，辱收寡君"是主語，"寡君之願也"是謂語，其餘由此類推。

有些判斷句由於主語所指的人或事物已經在上文出現，所以省略主語，這種情況一般出現在對話裏。例如：

對曰："翳桑之餓人也。"（左傳・宣公二年）

子曰："隱者也。"（論語・微子）

子曰："非吾徒也①。"（論語・先進）

古代漢語判斷句的謂語前面常用副詞"乃"字來加強肯定，用副詞"非"字來表示否定。先看用"乃"字的判斷句：

吾乃梁人也。（戰國策・趙策三）

是乃仁術也。（孟子・梁惠王上）

---

① "非"字是否定副詞，下文就要談到。

孟嘗君怪之,曰:"此誰也?"左右曰:"乃歌夫'長鋏歸來'者也。"(戰國策·齊策四)

從上面這些例句裏,我們不難看出,判斷句用"乃"字,肯定的意味強,而且往往帶有辯白或申明的口氣。"吾乃梁人也",這意味着"吾非燕人""吾非趙人"等等。這種用法的"乃"字相當於現代漢語的"便(是)""就(是)",因此在現代漢語的書面語言裏,"乃"字還可以加在"是"字的前面,説成"乃是"。

再看用"非"字的判斷句:

是非君子之言也。(禮記·檀弓上)

此庸夫之怒也,非士之怒也。(戰國策·魏策四)

管仲非仁者與?(論語·憲問)

這種用法的"非"字雖然可以譯成現代漢語的"不是",但是,嚴格地説,它的語法作用是作爲一個否定副詞來否定謂語的,它不是否定性的繫詞,不是"不"和"是"的結合體。

在討論古代漢語判斷句的時候,有一個"爲"字值得提出來説一説:

吾乃今日而知先生爲天下之士也!(戰國策·趙策三)

知之爲知之,不知爲不知,是知也。(論語·爲政)

長沮曰:"夫執輿者爲誰?"子路曰:"爲孔丘。"(論語·微子)

四體不勤,五穀不分,孰爲夫子?(同上)

這類句子裏的"爲"字,很像現代漢語的繫詞"是"。其實古代漢語的"爲"字是一個涵義非常廣泛的動詞①,在上面這些例句裏,雖然可以用現代的"是"字來對譯,但不必認爲就是上古的真正的繫詞。在上古漢語裏,用"爲"字的判斷句非常罕見,而且限於一定的場

———————————

① 關於"爲"字,古漢語通論(八)裏還要討論。

合。就以上面所舉的例句而論,例一"先生爲天下之士"不是獨立的句子,而是全句謂語動詞"知"的賓語。例二"爲"字的前後兩項,字面相同。例三"爲"字後面是疑問代詞,這句話在上古更常見的說法是:"夫執輿者誰也?"不用"爲"字。《戰國策·齊策四》:"孟嘗君怪之,曰:此誰也?"《孟子·離婁下》:"追我者誰也?"可以爲證。"夫執輿者爲誰""爲孔丘",其實都是以敘述句的形式代替了判斷①。例四"爲"字的動詞意義更爲明顯。總的說來,上古用"也"字煞句的判斷句一般不能用"爲"字,所以像"制,巖邑也"不能説成"制爲巖邑也",這是值得注意的。

　　判斷句是表示判斷的,但是在語言實踐中,我們會遇到某些判斷句,它們的主語和謂語的關係,不能按照形式邏輯的要求來加以分析。這在現代漢語是如此,在古代漢語也是如此。例如《戰國策·齊策四》:"馮諼先驅,誡孟嘗君曰:千金,重幣也;百乘,顯使也。齊其聞之矣。"千金和重幣可以構成判斷,但是百乘指的是車馬,顯使指的是人臣,照形式邏輯講,就很難構成判斷,可是這句話的意思還是可以了解的。又如《左傳·莊公十年》:"夫戰,勇氣也。一鼓作氣,再而衰,三而竭。"戰,不能説等於勇氣,人們祇能説作戰是靠勇氣的,或者説,勇氣是打勝仗的條件之一,等等。但是,照字面講,這句話又祇能解作"打仗就是勇氣"。對於這種內容壓縮了的判斷句,我們不應該以詞害義。

　　判斷句有一種最常見的活用法,就是採用判斷句的形式來解釋原因。例如:

　　　　孟嘗君爲相數十年,無纖介之禍者,馮諼之計也。(戰國策·齊策四)

---

① 當然,從句子的語氣説,"夫執輿者爲誰"是疑問句。

桓公九合諸侯,不以兵車,管仲之力也。(論語·憲問)

良庖歲更刀,割也;族庖月更刀,折也。(莊子·養生主)

在現代漢語裏,"是"字也可以用來解釋原因。由此可見解釋原因和判斷在性質上是相近的;又可以證明語言既有發展又有繼承的道理。

現在講到"也"字。

從"也"字的位置看,有兩種"也"字:1.煞句的"也"字;2.句中的"也"字。現在分別加以敘述。

1.煞句的"也"字

煞句的"也"字一般用於判斷句的句尾來幫助判斷,這是"也"字的基本用法。這一點,上文已經説過。現在要講的是由這種基本用法引申出來的用法:

第一,"也"字常用在因果句的句尾。例如:

媪之送燕后也,持其踵爲之泣,念悲其遠也。(戰國策·趙策四)

置杯焉則膠,水淺而舟大也。(莊子·逍遥遊)

古之人與民偕樂,故能樂也。(孟子·梁惠王上)

前兩個例子是由果溯因,説明真相;最後一個例子是由因及果,進行推理:都用"也"字煞句。

第二,説話人對所説的事情的真實性表示深信不疑,也用"也"字煞句。例如:

蔓難圖也。(左傳·隱公元年)

若潛師以來,國可得也。(左傳·僖公三十二年)

吾見師之出,而不見其入也。(同上)

客無好也。(戰國策·齊策四)

今君有一窟,未得高枕而臥也。(同上)

　　　　三軍可奪帥也，匹夫不可奪志也。（論語・子罕）
由於説明因果關係和確認事情的真實性都帶有論斷的性質，所以
用"也"字煞句是很自然的。

　　此外，古代漢語表示命令的句子也往往用"也"字煞句。例如：

　　　　不及黄泉，無相見也。（左傳・隱公元年）

　　　　以吾一日長乎爾，毋吾以也。（論語・先進）
其實"也"字的這種用法，和前面所講的用法仍然是相通的。

　　有一種情況值得注意：如果句中有疑問代詞或疑問副詞，"也"
字似乎也帶了疑問語氣。例如：

　　　　孟嘗君怪之，曰："此誰也？"（戰國策・齊策四）

　　　　責畢收乎？來何疾也？（同上）

　　　　曷爲久居此圍城之中而不去也？（戰國策・趙策三）

　　　　豈若匹夫匹婦之爲諒也？（論語・憲問）

　　　　如之何其拒人也？（論語・子張）
有人認爲這種"也"字的作用和"邪"（耶）字相同，那是不對的。
"也"字和"邪"（耶）字區別在於：（1）"也"字本身不表示疑問，
"邪"（耶）字本身表示疑問。例如《莊子・齊物論》："子知子之所
不知邪？"就不能換用"也"字，一換"也"字就不是疑問句了。（2）
"也"字雖然用在疑問句裏，但仍然帶有一點確定語氣，所以"也"字
後面容許再用疑問語氣詞。例如《論語・先進》："唯求則非邦也
與？"又如《莊子・齊物論》："我果是也，而果非也邪？"

2.句中的"也"字

　　"也"字有時用在單句或複句中作語氣詞，表示頓宕。

　　有的"也"字用在單句中的主語（其中有的是主謂結構作主語）
之後。例如：

　　午也可。(左傳·襄公三年)

　　師也過,商也不及。(論語·先進)

　　求也爲之,比及三年,可使足民。(同上)

　　今由與求也相夫子。(論語·季氏)

　　鳥之將死,其鳴也哀。(論語·泰伯)

　　且夫水之積也不厚,則其負大舟也無力。(莊子·逍遙遊)

前四例"也"字是用在一般主語之後,後二例"也"字是用在主謂結構所充任的主語之後。後面兩個句子如果譯成現代漢語,似乎可以把"也"字譯爲現代的"得"字,例如"水之積也不厚",可譯爲"水積得不多"。但是,這衹是詞序上的偶合,事實上"得"並不相當於"也",因爲這兩句話古今的語法結構是不大相同的。下面古漢語通論(十三)討論"之"字時還要討論這種句子(參看本書第二册458頁—460頁)。

　　有的"也"字不是用在單句主語之後,而是用在時間副詞(或詞組)之後。例如:

　　今也則亡。(論語·雍也)

　　今也,南蠻鴃舌之人,非先王之道。(孟子·滕文公上)

　　當是時也,禹八年於外,三過其門而不入。(同上)

　　有的"也"字是用在複句中的第一個分句之後,這個分句往往是表示時間修飾的分句。例如:

　　臣之壯也,猶不如人;今老矣,無能爲也已。(左傳·僖公三十年)

　　媪之送燕后也,持其踵爲之泣,念悲其遠也。(戰國策·趙策四)

大道之行也，天下爲公。（禮記・禮運）

且而與其從辟人之士也，豈若從辟世之士哉？（論語・微子）
前面三個例子就是表示時間修飾的分句。

（八）敘述句，矣字，焉字

敘述句是以動詞爲謂語、敘述人或事物的行動變化的。在古代漢語裏，敘述句的結構一般和現代漢語沒有什麼不同。例如：

冬，晉文公卒。（左傳・僖公三十二年）

晉侯秦伯圍鄭。（左傳・僖公三十年）

初，鄭武公娶於申。（左傳・隱公元年）

齊侯以諸侯之師侵蔡。（左傳・僖公四年）

公賜之食。（左傳・隱公元年）

鄭人使我掌其北門之管。（左傳・僖公三十二年）

馬逸不能止。（左傳・成公二年）

虎求百獸而食之。（戰國策・楚策一）

在上面所舉的這些例句裏，“公賜之食”是雙賓語句。“賜食”是一個動賓詞組，“食”（食物）是直接賓語；“之”指潁考叔，是“賜食”的對象，是間接賓語。類似的例子如：

公語之故，且告之悔。（左傳・隱公元年）

多予之重器。（戰國策・趙策四）

一般説來，動詞如果是“賜”“予”“遺”“語”“告”等字，大致總有兩個賓語：一個是指物的直接賓語，一個是指人的間接賓語。間接賓語放在動詞和直接賓語之間。這種句法古今是相同的。

但是上古漢語能帶有雙賓語的並不限於上述這一類動詞，一般的及物動詞也可以帶有雙賓語。例如：

欲見賢人而不以其道,猶欲其入而閉之門也。(孟子·萬章下)

紾兄之臂而奪之食,則得食;不紾,則不得食;則將紾之乎?
(孟子·告子下)

(紾 zhěn,扭轉。)

天生民而立之君。(左傳·襄公十四年)

"閉門"是一個動賓詞組,"門"是直接賓語;"之"指賢人,是"閉門"
的對象,是間接賓語。其餘由此類推。

在一般的及物動詞中,最值得注意的是動詞"爲"(wéi)字。
這個詞在古代的涵義非常廣泛,但是在具體的上下文中,它的涵義
比較具體。隨着應用的場合不同,我們可以把它理解爲"作""做"
"造""治""處理""安排"等等。古書上有許多句子是用"爲"字作
動詞而後面帶有雙賓語的。例如:

不如早爲之所。(左傳·隱公元年)

且君嘗爲晉君賜矣。(左傳·僖公三十年)

而爲之簞食與肉,寘諸橐以與之。(左傳·宣公二年)

重爲之禮而歸之。(左傳·成公三年)

吾不忍爲之民也。(戰國策·趙策三)

君子疾夫舍曰欲之而必爲之辭。(論語·季氏)

對於上面這類例句,最容易發生兩種誤解:或以爲第一第二兩個例
子裏的"爲"字是介詞(讀 wèi);或以爲第五個例子裏的"爲之民"
等於說"爲其民"。這都是不對的。試就第三個例子來分析:"爲簞
食與肉"是一個動賓詞組,"簞食"與"肉"是動詞"爲"的直接賓語;
"之"指靈輒,是間接賓語。其餘由此類推。

我們還要注意賓語的位置。在一般情況下,賓語是放在動詞
的後面的;但是,有時候爲了強調賓語,可以把賓語提前,在賓語後

面用"是"字、"實"字或"之"字複指。例如：

　　豈不穀是爲？先君之好是繼。（左傳·僖公四年）

　　將虢是滅，何愛於虞？（左傳·僖公五年）

　　鬼神非人實親，惟德是依。（同上）

　　姜氏何厭之有？（左傳·隱公元年）

　　商書曰"無偏無黨，王道蕩蕩"，其祁奚之謂矣。（左傳·襄

公三年）

有時候還在提前的賓語的前面用"惟"（唯）字，構成"惟（唯）……
是……""惟（唯）……之……"的説法。例如：

　　故周書曰："皇天無親，惟德是輔。"（左傳·僖公五年）

　　率師以來，唯敵是求。（左傳·宣公十二年）

　　父母唯其疾之憂。（論語·爲政）

　　不務張其義，齊其信，唯利之求。（荀子·王霸）

現代還説"唯你是問""唯利是圖"，就是這種語法的殘留。

　　有一點須要注意：如果被提前的賓語是代詞，一般就祇用"之"
字複指。例如：

　　"我之懷矣，自詒伊慼"，其我之謂矣！（左傳·宣公二年）

　　詩曰"孝子不匱，永錫爾類"，其是之謂乎！（左傳·隱公元年）

　　太甲曰："天作孽，猶可違，自作孽，不可活"，此之謂也。（孟

子·公孫丑上）

　　魯頌曰："戎狄是膺，荆舒是懲。"周公方且膺之，子是之學，

亦爲不善變矣。（孟子·滕文公上）

由此可見，用代詞"是"字或"之"字複指提前的賓語，是古代漢語變
更動賓詞序的一種語法手段；即使被提前的賓語本身是代詞，也並
不排斥這種語法手段。但是，現代漢語没有這種句法了，因此這類

句子譯成現代漢語時是無需把這種"是"字或"之"字直譯出來的。

下面討論上古漢語表示行爲數量的句法。

在上古漢語裏，表示行爲數量的句法，一般是把數詞直接放在動詞的前面，而不用表示動量的量詞。例如：

三進及溜，而後視之。（左傳・宣公二年）

桓公九合諸侯，不以兵車，管仲之力也。（論語・憲問）

禹八年於外，三過其門而不入。（孟子・滕文公上）

騏驥一躍，不能十步；駑馬十駕，功在不舍。（荀子・勸學）

現代漢語動量的表示法，一般是把表示動量的數量詞放在動詞的後面，比如"九合"，現代漢語則説"會合九次"（"九"在這裏衹表示多次，不是實數），不但用了動量詞，而且詞序也變動了。

從句子成分看，古代漢語放在動詞前面表示動量的數詞，是作爲狀語來修飾動詞的。假如説話人要強調某一行爲的數量，可以改變句法：把數詞從動詞前面移到句尾，並在這個數詞的前面用"者"字，讓它同前面的詞語隔開，這樣，"者"字前面的詞語就充當了全句的主語，移到句尾的數詞就上昇爲全句的謂語。例如：

於是平原君欲封魯仲連，魯仲連辭讓者三，終不肯受。（戰國策・趙策三）

范增數目項王，舉所佩玉玦以示之者三。（史記・項羽本紀）

表示動量的數詞從動詞前面的狀語的位置上昇到全句的謂語的位置，自然就顯得突出而重要了。和現代漢語比較，"魯仲連辭讓者三""舉所佩玉玦以示之者三"雖然可以譯作"魯仲連辭讓了多次""把佩帶的玉玦舉起多次來向他示意"，但是語法結構是大不相同的。

以上所討論的敘述句，它們的主語都是謂語動詞所表示的行爲的主動者。但是，和現代漢語一樣，古代漢語敘述句的主語也可以是謂語動詞所表示的行爲的被動者。例如：

> 蔓草猶不可除，況君之寵弟乎？（左傳·隱公元年）
>
> 君能補過，衮不廢矣。（左傳·宣公二年）
>
> 諫行言聽。（孟子·離婁下）

就謂語動詞來説，"蔓草"是被"除"的，"衮"是被"廢"的，等等。但是，這衹能説是意念上的被動，還不是上古漢語眞正表示被動的句法。

在先秦時代，眞正的被動句所佔的比重很小。當説話人有必要運用被動句時，一般在動詞後面用"於"字以引進行爲的主動者。例如：

> 郤克傷於矢，流血及屨。（左傳·成公二年）
>
> 東敗於齊，長子死焉；西喪地於秦七百里；南辱於楚。（孟子·梁惠王上）

這裏要注意的是：不是介詞"於"字本身能表示被動，而是動詞用於被動的意義；但是，由於用"於"字引進了行爲的主動者，被動的意義就更加明顯了。還要注意古代這種用"於"字的被動句的詞序和現代漢語不同：在現代漢語裏，表示被動的介賓詞組放在動詞前面（大樹被風吹倒了）；在上古漢語裏，引進行爲主動者的"於"字介賓詞組放在動詞後面（"東敗於齊"）。

有時候用"爲"（wéi）字表示被動：

> 父母宗族，皆爲戮没。（戰國策·燕策三）
>
> 卒爲天下笑。（戰國策·趙策三）
>
> 不爲酒困。（論語·子罕）

後來又有"爲……所"式：

> 嬴聞如姬父爲人所殺。（史記·魏公子列傳）
>
> 先即制人，後則爲人所制。（史記·項羽本紀）
>
> 征和二年，衞太子爲江充所敗。（漢書·霍光傳）

這種結構形式在秦漢以後的古書中最爲常見，並且一直沿用到現代漢語的書面語裏。

表示被動的，除"爲"字外，還有"見"字和"被"字。例如：

盆成括見殺。（孟子·盡心下）

吾長見笑於大方之家。（莊子·秋水）

國一日被攻，雖欲事秦，不可得也。（戰國策·齊策一）

信而見疑，忠而被謗，能無怨乎？（史記·屈原列傳）

但是這不是上古漢語被動句的主要形式，這裏就不詳細討論了。

古代漢語敘述句經常應用的語氣詞是"矣"字和"焉"字。

1.矣

"矣"字是一個表示動態的語氣詞。它意味着事物的變化和發展。在一般情況下，"矣"字總是把事物發展的現階段作爲新的情況告訴別人。例如：

吾知所過矣。（左傳·宣公二年）

（原先不知道，現在知道了。）

寢門闢矣。（同上）

（原先是關着，現在開了。）

余病矣。（左傳·成公二年）

（本來是好好的，現在受重傷了。）

王無親臣矣。（孟子·梁惠王下）

（本來有親臣，現在沒有了。）

有些句子用了表示時間的副詞如"已""既""嘗"等字，表示某一情況已經如此或曾經有某一情況；句尾用"矣"字，是説話人把它當作新的情況告訴別人。例如：

平原君曰:"勝已泄之矣。"(戰國策·趙策三)

鄭既知亡矣。(左傳·僖公三十年)

且君嘗爲晉君賜矣。(同上)

昔齊威王嘗爲仁義矣。(戰國策·趙策三)

　　有時候,某一情況還没有出現,但是預料它將會出現,用"矣"字也是把它當作新的情況告訴别人。例如:

孔子曰:"諾,吾將仕矣。"(論語·陽貨)

虞不臘矣。(左傳·僖公五年)

在多數情況下,這是一個偏正複句,偏句表示一個假設,正句表示在這個條件下的後果。例如:

君能補過,衮不廢矣。(左傳·宣公二年)

使梁睹秦稱帝之害,則必助趙矣。(戰國策·趙策三)

微管仲,吾其被髮左衽矣。(論語·憲問)

無論表示已經如此或行將如此,"矣"字總是報道一種新情況。

　　表示可能性的句子雖然也屬於敘述句,但是並不表示一種過程。在這類句子裏,"矣"字仍然報道一種新情況。例如:

公聞其期,曰:"可矣!"(左傳·隱公元年)

朝聞道,夕死可矣。(論語·里仁)

　　(注意"可也"和"可矣"的分别:"可也"是簡單的判斷,"可矣"則包含"以前未可而現在可以"的意思。)

吾惛,不能進於是矣。(孟子·梁惠王下)

　　以形容詞爲謂語的描寫句同樣可以用"矣"字,因爲描寫句同樣可以報道新情況。例如:

國危矣。(左傳·僖公三十年)

今老矣。(同上)

夫如是,則能補過者鮮矣。(左傳·宣公二年)

有時候,描寫句的謂語部分被提到前面去,後面再用“也”字煞句(也有不用“也”字的),這樣就增加了誇張的語氣。但是“矣”字本身並不表示誇張語氣。例如:

嘻!亦太甚矣,先生之言也!(戰國策·趙策三)

甚矣吾衰也!久矣吾不復夢見周公!(論語·述而)

祈使句用“矣”字,這是祈使者希望對方實現某種行爲或完成某種事情。例如:

先生休矣!(戰國策·齊策四)

君姑高枕爲樂矣!(同上)

總起來説,“矣”字的語法意義跟現代漢語語氣詞“了”(啦)字的語法意義相當;絕大多數的“矣”字都可以譯成現代的“了”字。

“矣”字又可以用於疑問句,在這種情況下,“矣”字仍保持着原來的語法意義,不過由於句子裏有疑問代詞或疑問副詞,所以“矣”字似乎也幫助表示疑問語氣罷了。例如:

年幾何矣?(戰國策·趙策四)

事將奈何矣?(同上)

何如斯可謂之士矣?(論語·子路)

德何如則可以王矣?(孟子·梁惠王上)

2.焉

“焉”字是一個指示代詞兼語氣詞。我們説它是指示代詞,因爲它常常指代某一範圍或方面;我們説它是語氣詞,因爲它經常用於敍述句的句尾來表示停頓,就一般情況説,它的後面不再加別的語氣詞。

“焉”字所指代的範圍或方面,常與處所或人物有關。例如:

制，嚴邑也，虢叔死焉。（左傳·隱公元年）

（虢叔死在那裏。）

余收爾骨焉。（左傳·僖公三十二年）

（我在那裏收你的屍骨。）

文王之囿方七十里，芻蕘者往焉，雉兔者往焉。（孟子·梁惠王下）

（砍柴的、打獵的，都到那裏去。）

三人行，必有我師焉。（論語·述而）

（必有我師在此三人之中。）

見賢思齊焉。（論語·里仁）

（見賢則思齊於賢，即思與之齊。）

非曰能之，願學焉。（論語·先進）

（願在這方面學習。）

君子道者三，我無能焉。（論語·憲問）

（我於此三者都無能。）

吾聞庖丁之言，得養生焉。（莊子·養生主）

（於此得養生之道。）

　　這種用法的“焉”字，如果前面是形容詞，就指代比較的對象。例如：

晉國，天下莫強焉。（孟子·梁惠王上）

（晉國，天下沒有哪個國家比它強大。）

過而能改，善莫大焉。（左傳·宣公二年）

（沒有哪一種善事比這個更大。）

　　我們應該注意“之”和“焉”的區別：在和動詞結合時，“之”字用在及物動詞的後面，“焉”字用在不及物動詞的後面。試看上文所舉的例子:"非曰能之,願學焉",這裏的"能"字在古代是及物動詞,"學"字用作不及物動詞。同一動詞,加"之"或加"焉",詞義不同:"死焉"的"死"是不及物動詞,是一般的意義,如"虢叔死焉";"死之"的"死"是及物動詞,表示殉難,如《左傳·宣公二年》"提彌明死之"。

　　"焉"字雖然是一個代詞,但由於它的位置經常是在句尾,所以它逐漸取得了語氣詞的性質。有時候,它和"於"字介賓詞組同時出現,它的代詞性就冲淡了,而它的語氣詞性質就更爲突出了。例如:

　　　寡人之於國也,盡心焉耳矣。(孟子·梁惠王上)

　　("焉"和"於國"同時出現。)

　　　夫子言之,於我心有戚戚焉。(同上)

　　("焉"和"於我心"同時出現。)

　　有時候,"焉"字雖然沒有和"於"字介賓詞組同時出現,但也完全失去了代詞性,祇能算是純粹的語氣詞,帶有指點引人注意的語氣。例如:

　　　擊之,必大捷焉。(左傳·僖公三十二年)

　　　宗廟之事,如會同,端章甫,願爲小相焉。(論語·先進)

　　　君以爲易,其難也將至矣;君以爲難,其易也將至焉。(國語·晉語四)

　　　子曰:"君子病無能焉,不病人之不己知也。"(論語·衞靈公)

最後兩個例子最富有啟發性,這兩個例子都是平行的句法,第三個例子上文用"矣"下文用"焉",第四個例子上文用"焉"下文用"也",試加比較,可以看出"焉"字所表示的語氣來。這種用法的"焉"字有點像現代漢語的"啊"字,但不是每一句的"焉"字都能用"啊"來對譯。以上祇算"焉"字的活用法,"焉"字的正常用法仍然應該是指示代詞兼語氣詞。

正如"矣"字一樣,"焉"字也可以用於疑問句,在這種情況下,"焉"字仍然保持着原來的語法意義,不過由於句子裏有疑問代詞或疑問副詞,所以"焉"字似乎也幫助表示疑問語氣罷了。例如:

君何患焉?(左傳·隱公元年)

既富矣,又何加焉?(論語·子路)

王若隱其無罪而就死地,則牛羊何擇焉?(孟子·梁惠王上)

此外,古書上還有些"焉"字用於句中,似乎起着承上啟下的作用。例如:

命舟牧覆舟,五覆五反,乃告舟備具於天子,天子焉始乘舟。(呂氏春秋·季春紀)

公輸子自魯南遊楚,焉始爲舟戰之器。(墨子·魯問)

必知亂之所自起,焉能治之;不知亂之所自起,則不能治。(墨子·兼愛上)

這種"焉"字又可以寫作"安"或"案",《荀子》書中比較常見。例如:

故先王聖人安爲之立中制節。(荀子·禮論)

是案曰是,非案曰非。(荀子·臣道)

有人把這種"焉"字解釋爲"於是""乃""則",認爲是連詞。其實這種用法的"焉"字和指示代詞的"焉"字仍然相通。如果説,指示代詞的"焉"字用於句尾有可能逐漸取得語氣詞的性質,那麼當它用於句中從而逐漸取得某種關聯詞的性質並不是不可能的。但是"焉"字的這種用法似乎並沒有得到充分的發展,所以一般古書上並不常見。

(九)否定句,否定詞

表示否定的句子叫做否定句。否定句中必須有否定詞。否定詞可以是副詞,如"不""弗""毋""勿""未""否""非";可以是動詞,如"無";也可以是代詞如"莫"("莫"字是一個否定性的無定代詞,漢代以前很少當"勿"字講,見下文)。例如:

> 朽木不可雕也。(論語·公冶長)
>
> 公弗許。(左傳·隱公元年)
>
> 己所不欲,勿施於人。(論語·衛靈公)
>
> 小人有母,皆嘗小人之食矣,未嘗君之羹。(左傳·隱公元年)
>
> 王斗曰:"否。……"(戰國策·齊策四)
>
> 是非君子之言也。(禮記·檀弓上)
>
> 大車無輗,小車無軏,其何以行之哉?(論語·爲政)
>
> 自經於溝瀆而莫之知也。(論語·憲問)

在上古漢語裏,用"不""毋""未""莫"四個否定詞的否定句有一個特點:賓語如果是一個代詞,一般總是放在動詞的前面。例如:

> 居則曰:"不吾知也。"(論語·先進)
>
> 以吾一日長乎爾,毋吾以也。(論語·先進)
>
> 我無爾詐,爾無我虞①。(左傳·宣公十五年)
>
> 大道之行也,與三代之英,丘未之逮也。(禮記·禮運)
>
> 諫而不入,則莫之繼也。(左傳·宣公二年)

在第一個例子裏,"吾"是"知"的賓語,放在"知"的前面,現代漢語却祇能説"不知道我"(不了解我)。第二個例句"毋吾以也"中的"吾"是動詞"以"的賓語,放在"以"的前面;但按現代漢語的結構,"吾"必須放在"以"的後面。其餘由此類推。有人把上面所舉的這類句子叫做倒裝句,那是不對的。在上古漢語裏,這是最正常的結構,而不是"倒裝"。這個規律在用否定詞"未""莫"的句子裏最爲

---

① "無"同"毋",下文就要談到。

嚴格，很少例外。直到後代，由於仿古的關係，古文家仍然運用這一類結構。

至於用"弗""勿""非""無"四個否定詞的否定句，就不能運用這種結構了，這是因爲"弗""勿"所限制的動詞一般不帶賓語（見下文），"非"字是否定整個謂語的，而"無"字本身就是動詞。

從賓語來看，如果賓語不是代詞，即使是否定句也不能用這種結構。"君""子"一類的字不是真正的代詞，也大多不用這種結構。例如：

> 誰能出不由戶？何莫由斯道也？（論語・雍也）
>
> 雖不得魚，無後災。（孟子・梁惠王上）
>
> 未絶鼓音。（左傳・成公二年）
>
> 若不許君，將焉用之？（左傳・昭公四年）
>
> 吾不能早用子。（左傳・僖公三十年）

現在我們把古代漢語中常用的九個否定詞"不""弗""毋""勿""未""否""非""無""莫"分別加以敘述。

1.不，弗

"不"和"弗"在詞彙意義上是相同的，它們都是表示一般的否定，但是，它們的語法意義有細微的區別。區別在於："不"字後面的動詞既可以是及物動詞又可以是不及物動詞；既可以帶賓語，又可以不帶賓語。例如：

> 仁者不憂，知者不惑，勇者不懼。（論語・憲問）
>
> 老婦不聞也。（戰國策・趙策四）
>
> 不問馬。（論語・鄉黨）

"弗"字後面的動詞一般是及物動詞，而且動詞後面往往不帶賓語。例如：

欲與大叔,臣請事之。若弗與,則請除之。(左傳·隱公元年)

已行,非弗思也,祭祀必祝之。(戰國策·趙策四)

一簞食,一豆羹,得之則生,弗得則死。(孟子·告子上)

亟請於武公,公弗許。(左傳·隱公元年)

雖有嘉肴,弗食,不知其旨也。(禮記·學記)

“弗”字後面的動詞帶賓語的,非常少見,如“雖與之俱學,弗若之矣”(《孟子·告子上》)。

“不”和“弗”都不能否定名詞。用在“不”字後面的名詞用如形容詞或動詞;用在“弗”字後面的名詞用如及物動詞。例如:

晉靈公不君。(左傳·宣公二年)

臣實不才,又誰敢怨?(左傳·成公三年)

君子不器。(論語·爲政)

小信未孚,神弗福也。(左傳·莊公十年)

2.毋,勿

“毋”和“勿”在詞彙意義上是相同的,它們通常用於祈使句,表示禁止或勸阻,等於現代漢語的“不要”或“別”。例如:

大毋侵小。(左傳·襄公十九年)

毋妄言,族矣!(史記·項羽本紀)

己所不欲,勿施於人。(論語·衞靈公)

左右皆曰可殺,勿聽。(孟子·梁惠王下)

古書上“毋”字常常寫作“無”字。例如:

無使滋蔓。(左傳·隱公元年)

無生民心。(同上)

不及黃泉,無相見也。(同上)

無令輿師陷入君地。(左傳·成公二年)

　　　無欲速,無見小利。(論語·子路)

　　在語法意義上,"毋"和"不"相當,"勿"和"弗"相當。"毋"字後面的動詞一般帶賓語,"勿"字後面的動詞一般不帶賓語。但是,正如"不"和"弗"的區別不嚴格一樣,"毋"和"勿"的區別也不嚴格。《孟子·梁惠王上》"百畝之田,勿奪其時",動詞後面卻是帶賓語的。

　　正如"不""弗"後面的名詞用如動詞,"毋""勿"後面的名詞也用如動詞。下面是"毋"字後面的名詞用如動詞的例子:

　　　毋友不如己者。(論語·學而)

　　　王無罪歲,斯天下之民至焉。(孟子·梁惠王上)

　　有時候,"勿"字並非用於祈使句,而是用於陳述句。這樣,它就不再表示禁止;它的意義和"不"字差不多。例如:

　　　齊侯欲勿許。(左傳·襄公三年)

　　　魯人欲勿殤童汪踦。(禮記·檀弓下)

3.未

　　"未"字表示事情還沒有實現,等於現代漢語動詞前的"沒有"。例如:

　　　小人有母,皆嘗小人之食矣,未嘗君之羹。(左傳·隱公元年)

　　　宣子未出山而復。(左傳·宣公二年)

　　　未聞好學者也。(論語·雍也)

　　　見牛未見羊也。(孟子·梁惠王上)

　　"未嘗"是一個凝固形式(不是"未嘗君之羹"的"未嘗"),它表示"不曾"或"沒有……過"的意思。"未"和"未嘗"的區別是:"未"着重在和將來實現的可能性對比(《孟子·滕文公下》"什一,去關市之征,今茲未能;請輕之,以待來年"),或和已經實現的事情對比(《論語·先進》"由也,昇堂矣,未入於室也")。而"未嘗"則

是簡單地否定過去。例如:

　　孟嘗君笑曰:"客果有能也,吾負之,未嘗見也。"(戰國策·
齊策四)

　　三年之後,未嘗見全牛也。(莊子·養生主)

　　子食於有喪者之側,未嘗飽也。(論語·述而)

　有時候,"未"字並非用來表示事情還沒有實現,它祇表示一種
委婉的否定。在這種情況下,它和"不"字的意義差不多。例如:

　　今君有一窟,未得高枕而臥也。(戰國策·齊策四)

　　見兔而顧犬,未爲晚也;亡羊而補牢,未爲遲也。(戰國策·
楚策四)

　　所食之粟,伯夷之所樹與? 抑亦盜跖之所樹與? 是未可知
也。(孟子·滕文公下)

　　肉食者鄙,未能遠謀。(左傳·莊公十年)

　4.否

　"否"字和作爲應答之詞的"然"字是對立的。常用於單詞句,
等於現代漢語的"不"或"不是的"。例如:

　　孟子曰:"許子必種粟而後食乎?"曰:"然。""許子必織布而
後衣乎?"曰:"否。許子衣褐。"(孟子·滕文公上)

　　宣王說,曰:"寡人愚陋,守齊國,唯恐夫抎(yún,失也)之,焉
能有四焉?"王斗曰:"否。……"(戰國策·齊策四)

　"否"字又用在肯定否定迭用的句子裏,它表示否定的一面。
例如:

　　宦三年矣,未知母之存否。(左傳·宣公二年)

　5.非

　"非"字用於判斷句裏,否定謂語和主語的關係。例如:

是非君子之言也。（禮記·檀弓上）

管仲非仁者與？（論語·憲問）

是何異於刺人而殺之，曰："非我也，兵也。"（孟子·梁惠王上）

這種"非"字雖可譯成現代的"不是"，但它的語法意義和"不是"完全不同："不是"是繫詞"是"字前面加否定詞"不"字；"非"字在上古漢語裏不是繫詞，它是一個簡單的否定副詞，它所否定的是整個謂語。這一點，我們在古漢語通論（七）裏已經討論過了。

"非"字又用來否定行爲或性質，表示對某一事實的否認。在這種情況下，它往往具有撇開的作用。例如：

非不説子之道，力不足也。（論語·雍也）

非曰能之，願學焉。（論語·先進）

我非愛其財而易之以羊也。（孟子·梁惠王上）

城非不高也，池非不深也，兵革非不堅利也，米粟非不多也，委而去之，是地利不如人和也。（孟子·公孫丑下）

有時候，它不是撇開，而是用於假設。在這種情況下，"非"字等於説"若非"或"若無"。例如：

吾非至於子之門則殆矣。（莊子·秋水）

民非水火不生活。（孟子·盡心上）

五十非帛不煖，七十非肉不飽。（同上）

古書上"非"字又寫作"匪"。例如：

我心匪石，不可轉也。（詩經·邶風·柏舟）

匪來貿絲，來即我謀。（詩經·衞風·氓）

6.無

"無"是"有"的反面，它所否定的是名詞或名詞性詞組。這名詞或名詞性詞組是"無"字的賓語。例如：

人誰無過?(左傳·宣公二年)

無怨無德,不知所報。(左傳·成公三年)

位尊而無功,奉厚而無勞。(戰國策·趙策四)

大車無輗,小車無軏,其何以行之哉?(論語·爲政)

人無遠慮,必有近憂。(論語·衛靈公)

且夫水之積也不厚,則其負大舟也無力。(莊子·逍遥遊)

"無"字在某些古書上又寫作"无"。《周易》一律寫作"无",《莊子》大多數地方寫作"无"。例如:

不出户庭,无咎。(周易·節)

(咎:災禍。)

自夫子之死也,吾无以爲質矣,吾无與言之矣。(莊子·徐无鬼)

有的古書上又寫作"毋"。例如:

然使十人樹之,一人拔之,則毋生楊矣。(韓非子·説林上)

衆口所移,毋翼而飛。(戰國策·秦策三)

"無"又可以説成"無有",意義差不多。例如:

自今無有代其君任患者,有一於此,將爲戮乎?(左傳·成公二年)

其竭力致死,無有二心。(左傳·成公三年)

雖無有質,誰能間之?(左傳·隱公三年)

(質:人質。間 jiàn:離間。)

左師公曰:"今三世以前,至於趙之爲趙,趙王之子孫侯者,其繼有在者乎?"曰:"無有。"(戰國策·趙策四)

偶然又説"不有",或者用在否定詞的後面表示雙重否定;或者用在無主語的分句裹。例如:

詩曰:"靡不有初,鮮克有終。"(左傳·宣公二年)

不有祝鮀之佞,而有宋朝之美,難乎免於今之世矣。(論語·雍也)

(祝:宗廟之官。鮀 tuó:人名,衞國的大夫,有口才。朝:人名,宋國的公子,有美色。)

"不"和"無"在語法上的分工是:"不"字是副詞,它所否定的是形容詞和動詞;"無"字是動詞,它所否定的是名詞。前面已經說過,"不"字後面的名詞用如動詞或形容詞,"無"字後面的動詞或形容詞則用如名詞。例如:

貧而無諂,富而無驕。(論語·學而)

(朱熹注:"常人溺於貧富之中,而不知所以自守,故必有二者之病。"可見無諂無驕不等於不諂不驕。)

蓋均無貧,和無寡,安無傾。(論語·季氏)

(朱熹注:"均則不患於貧而和,和則不患於寡而安,安則不相疑忌,而無傾覆之患。"可見無貧無寡無傾不等於不貧不寡不傾。)

孟嘗君曰:"客何好?"曰:"客無好也。"曰:"客何能?"曰:"客無能也。"(戰國策·齊策四)

是使民養生喪死無憾也。(孟子·梁惠王上)

數口之家可以無飢矣。(同上)

"無"字又用於祈使句,表示禁止或不同意,意義和"毋"字完全相同。見上文。

7.莫

"莫"字是一個否定性的無定代詞,現代漢語裏沒有和它相當的代詞。如果要把它的意義譯成現代漢語,可以譯爲"没有誰""没有哪一種東西（事情）"等等。"莫"字前面可以出現它所代替的名詞，也可以不出現它所代替的名詞。例如：

羣臣莫對。（戰國策・楚策一）

（羣臣沒有誰回答。）

過而能改，善莫大焉。（左傳・宣公二年）

（沒有哪一種善事比這個更大。）

天下之水，莫大於海。（莊子・秋水）

諫而不入，則莫之繼也。（左傳・宣公二年）

自經於溝瀆，而莫之知也。（論語・憲問）

前三個例子都有"莫"字所代替的名詞或名詞性的詞組，後兩個例子沒有。

上古時期"莫"字有時也用作否定副詞，相當於"不"。例如：

聞免父之命，不可以莫之奔也。（左傳・昭公二十年）

人知其一，莫知其他。（詩經・小雅・小旻）

漢代以後，"莫"字常常用於祈使句，當"勿"字講，表示禁止。例如：

秦王車裂商君以徇曰："莫如商鞅反者。"（史記・商君列傳）

（徇：示衆。）

作書與內舍，便嫁莫留住！（陳琳：飲馬長城窟行）

傳語風光共流轉，暫時相賞莫相違。（杜甫：曲江二首）

（十）疑問句，疑問詞

在古代漢語裏，句子一般須有疑問詞的幫助，方能發出疑問。有時候用疑問代詞，有時候用疑問語氣詞，有時候是二者都用。例如：

其誰曰不然？（左傳·隱公元年）

則將焉用彼相矣？（論語·季氏）

孰爲夫子？（論語·微子）

子見夫子乎？（同上）

是誰之過與？（論語·季氏）

在上古漢語裏，疑問句裏的疑問代詞賓語也必須放在動詞的前面。例如：

吾誰欺？欺天乎？（論語·子罕）

鄉人長於伯兄一歲，則誰敬？曰：敬兄。（孟子·告子上）

（比較“誰欺”和“欺天”、“誰敬”和“敬兄”這些動賓結構的賓語的位置。）

於予與何誅？（論語·公冶長）

既富矣，又何加焉？（論語·子路）

衞君待子而爲政，子將奚先？（同上）

梁客辛垣衍安在？（戰國策·趙策三）

臣實不才，又誰敢怨？（左傳·成公三年）

二國有好，臣不與及，又誰敢德？（同上）

第一、第二兩個例子最富有啓發性，疑問代詞作賓語就在動詞前面，不是疑問代詞就在後面。有時候，動詞前面有助動詞，疑問代詞賓語就放在助動詞前面，上面所舉的最後兩個例子就是這樣。

疑問代詞用作介詞的賓語時，也受這個規律的制約，它們也必須放在介詞的前面。例如：

百姓足，君孰與不足？百姓不足，君孰與足？（論語·顏淵）

曷爲久居此圍城之中而不去也？（戰國策·趙策三）

何由知吾可也？（孟子·梁惠王上）

大車無輗,小車無軏,其何以行之哉?（論語·爲政）

子歸,何以報我?（左傳·成公三年）

苟無歲,何以有民? 苟無民,何以有君?（戰國策·齊策四）

上古漢語這種疑問代詞賓語前置的詞序,一直爲後代古文家所遵守。例如:

東野之書,耿蘭之報,何爲而在吾側也?（韓愈:祭十二郎文）

噫! 微斯人吾誰與歸?（范仲淹:岳陽樓記）

將何適而非快?（蘇轍:黄州快哉亭記）

疑問代詞賓語前置的規則,比否定句代詞賓語前置的規則更爲嚴格,可以説基本上没有例外。祗有“何如”又説成“如何”,好像是例外,其實這兩種詞序都出現在上古漢語裏。在先秦時代,它們已經是一個凝固形式,意思是“怎麽樣”“怎樣”和“怎麽辦”。例如:

與不穀同好,如何?（左傳·僖公四年）

傷未及死,如何勿重?（左傳·僖公二十二年）

鄉人皆好之,何如?（論語·子路）

吾聞北方之畏昭奚恤也,果誠何如?（戰國策·楚策一）

以五十步笑百步,則何如?（孟子·梁惠王上）

陛下以絳侯周勃何如人也?（史記·張釋之馮唐列傳）

古書上還有“若何”“何若”“奈何”的説法(含義與“何如”“如何”相同),但没有説成“何奈”的。例如:

使歸就戮于秦,以逞寡君之志,若何?（左傳·僖公三十三年）

美之與惡,相去何若?（老子二十章）

事將奈何矣?（戰國策·趙策三）

秦稱帝之害將奈何?（同上）

先生助之奈何?（同上）

孟嘗君曰:"市義奈何?"(戰國策·齊策四)

古代又有"如……何""若……何""奈……何"的説法,當中插入代詞、名詞或其他詞語,意思是"把(對)……怎麼樣(怎麼辦)"。例如:

年饑,用不足,如之何?(論語·顏淵)

如受吾幣而不假吾道,則如之何?(穀梁傳·僖公二年)

以君之力,曾不能損魁父之丘,如太行王屋何?(列子·湯問)

晉侯謂慶鄭曰:"寇深矣,若之何?"(左傳·僖公十五年)

力拔山兮氣蓋世,時不利兮騅不逝!騅不逝兮可奈何?虞兮!虞兮!奈若何?(史記·項羽本紀)

("奈若何"就是"奈汝何"。)

陳文子見崔武子曰:"將如君何?"(左傳·襄公二十三年)

不能正其身,如正人何?(論語·子路)

在古代漢語裏,"如之何""若之何"又是一個凝固形式,有時候用在動詞前面表示反問,譯成"怎麼";有時候用在詢問句的末尾,譯成"怎麼樣"。例如:

我之不賢與,人將拒我,如之何其拒人也?(論語·子張)

若之何其以病敗君之大事也?(左傳·成公二年)

蓺麻如之何?衡從其畝。(詩經·齊風·南山)

疑問詞分爲兩大類:第一類是疑問代詞,第二類是疑問語氣詞。現在分別加以敘述。

1.疑問代詞

(1)誰,孰,何

"誰"字跟現代漢語的"誰"一樣,是指人的疑問代詞。例如:

孟嘗君怪之,曰:"此誰也?"(戰國策·齊策四)

且行千里,其誰不知?(左傳·僖公三十二年)

君若以德綏諸侯，誰敢不服？（左傳·僖公四年）

“孰”字經常表示選擇。它可以指人，也可以指事物。例如：

哀公問：“弟子孰爲好學？”（論語·雍也）

子貢問：“師與商也孰賢？”（論語·先進）

吾子與子路孰賢？（孟子·公孫丑上）

以上指人。

獨樂樂，與人樂樂，孰樂？（孟子·梁惠王下）

（獨自作樂快樂呢，還是與衆人共聽音樂快樂呢？第一、第三“樂”字讀 yuè，其餘“樂”字讀 lè。）

禮與食孰重？（孟子·告子下）

膾炙與羊棗孰美？（孟子·盡心下）

以上指事物。

“孰”字用來指人時，也有不表示選擇的；這時，它就和“誰”字沒有分別了。相反地，“何”字也偶然可以表示選擇。例如：

孰可以代之？（左傳·襄公三年）

孰能爲之大？（論語·先進）

孰爲夫子？（論語·微子）

於斯三者何先？（論語·顏淵）

前面三個例子都可以換用“誰”字，最後一個例子似乎應該用“孰”字，但是“孰”字一般不用作直接賓語，所以用“何”字了。

古書上常常見到“孰與”二字連用，以比較人物的高下或事情的得失。例如：

我孰與城北徐公美？（戰國策·齊策一）

田侯召大臣而謀曰：“救趙孰與勿救？”（同上）

公之視廉將軍，孰與秦王？（史記·廉頗藺相如列傳）

這種"孰與"和《論語·顏淵》"百姓足,君孰與不足"裏的"孰與"不同。第一個例子是説"我與城北徐公孰美",第二個例子含有"救趙與勿救孰得孰失"的意思。第三個例子是説"您看廉將軍與秦王比較,誰强誰弱?"

"何"字和現代漢語的"什麽"相當,是指物的疑問代詞。例如:

> 孟嘗君曰:"客何好?"(戰國策·齊策四)

> 門人問曰:"何謂也?"(論語·里仁)

> 内省不疚,夫何憂何懼?(論語·顏淵)

"誰""何"都可以用作定語("孰"字不能),但是"誰"字後面一般用"之"字,"何"字後面不能用"之"字。例如:

> 是誰之過與?(論語·季氏)

> 以此攻城,何城不克?(左傳·僖公四年)

"何"字又可用作狀語,表示"爲什麽""怎麽"的意思。例如:

> 夫子何哂由也?(論語·先進)

> 吾何愛一牛?(孟子·梁惠王上)

> 先生坐,何至於此?(戰國策·魏策四)

當它用作狀語的時候,被修飾的不一定是及物動詞,有時候也可以是不及物動詞或形容詞。例如:

> 吾何快於是?(孟子·梁惠王上)

> 責畢收乎?來何疾也?(戰國策·齊策四)

(2)安,惡,焉,胡,奚,曷

這六個疑問代詞衹能用作賓語(動詞賓語和介詞賓語)和狀語,用作狀語要比用作賓語常見。先看用作賓語的例子:

> 梁客辛垣衍安在?(戰國策·趙策三)

> 爲民父母,行政,不免於率獸而食人,惡在其爲民父母也?

（孟子·梁惠王上）

　　“天下惡乎定？”吾對曰：“定於一。”（同上）

　　（“惡乎”等於説“於何”。）

　　胡爲至今不朝也？（戰國策·齊策四）

　　國胡以相恤？（賈誼：論積貯疏）

　　天下之父歸之，其子焉往？（孟子·離婁上）

　　衞君待子而爲政，子將奚先？（論語·子路）

　　許子奚爲不自織？（孟子·滕文公上）

　　奚以知其然也？（莊子·逍遥遊）

　　曷爲與人俱稱帝王，卒就脯醢之地也？（戰國策·趙策三）

　　“途之人可以爲禹”，曷謂也？（荀子·性惡）

“安”“惡”是指處所的疑問代詞，可以譯成“哪裏”；“胡”“奚”“曷”
和“何”字相當，可以譯成“什麽”。作爲賓語，“惡”字衹用於“惡
在”“惡乎”，而很少用在其他動詞和介詞前面。

　　再看用作狀語的例子：

　　子安取禮而來待吾君？（戰國策·趙策三）

　　梁王安得晏然而已乎？（同上）

　　先生又惡能使秦王烹醢梁王？（同上）

　　姜氏欲之，焉辟害？（左傳·隱公元年）

　　若不闕秦，將焉取之？（左傳·僖公三十年）

　　不稼不穡，胡取禾三百廛兮？（詩經·魏風·伐檀）

　　或謂孔子曰：“子奚不爲政？”（論語·爲政）

　　天曷不降威？（尚書·商書·西伯戡黎）

　　君子于役，不知其期。曷至哉？（詩經·王風·君子于役）

作爲狀語，“安”“惡”“焉”一般表示反問，可以譯成“哪裏”“怎

麼";"胡""奚""曷"一般詢問原因,可以譯成"爲什麼";但是最後一個例子裏的"曷"字是詢問未來的時間的,這種用法是《詩經》語法的特點之一,別的古書上很少見到。此外,"曷"字用作狀語時,和"盍"字相通,表示"何不"的意思,這裏不詳細敘述了。

2.疑問語氣詞

(1)乎,諸

疑問語氣詞"乎"字,表示純粹的疑問。"乎"字譯成現代漢語,有時要譯成"嗎",有時要譯成"呢",這要看它用在什麼樣的疑問句裏。在是非問句裏,發問的人把一件有疑問的事情全部説出來,要求對方作肯定或否定的答覆,往往用語氣詞"乎"字,這種"乎"字要譯成"嗎"。例如:

孟嘗君問:"馮公有親乎?"(戰國策·齊策四)

子路問曰:"子見夫子乎?"(論語·微子)

有一言而可以終身行之者乎?(論語·衞靈公)

許子冠乎?(孟子·滕文公上)

在選擇問句裏,"乎"字要譯成"呢"。例如:

襄王曰:"先生老悖乎?將以爲楚國袄祥乎?"(戰國策·楚策四)

孟子曰:"敬叔父乎?敬弟乎?"(孟子·告子上)

有一件事值得注意,在先秦時代,句中已經用了疑問代詞的所謂特指問句,極少用"乎"字,這可以從本節通論所舉的若干特指問句裏看到。這是因爲既然句中用了疑問代詞把疑問之點提出來了,不用"乎"字,仍然可以了解爲疑問句。秦漢以後,特指問句用"乎"字纔漸漸多起來。例如:

軫不之楚,何歸乎?(史記·陳軫列傳)

孰爲汝多知乎？（列子·湯問）

特指問句裏的"乎"字要譯成"呢"。

"乎"字跟疑問代詞、否定詞以及常見的"豈"字、"寧"字相呼應時，往往表示反問。例如：

其何傷於日月乎？（論語·子張）

梁王安得晏然而已乎？（戰國策·趙策三）

愛之能勿勞乎？忠焉能勿誨乎？（論語·憲問）

先生獨未見夫僕乎？（戰國策·趙策三）

計中國之在海內，不似稊米之在大倉乎？（莊子·秋水）

豈先賤而後尊貴者乎？（戰國策·齊策四）

王侯將相寧有種乎？（史記·陳涉世家）

反問句是無疑而問，祇是用問句的形式表示肯定或否定，並不一定要求回答。跟疑問代詞相呼應的"乎"字譯成現代的"呢"，其餘的"乎"字譯成現代的"嗎"。

"乎"字跟"其"（表示委婉語氣）、"無乃"（表示恐怕是的意思）、"得無"（表示該不會的意思）等詞相呼應的時候，表示一種委婉語氣，略等於現代的"吧"字。例如：

其是之謂乎？（左傳·隱公元年）

子其怨我乎？（左傳·成公三年）

其恕乎！（論語·衛靈公）

無乃不可乎？（左傳·僖公三十二年）

日食飲得無衰乎？（戰國策·趙策四）

有時候，"乎"字並不表示疑問，而是表示感歎。例如：

長鋏歸來乎！（戰國策·齊策四）

必也正名乎！（論語·子路）

善哉！技蓋至此乎！（莊子・養生主）

"諸"字是"之乎"的合音。"諸"字用於句尾的時候，可以用"之乎"去解釋，但是祇表示疑問和反問。例如：

子路問："聞斯行諸？"子曰："有父兄在，如之何其聞斯行之？"（論語・先進）

（注意比較"行諸"和"行之"。）

雖有粟，吾得而食諸？（論語・顏淵）

舉爾所知。爾所不知，人其舍諸？（論語・子路）

文王之囿，方七十里，有諸？（孟子・梁惠王下）

不識有諸？（孟子・梁惠王上）

（2）與（歟），邪（耶）

"與"（歟）字略等於現代漢語的"嗎"字或"呢"字。"與"和"乎"的分別是：除了有疑問代詞或在選擇問句而外，"與"字一般不表示純粹的疑問。用"與"的時候，在多數情況下，是説話人猜想大約是這樣一件事情，但是還不能深信不疑，要求對話人加以證實。因此，純粹表示疑問的"乎"字不能換成"與"字，例如"傷人乎？"不能換成"傷人與？""馮公有親乎？"不能換成"馮公有親與？"下面是一些用"與"字的例子：

管仲非仁者與？（論語・憲問）

是魯孔丘與？（論語・微子）

是魯孔丘之徒與？（同上）

然則師愈與？（論語・先進）

然則廢釁鐘與？（孟子・梁惠王上）

管仲以其君霸，晏子以其君顯，管仲晏子猶不足爲與？（孟子・公孫丑上）

　　上面這種是非問句中，"與"的疑問語氣不是很强的。但是在有疑問代詞的句子裏，或者在選擇問句裏，"與"字的疑問語氣强得多。例如：

　　　是誰之過與？（論語·季氏）

　　　丘何爲是栖栖者與？（論語·憲問）

　　　求之與？抑與之與？（論語·學而）

　　"邪"（耶）字和"與"（歟）字的語法作用相同。在先秦，有的古書祇用"與"不用"邪"，如《論語》《孟子》；《春秋》三傳也祇有《左傳》用了一個"邪"字。《老子》《莊子》用"邪"很多，《荀子》也是用"邪"多於"與"。"邪"和"與"古音相近，它們的不同大概是方言不同的緣故。下面是一些用"邪"字的例子：

　　　古之所以貴此道者何？不曰以求得，有罪以免邪？（老子）

　　　天之蒼蒼，其正色邪？其遠而無所至極邪？（莊子·逍遥遊）

　　　今子欲以子之梁國而嚇我邪？（莊子·秋水）

　　　威后問使者曰："歲亦無恙耶？民亦無恙耶？王亦無恙耶？"（戰國策·齊策四）

　　　治亂，天邪？（荀子·天論）

　　"與"和"邪"也都能用於反問。例如：

　　　十人而從一人者，寧力不勝智不若耶？（戰國策·趙策三）

　　　唯求則非邦也與？（論語·先進）

　　　此非以賤爲本邪？（老子）

　　　夫天機之所動，何可易邪？（莊子·秋水）

　　（3）哉

　　"哉"字的主要用途有二：一是表示反問，一是表示感歎。"哉"字表示反問略等於現代的"呢"字（祇有和"豈"字相呼應時纔等於現代的“嗎”字）。它永遠不表示純粹的疑問；而且，一般地說，要有疑問代詞或“豈”字跟它呼應，纔能表示反問。例如：

大車無輗，小車無軏，其何以行之哉？（論語·爲政）

何有於我哉？（論語·述而）

彼且惡乎待哉？（莊子·逍遙遊）

晉，吾宗也，豈害我哉？（左傳·僖公五年）

且而與其從辟人之士也，豈若從辟世之士哉？（論語·微子）

“乎哉”連用時可以表示純粹的疑問，那是“乎”字所帶有的語法意義，而“哉”字祇是加強“乎”字的語氣。例如：

若寡人者，可以保民乎哉？（孟子·梁惠王上）

不識此語誠然乎哉？（孟子·萬章上）

但是，有時候是“乎哉”連用表示反問。例如：

吾何慊乎哉？（孟子·公孫丑下）

（慊 qiàn：恨。）

“哉”字表示感歎時，略等於現代的“啊”字。例如：

管仲之器小哉！（論語·八佾）

硜硜然小人哉！（論語·子路）

舍其路而弗由，放其心而不知求，哀哉！（孟子·告子上）

“哉”字和它前面的形容詞也可以提到句首，構成倒裝句，表示強烈的感歎語氣。例如：

賢哉回也！（論語·雍也）

野哉由也！（論語·子路）

上面我們敘述了兩類疑問詞——疑問代詞和疑問語氣詞。下面我們再來簡單討論一下與疑問句或疑問語氣詞有關的幾種語法現象。

（1）幾種表示反問的習慣説法

第一，"不亦……乎"。例如：

學而時習之，不亦説乎？有朋自遠方來，不亦樂乎？人不知，而不愠，不亦君子乎？（論語·學而）

仁以爲己任，不亦重乎？死而後已，不亦遠乎？（論語·泰伯）

"不亦……乎"是古代的一種比較委婉的反問説法。

第二，"何以……爲"。例如：

君子質而已矣，何以文爲？（論語·顏淵）

是社稷之臣也，何以伐爲？（論語·季氏）

然則又何以兵爲？（荀子·議兵）

這種句子，實際上是"爲"的疑問代詞賓語"何"放在作狀語的介詞結構前面了，意思是"用……做什麼"。第一個例句是説"君子質樸就行了，用文采做什麼？"這是無疑而問，是古代表示反問的一種説法。這種"爲"字，由於處在句尾，意義已經虛化，也可以處理爲語氣詞。

在"何以……爲"這個格式裏，"何"字可以用別的疑問詞如"奚""惡""安"等來替換；"以"字也可以用"用"字來替換。例如：

奚以之九萬里而南爲？（莊子·逍遥遊）

惡用是鶂鶂者爲哉？（孟子·滕文公下）

古代漢語裏介詞"以"字是可以省去的，因而"何以……爲"句中也可以省去"以"，説成"何……爲"。例如：

項王笑曰："天之亡我，我何渡爲？"（史記·項羽本紀）

湯爲天子大臣，被惡言而死，何厚葬爲？（漢書·張湯傳）

"我何渡爲"意即"我渡河做什麼"，"何厚葬爲"意即"厚葬做什麼"。

第三,"何……之有"。

"何……之有"是"有何……"的倒裝,是"有什麼……"的意思。"何厭之有"就是"有什麼滿足呢"("之"字複指"厭"字)。例如:

> 姜氏何厭之有?(左傳·隱公元年)
>
> 夫晉何厭之有?(左傳·僖公三十年)

（2）語氣詞的連用

疑問語氣詞不僅可和疑問語氣詞連用（像上面所講的"乎哉"）,而且也可以和直陳語氣詞連用。例如:

> 唯求則非邦也與?(論語·先進)
>
> 豈非計久長,有子孫相繼爲王也哉?(戰國策·趙策四)
>
> 斯謂之君子已乎?(論語·顏淵)
>
> 女爲周南召南矣乎?(論語·陽貨)

連用的語氣詞,都分別擔負了表達語氣的任務;這些例子中,"也""矣""已"等表直陳語氣,"與""乎""哉"等表疑問或反問語氣。不過語氣的重點一般落在最後一個語氣詞上,所以上面這些句子都是疑問句或反問句。

第四單元

文　選

孟　子

　　孟子名軻,字子輿,戰國時鄒(今山東鄒縣)人。約生於公元前372年,死於公元前289年。他受業於孔子的孫子子思的弟子,繼承了孔子的政治思想體系,是繼孔子之後儒家學派的一位大師。

　　孟子處於列國諸侯混戰最激烈的時代,他提出了"民貴君輕"、對人民作一定的讓步、反對掠奪性的戰爭等主張。他以"平治天下"爲己任,遊説諸侯,反對"霸道",提倡以"仁""義"爲中心的所謂"仁政""王道"。他發展了孔子的"宗周"思想,希望在諸侯中選出一個能够王天下的君主。當時各國諸侯正熱衷於征伐混戰,認爲他的主張迂闊不切實際,都不採納,於是他退而與弟子著述,其著作就是留傳到現在的《孟子》。

　　孟子長於辯論,善用譬喻。他的文章氣勢磅礴,感情奔放,在先秦諸子散文中極爲突出,對後世散文有很大的影響。

　　《孟子》在宋以前,祇列於諸子之林,宋始列於經部。南宋朱熹又把它編入《四書》,並爲之作集注,此後研究《孟子》的人也就漸漸多起來。

《孟子》共七篇(各篇分上下)。現在通行的注本有《十三經注疏》本(東漢趙岐注,宋孫奭疏),宋朱熹的《四書集注》,和清焦循的《孟子正義》。

寡人之於國也(梁惠王上)〔1〕

梁惠王曰:"寡人之於國也,盡心焉耳矣〔2〕:河内凶〔3〕,則移其民於河東〔4〕,移其粟於河内;河東凶亦然〔5〕。察鄰國之政〔6〕,無如寡人之用心者。鄰國之民不加少,寡人之民不加多〔7〕,何也?"

〔1〕孟子在這裏指出了梁惠王所用的"愛民"臨時措施,與鄰國之政實際上是五十步與百步之比,他認爲治國的根本之道是實行"仁政"。梁惠王,即魏惠王(魏是國名),姓魏名罃,因魏都大梁,故又稱梁惠王。"惠"是謚號。"梁惠王"是《孟子》的一篇(後面的"公孫丑"等同),"寡人之於國也"是其中的一章,題目是編者加的,後面的"齊桓晉文之事"等同。

〔2〕耳矣,等於説已矣,"耳"和"矣"都是句尾語氣詞,連用等於説啦。盡心焉耳矣,大意是:〔總算〕盡了心啦。

〔3〕河内,指黄河北岸,今河南沁陽縣一帶。凶,荒年。

〔4〕河東,黄河以東,今山西西南部。

〔5〕亦然,也是這樣。

〔6〕察,觀察。

〔7〕加,更。以上幾句反映了戰國時的這一社會狀況:人民生活痛苦,渴望較安定的生活;勞動力的缺乏迫使有些統治者對人民做些讓步以便"奪民"。

孟子對曰:"王好戰,請以戰喻〔1〕。填然鼓之〔2〕,兵刃既接〔3〕,棄甲曳兵而走〔4〕,或百步而後止〔5〕,或五十步而後止。以五十步笑百步,則何如?"

曰："不可,直不百步耳〔6〕,是亦走也〔7〕。"

〔1〕請,請允許我。喻,比喻。

〔2〕填,象聲詞,形容鼓聲。然,詞尾。鼓,用如動詞,擊鼓。擊鼓是進軍的信號。

〔3〕刃,鋒刃。既,已經。接,接觸。兵刃既接,等於説已經交鋒。

〔4〕棄,扔掉。曳(yè),拖着。走,跑,這裏指奔逃。

〔5〕或,有人。

〔6〕不過不到百步罷了。直,僅,不過。

〔7〕這也是逃跑啊。是,指"五十步而後止"。

曰："王如知此,則無望民之多於鄰國也〔1〕。不違農時〔2〕,穀不可勝食也〔3〕。數罟不入洿池〔4〕,魚鱉不可勝食也。斧斤以時入山林〔5〕,材木不可勝用也。穀與魚鱉不可勝食,材木不可勝用,是使民養生喪死無憾也〔6〕。養生喪死無憾,王道之始也〔7〕。

"五畝之宅〔8〕,樹之以桑,五十者可以衣帛矣〔9〕。雞豚狗彘之畜〔10〕,無失其時〔11〕,七十者可以食肉矣。百畝之田,勿奪其時,數口之家可以無飢矣。謹庠序之教〔12〕,申之以孝悌之義〔13〕,頒白者不負戴於道路矣〔14〕。七十者衣帛食肉,黎民不飢不寒〔15〕,然而不王者〔16〕,未之有也〔17〕。

"狗彘食人食而不知檢〔18〕,塗有餓莩而不知發〔19〕,人死,則曰:'非我也,歲也〔20〕。'是何異於刺人而殺之〔21〕,曰:'非我也,兵也?'王無罪歲〔22〕,斯天下之民至焉〔23〕。"

〔1〕無,通"毋",不要。下文"王無罪歲"的"無"同。

〔2〕不耽誤農業生産的季節,意思是説春夏秋不讓人民服役。

〔3〕糧食吃不完。勝(shēng),盡。

〔4〕數(cù),密。罟(gǔ),網。洿(wū),濁水不流。洿池,即池塘。據説上古不許用密網捕魚,不滿一尺的魚不得食用,以免有礙魚的生長繁殖。

〔5〕斤,砍樹的斧子。以時,按照一定的時候,指草木凋落的時候,那時生長的季節已過。

〔6〕養生,供養活着的人。喪死,爲死了的人辦喪事。憾,遺憾。

〔7〕王道,孟子理想中的政治。孟子認爲“養生喪死”祇是王道的開端。

〔8〕五畝,合現在一畝二分多。宅,宅院,人們居住的房舍。一夫一婦受宅五畝、田百畝,這是當時儒家的理想。

〔9〕衣(yì),用如動詞。帛,絲織品。據説古代一般人到了五十歲,如果養蠶,就可以衣帛,否則祇能衣麻。

〔10〕豚(tún),小猪。彘(zhì),猪。畜(xù),養,指養育。

〔11〕無,通“毋”。時,指繁殖的時機。

〔12〕謹,謹慎,這裏指謹慎從事。庠(xiáng)、序,都是學校,殷代叫序,周代叫庠。教,教化。

〔13〕用孝悌之義反復地修“庠序之教”。申,重復,指反復進行。孝,順從並奉養父母。悌(tì),敬愛兄長。義,道理。

〔14〕頒,通“斑”。頒白,頭髮半白。負,背(bēi)。戴,指把東西頂在頭上。

〔15〕黎,衆。

〔16〕然,這樣,指上兩句所説。王(wàng),統一天下而稱王。

〔17〕之,代詞,賓語提前。

〔18〕食人食,吃人所吃的東西。檢,通“斂”,收積、儲藏。

〔19〕塗,通“途”。餓莩(piǎo),餓死的人。發,指開倉濟民。

〔20〕歲,年成。

〔21〕是,代詞,指上述情況。何,疑問副詞,等於説有什麼。異,不同。殺,指致人於死地。

〔22〕罪歲,歸罪於歲。

〔23〕斯,則。

齊桓晉文之事(梁惠王上)〔1〕

齊宣王問曰〔2〕:"齊桓晉文之事,可得聞乎?"孟子對曰:"仲尼之徒,無道桓文之事者〔3〕,是以後世無傳焉〔4〕,臣未之聞也〔5〕。無以,則王乎〔6〕?"

曰:"德何如,則可以王矣?"曰:"保民而王,莫之能禦也〔7〕。"曰:"若寡人者,可以保民乎哉〔8〕?"曰:"可。"曰:"何由知吾可也〔9〕?"曰:"臣聞之胡齕曰〔10〕:'王坐於堂上,有牽牛而過堂下者。王見之,曰:"牛何之〔11〕?"對曰:"將以釁鐘〔12〕。"王曰:"舍之! 吾不忍其觳觫〔13〕,若無罪而就死地〔14〕。"對曰:"然則廢釁鐘與〔15〕?"曰:"何可廢也,以羊易之。"'不識有諸〔16〕?"曰:"有之。"曰:"是心足以王矣〔17〕。百姓皆以王爲愛也〔18〕,臣固知王之不忍也。"

〔1〕從本章中可以看出,孟子認爲"王道"之未行,不是由於統治者的"不能",而是由於他們"不爲"。在他看來,祇要統治者把不忍之心推廣到百姓身上(即推恩),就可以王天下。齊桓,齊桓公。晉文,晉文公。

〔2〕齊宣王,姓田名辟疆。其祖先爲春秋時姜姓齊國的大夫,後放逐齊康公奪得齊國政權。齊宣王是田氏齊國的第四代君。

〔3〕道,説。儒家學派稱道堯舜禹湯文武等"先王之道",不主張"霸道",所以孟子這樣説。

〔4〕傳,傳述。

〔5〕未之聞,結構同前篇的"未之有"。

〔6〕無以,即無已,不停止(依朱熹説)。意思是説:您如果一定要談一談。則

王(wàng)，意思是説:那麽就談談王天下的道理吧。

〔7〕保，安。禦，阻擋，指阻擋他王天下。

〔8〕若，像。乎哉，兩個疑問語氣詞連用，加强疑問語氣，略等於“嗎”。

〔9〕何由，從哪裏。

〔10〕我從胡齕那裏聽説。之，指下面一番話。胡齕(hé)，齊宣王左右的近臣。

〔11〕之，動詞，到……去。

〔12〕“以”後面省略了賓語(指“牛”)。釁，見第36頁《楚歸晉知罃》注〔5〕。

〔13〕觳觫(húsù)，恐懼的樣子。

〔14〕好像没有罪過的人，平白地走向殺場(參用孫奭説)。若，好像。就，走向。

〔15〕然則，既然如此，那麽就。

〔16〕識，知道。諸，“之乎”的合音字。

〔17〕是，代詞，這種。足以王(wàng)，足够用來王天下。

〔18〕愛，吝嗇，吝惜。

　　王曰:“然〔1〕。誠有百姓者〔2〕。齊國雖褊小〔3〕，吾何愛一牛? 即不忍其觳觫，若無罪而就死地，故以羊易之也。”曰:“王無異於百姓之以王爲愛也〔4〕。以小易大，彼惡知之〔5〕? 王若隱其無罪而就死地〔6〕，則牛羊何擇焉〔7〕?”王笑曰:“是誠何心哉〔8〕? 我非愛其財而易之以羊也，宜乎百姓之謂我愛也〔9〕。”曰:“無傷也〔10〕。是乃仁術也〔11〕，見牛未見羊也。君子之於禽獸也，見其生，不忍見其死;聞其聲，不忍食其肉。是以君子遠庖廚也〔12〕。”

〔1〕是的。

〔2〕的確有像百姓所説的情況。

〔3〕褊(biǎn)，狹窄。

〔4〕異,動詞,奇怪。

〔5〕彼,代詞,他們,指百姓。惡(wū),何,哪裏。

〔6〕隱,心裏難過,可憐。

〔7〕牛和羊挑選什麼呢? 孟子是説牛和羊没有什麼可挑選的,都是無罪而就死地,同樣要殺的。

〔8〕這(指以小易大)真是什麼想法呢? 是,指示代詞。下文“是乃仁術也”的“是”同此。

〔9〕宜,應當。乎,在這裏表感歎。“百姓之謂我愛也”是“宜乎”的主語。之,介詞。

〔10〕無傷,没有損害,等於説没有關係。

〔11〕仁術,仁道,行仁政的途徑。

〔12〕遠,用如動詞,使……遠。庖廚,廚房。

　　王説,曰:“詩云:‘他人有心,予忖度之〔1〕。’夫子之謂也。夫我乃行之,反而求之,不得吾心〔2〕。夫子言之,於我心有戚戚焉〔3〕。此心之所以合於王者〔4〕,何也?”曰:“有復於王者曰〔5〕:‘吾力足以舉百鈞,而不足以舉一羽〔6〕;明足以察秋毫之末,而不見輿薪〔7〕。’則王許之乎〔8〕?”曰:“否!”“今恩足以及禽獸,而功不至於百姓者〔9〕,獨何與〔10〕? 然則一羽之不舉,爲不用力焉〔11〕;輿薪之不見,爲不用明焉;百姓之不見保〔12〕,爲不用恩焉。故王之不王,不爲也,非不能也。”曰:“不爲者與不能者之形〔13〕,何以異〔14〕?”曰:“挾太山以超北海〔15〕,語人曰〔16〕:‘我不能。’是誠不能也。爲長者折枝〔17〕,語人曰:‘我不能。’是不爲也,非不能也。故王之不王,非挾太山以超北海之類也;王之不王,是折枝之類也。老吾老,以及人

之老[18];幼吾幼,以及人之幼[19]:天下可運於掌[20]。詩
云:'刑于寡妻,至于兄弟,以御于家邦[21]。'言舉斯心加
諸彼而已[22]。故推恩足以保四海[23],不推恩無以保妻
子[24]。古之人所以大過人者[25],無他焉[26],善推其所
爲而已矣。今恩足以及禽獸,而功不至於百姓者,獨何與?
權,然後知輕重[27];度,然後知長短[28]。物皆然,心爲
甚[29],王請度之[30]。——抑王興甲兵[31],危士臣[32],
構怨於諸侯[33],然後快於心與?"

〔1〕引自《詩經·小雅·巧言》。忖(cǔn),揣測。度(duó),心裏衡量。這裏
　　 "忖度'連用就是推測的意思。

〔2〕這是說:我就那樣做了,反過來追究一下我這種行動,自己也不了解自己
　　 的思想。

〔3〕戚戚,心動的樣子。

〔4〕合,符合。王,音 wàng。

〔5〕復,告。

〔6〕鈞,三十斤。一羽,一根羽毛。

〔7〕明,視力。下文"爲不用明"的"明"同此。察,等於說看清楚。毫,毛,獸
　　 類秋季生出新絨毛,最細。末,尖端。輿,車。薪,柴。

〔8〕許,應允,等於說同意。

〔9〕功,功德,功績。

〔10〕偏偏又是什麼原因呢?

〔11〕爲(wèi),因爲。下面兩句的"爲"字同。

〔12〕見保,被安撫。

〔13〕形,具體的表現。

〔14〕怎樣區別? 何以,憑什麼。

〔15〕挾(xié),夾在胳膊下。太山,即泰山。超,跳過。北海,渤海,在齊之北。

〔16〕語(yù),告訴。

〔17〕長者,老者。枝,通"肢"。折枝,指按摩。

〔18〕第一個"老"字用如動詞,敬愛;第二個"老"字用如名詞,指老者。

〔19〕第一個"幼"字用如動詞,愛護;第二個"幼"字指幼者。

〔20〕運,轉動。這句是比喻王天下的容易。

〔21〕引自《詩經·大雅·思齊》。刑,通"型",用如動詞,示範。寡妻,寡德之妻(和"寡人"一樣,是謙稱),也就是嫡妻。御,治。家邦,家和國。

〔22〕〔這話〕是説把這種(愛自己親人的)心加之於別人身上罷了。

〔23〕推,推廣。四海,等於説天下。

〔24〕妻子,妻和子女。

〔25〕大過,大大勝過。

〔26〕他,別的。

〔27〕權,秤錘,用如動詞,指稱東西。

〔28〕度(duó),量(liáng)。

〔29〕大意是:凡物都是這樣,心特別是這樣。甚,形容詞,厲害。

〔30〕"王請"等於"請王"。

〔31〕抑,連詞,還是。興甲兵,使甲兵動起來,即發動戰爭。興,起,使動用法。甲兵,見第11頁《鄭伯克段于鄢》注〔1〕。

〔32〕危,使動用法,使士臣陷於危險。士,士卒。臣,臣子。

〔33〕構,動詞,結。怨,仇恨。

　　王曰:"否。吾何快於是? 將以求吾所大欲也〔1〕。"曰:"王之所大欲,可得聞與?"王笑而不言。曰:"爲肥甘不足於口與〔2〕? 輕煖不足於體與〔3〕? 抑爲采色不足視於目與〔4〕? 聲音不足聽於耳與? 便嬖不足使令於前與〔5〕? 王之諸臣,皆足以供之,而王豈爲是哉?"曰:"否,吾不爲是也。"曰:"然則王之所大欲可知已〔6〕:欲辟土

地〔7〕,朝秦楚〔8〕,莅中國〔9〕,而撫四夷也〔10〕。以若所
爲,求若所欲〔11〕,猶緣木而求魚也〔12〕。"

　　王曰:"若是其甚與〔13〕?"曰:"殆有甚焉〔14〕。緣木求
魚,雖不得魚,無後災;以若所爲,求若所欲,盡心力而爲
之〔15〕,後必有災。"曰:"可得聞與?"曰:"鄒人與楚人戰,
則王以爲孰勝〔16〕?"曰:"楚人勝。"曰:"然則小固不可以
敵大〔17〕,寡固不可以敵衆,弱固不可以敵强。海内之
地〔18〕,方千里者九〔19〕,齊集有其一〔20〕;以一服八〔21〕,
何以異於鄒敵楚哉?蓋亦反其本矣〔22〕?今王發政施
仁〔23〕,使天下仕者皆欲立於王之朝〔24〕,耕者皆欲耕於王
之野,商賈皆欲藏於王之市〔25〕,行旅皆欲出於王之
塗〔26〕,天下之欲疾其君者,皆欲赴愬於王〔27〕。其若是,
孰能禦之〔28〕?"

〔1〕所大欲,最想得到的東西。

〔2〕爲(wèi),因爲。下文直到"吾不爲是也","爲"字皆同。肥甘,指肥美的
　　食品。

〔3〕輕煖,指又輕又暖的衣服。煖,同"暖"。

〔4〕采,彩色,後來寫作"彩"。

〔5〕便嬖(piánbì),即"便辟",親幸的人。

〔6〕已,通"矣"。

〔7〕辟(pì),開闢,後來寫作"闢"。辟土地,指擴大領土。

〔8〕使秦楚入朝稱臣。朝,使動用法,使……朝見。

〔9〕莅(lì),監臨,等於説據有。中國,對四夷而言,指黃河流域周王朝所統治
　　的地方,即中原地帶。

〔10〕撫,安撫,使……安定。四夷,指當時四方少數民族。這是古人對四方外

族的輕蔑稱呼。

〔11〕若,如此,這樣。

〔12〕緣,攀登。木,樹。

〔13〕是"其甚若是與"的倒裝。是,指緣木而求魚。甚,厲害。

〔14〕祇怕有比這厲害的。殆,副詞,祇怕。

〔15〕盡心力,盡心盡力。

〔16〕孰,誰。

〔17〕固,當然,本來。

〔18〕海内,等於説天下。

〔19〕方千里者九,是説海内共有九倍方千里的地。舊説指九州,但不可拘泥,
因爲不可能是平均每州方千里(朱熹注《禮記·王制》,已對每州方千里
的説法加以辨正)。

〔20〕集,會集,指截長補短計其面積。

〔21〕服,使動用法,使……降服。

〔22〕蓋,同"盍"(hé),何不。反,回到,後來寫作"返"。本,根本,這裏指王道
仁政。下文"盍亦反其本矣"同此。

〔23〕發政,發布政令,"政"指王道的政令。施仁,推行仁道。

〔24〕仕者,做官的人。

〔25〕商賈,參看第125頁《魯仲連義不帝秦》注〔11〕。藏,囤積。

〔26〕行旅,指外出行路的人。

〔27〕愬,通"訴"。赴愬,跑來告訴〔你〕。

〔28〕其,語氣詞。若,像。禦,阻擋。

　　王曰:"吾惛[1],不能進於是矣[2]。願夫子輔吾志,
明以教我[3]。我雖不敏,請嘗試之[4]。"曰:"無恒産而
有恒心者[5],惟士爲能[6]。若民,則無恒産因無恒
心[7]。苟無恒心[8],放辟邪侈[9],無不爲已[10]。及
陷於罪[11],然後從而刑之[12],是罔民也[13]。焉有仁人

在位，罔民而可爲也！是故明君制民之産[14]，必使仰足以事父母，俯足以畜妻子[15]，樂歲終身飽[16]，凶年免於死亡，然後驅而之善[17]，故民之從之也輕[18]。今也，制民之産，仰不足以事父母，俯不足以畜妻子，樂歲終身苦，凶年不免於死亡。此惟救死而恐不贍[19]，奚暇治禮義哉[20]？王欲行之，則盍反其本矣？五畝之宅，樹之以桑，五十者可以衣帛矣。雞豚狗彘之畜，無失其時，七十者可以食肉矣。百畝之田，勿奪其時，八口之家可以無飢矣。謹庠序之教，申之以孝悌之義，頒白者不負戴於道路矣。老者衣帛食肉，黎民不飢不寒，然而不王者，未之有也[21]。"

〔1〕惛，昏，思想昏亂。

〔2〕不能做到這種地步了。進，進一步。

〔3〕明，明白地，指把王政之道講清楚。教，教導。

〔4〕嘗，試。在這裏"嘗"與"試"是同義詞連用。

〔5〕恒，常。恒産，指能長久維持生活的産業，如田里、樹木、牲畜等。恒心，長久不變的心，這裏的"心"是指善心。

〔6〕衹有"士"是能够這樣的。

〔7〕若，至於。因，因而。

〔8〕苟，假如。

〔9〕放，放縱。辟(pì)，指行爲不正，後來寫作"僻"。邪，和"辟"同義。侈，和"放"同義。這裏"放辟邪侈"是泛指一切不守封建社會秩序的行爲。

〔10〕已，通"矣"。

〔11〕及，等到。

〔12〕從，等於説跟着。刑，用如動詞，對……用刑罰。

〔13〕罔，網，用如動詞，張羅網。罔民，對人民張羅網，也就是促使民陷於罪的

意思。

〔14〕明君,明智的君。制,規定。

〔15〕畜,養活。因爲在孟子看來,妻子比夫父低一等,所以説"俯足以畜妻子"。

〔16〕大意是:假使一輩子都遇豐年,就一輩子都可以吃飽。樂歲,豐年。

〔17〕驅,驅使,督促。之,到……去。

〔18〕輕,容易。

〔19〕此,指上述情況。惟,祇。贍(shàn),足。

〔20〕哪裏有閒工夫去從事禮義。暇,閒暇。

〔21〕以上一段,參看第284頁《寡人之於國也》注〔8〕—〔17〕。

文王之囿(梁惠王下)

齊宣王問曰:"文王之囿方七十里〔1〕,有諸?"孟子對曰:"於傳有之〔2〕。"曰:"若是其大乎〔3〕?"曰:"民猶以爲小也。"曰:"寡人之囿方四十里,民猶以爲大,何也?"曰:"文王之囿方七十里,芻蕘者往焉〔4〕,雉兔者往焉〔5〕。與民同之〔6〕,民以爲小,不亦宜乎? 臣始至於境〔7〕,問國之大禁〔8〕,然後敢入。臣聞郊關之内〔9〕,有囿方四十里,殺其麋鹿者如殺人之罪〔10〕,則是方四十里,爲阱於國中〔11〕,民以爲大,不亦宜乎?"

〔1〕文王,周文王。囿(yòu),天子諸侯養禽獸的地方。

〔2〕傳(zhuàn),記載史實的古書。

〔3〕是,指方七十里。

〔4〕芻,牧草。蕘,柴。"芻蕘"在這裏都用如動詞,指割草、打柴。芻蕘者,割草打柴的人。

〔5〕雉兔者,獵取野雞和兔子的人。

〔6〕和人民共同使用它。

〔7〕始,初,剛。境,指齊的國境。

〔8〕大禁,重要的禁令。

〔9〕郊關,國都之外百里爲郊,郊外有關(依朱熹説)。

〔10〕麋(mí),鹿的一種,較大。

〔11〕則是,那麼這是。阱(jǐng),捕獸的陷坑。

所謂故國者(梁惠王下)〔1〕

　　孟子見齊宣王曰:"所謂故國者,非謂有喬木之謂也,有世臣之謂也〔2〕。王無親臣矣〔3〕,昔者所進〔4〕,今日不知其亡也〔5〕。"

〔1〕本章表現了孟子的"進賢"的主張,這是其王道内容的一部分。文中還反映了他的傾聽國人意見的思想。

〔2〕人們所説的"故國",不是指的有喬木,而是指的有世臣。之,指示代詞,複指"有喬木"和"有世臣"。故,舊。喬,高。世臣,纍世修德之臣。

〔3〕親臣,可以親信的臣。

〔4〕昔,從前。者,語氣詞。進,舉用,提拔。

〔5〕亡,逃亡出走(依朱熹説)。

　　王曰:"吾何以識其不才而舍之〔1〕?"

　　曰:"國君進賢,如不得已〔2〕,將使卑踰尊,疏踰戚〔3〕,可不慎與? 左右皆曰賢,未可也;諸大夫皆曰賢,未可也;國人皆曰賢,然後察之,見賢焉,然後用之。左右皆曰不可,勿聽;諸大夫皆曰不可,勿聽;國人皆曰不可,然後察之,見不可焉,然後去之〔4〕。左右皆曰可殺,勿聽;諸大夫皆曰可殺,勿聽;國人皆曰可殺,然後察之,見可殺焉,然

後殺之。故曰國人殺之也。如此，然後可以爲民
父母〔5〕。"

〔1〕何以，根據什麽。舍，指不用。

〔2〕不得已，不能不如此，指不能不進賢。

〔3〕踰，超過。戚，親。在當時各國用人都衹注意用尊者親者，孟子則主張在
　　不得已的情況下打破這種等級和宗族的限制來進賢。

〔4〕去之，去掉他，指不用。

〔5〕封建統治者把自己説成是保護撫養人民的。"爲民父母"就是用比喻的
　　方法説明愛民。

夫子當路於齊(公孫丑上)〔1〕

公孫丑問曰〔2〕："夫子當路於齊〔3〕，管仲晏子之
功〔4〕，可復許乎〔5〕？"

孟子曰："子誠齊人也！知管仲晏子而已矣。或問乎
曾西曰〔6〕：'吾子與子路孰賢？'曾西蹵然曰〔7〕：'吾先子
之所畏也〔8〕。'曰：'然則吾子與管仲孰賢？'曾西艴然不
悦曰〔9〕：'爾何曾比予於管仲〔10〕！管仲得君，如彼其專
也〔11〕！行乎國政〔12〕，如彼其久也！功烈〔13〕，如彼其卑
也！爾何曾比予於是！'"曰〔14〕："管仲，曾西之所不爲
也〔15〕，而子爲我願之乎〔16〕？"

〔1〕本章反映了孟子反對"霸道"、提倡"王道"的思想。

〔2〕公孫丑，孟子弟子，姓公孫名丑。

〔3〕路，指仕途。當路，即當道，指身居要職，掌握政權。這句是假設之辭。

〔4〕晏子，姓晏名嬰，春秋時人，曾相齊靈公、莊公、景公，是有名的政治家。
　　功，功業。

〔5〕許,興起。

〔6〕乎,通"於"。曾西,孔子弟子曾參(世稱曾子)的孫子。

〔7〕蹵(cù)然,恭敬不安的樣子。"然"是詞尾。

〔8〕先子,指曾參。古人稱自己已死的前輩時,常稱"先子"。畏,敬畏。曾子
　　自認爲學問不如子路,所以敬畏他。

〔9〕艴(fú)然,生氣的樣子。

〔10〕何曾,等於説何乃(依趙岐説),略等於現代漢語的"爲什麼竟"。

〔11〕得君,指與君相得,也就是遇君,指受到齊桓公的賞識。如彼其專,即"其
　　專如彼"的倒裝。下文"如彼其久""如彼其卑"的結構相同。專,專一,
　　這裏指管仲一人得君。

〔12〕行乎國政,就是行國政。

〔13〕功烈,功業。卑,卑劣,不足道。在孟子看來,"得君""行乎國政"是管仲
　　的有利條件,應該成就"王道"的事業,但管仲卻以"霸道"輔佐齊桓公,
　　所以孟子借曾西的話斥之爲"卑"。

〔14〕這個"曰"字不表示另一人説話,而是表示"更端"(換一個話頭)。參看
　　第194頁《憲問》注〔2〕。

〔15〕爲,做。所不爲,不做的那種人。

〔16〕爲,通"謂",以爲。

　　　曰:"管仲以其君霸〔1〕,晏子以其君顯〔2〕,管仲晏子
猶不足爲與?"

　　　曰:"以齊王,由反手也〔3〕!"

　　　曰:"若是,則弟子之惑滋甚〔4〕。且以文王之德〔5〕,
百年而後崩〔6〕,猶未洽於天下〔7〕。武王、周公繼之〔8〕,
然後大行〔9〕。今言王若易然〔10〕,則文王不足法與〔11〕?"

〔1〕以,介詞,憑着。霸,指行霸道。

〔2〕顯,顯名。

〔３〕王,音 wàng。由,通“猶”,如同。反手,翻手,這是極言王天下之易。

〔４〕滋,益,更。

〔５〕且,連詞,等於説“再説”。

〔６〕百年,文王活了九十七歲,百年是舉整數。崩,古人稱天子死叫崩。

〔７〕〔其德澤〕還没有浸潤到全天下。洽,霑,潤。

〔８〕武王,文王之子。周公,武王之弟,曾輔佐武王。文武周公,都是儒家所
　　推崇的統治者。

〔９〕大行,指德化大行於天下。

〔10〕王,音 wàng。若,像。易然,很容易的樣子。

〔11〕法,效法。

　　曰:“文王何可當也〔１〕? 由湯至於武丁,賢聖之君六
七作〔２〕,天下歸殷久矣〔３〕,久則難變也。武丁朝諸
侯〔４〕,有天下,猶運之掌也。紂之去武丁未久也〔５〕,其
故家遺俗,流風善政,猶有存者〔６〕,又有微子、微仲、王子
比干、箕子、膠鬲〔７〕,皆賢人也,相與輔相之〔８〕,故久而
後失之也。尺地莫非其有也,一民莫非其臣也〔９〕,然而文
王猶方百里起〔10〕,是以難也。齊人有言曰:‘雖有智慧,
不如乘勢〔11〕;雖有鎡基,不如待時〔12〕。’今時則易然也。
夏后殷周之盛〔13〕,地未有過千里者也,而齊有其地
矣〔14〕。雞鳴狗吠相聞,而達乎四境,而齊有其民矣〔15〕。
地不改辟矣〔16〕,民不改聚矣〔17〕,行仁政而王,莫之能禦
也〔18〕。且王者之不作,未有疏於此時者也〔19〕;民之憔悴
於虐政〔20〕,未有甚於此時者也。飢者易爲食,渴者易爲
飲〔21〕。孔子曰:‘德之流行,速於置郵而傳命〔22〕。’當今
之時,萬乘之國行仁政,民之悦之,猶解倒懸也〔23〕。故事

半古之人，功必倍之〔24〕。惟此時爲然。"

〔1〕當，相配，等於説配得上。

〔2〕湯、武丁，都是殷代的君王。賢聖之君，指湯、太甲、太戊、祖乙、盤庚、武
　　丁等。作，興起。六七作，興起了六七次。

〔3〕歸，歸附，這裏是指天下人願意作殷的屬民。

〔4〕朝諸侯，使諸侯來朝。

〔5〕紂，商代末世君，歷史上有名的暴君。去，離。

〔6〕故家，有功勳的舊臣之家。遺俗，先代留下的良好習俗。流風，流傳下來
　　的好風尚。

〔7〕這五個人都是紂王時的賢臣。其中微子、比干、箕子被孔子稱爲三仁。

〔8〕相與，等於説共同。輔相(xiàng)，輔佐協助。

〔9〕没有一尺地不是他所有的，没有一個民不是他的臣子。

〔10〕猶，通"由"。起，興起。

〔11〕勢，時機，形勢。

〔12〕鎡(zī)基，鋤(依王念孫説，見《廣雅疏證》)。時，指農時。

〔13〕夏后，即夏代。盛，指最强盛的時候。

〔14〕其地，這樣〔大〕的地方。

〔15〕大意是，雞犬之聲延綿不斷，一直達到四面的邊界。這是極言人多。

〔16〕改辟，再開闢。

〔17〕改聚，再聚集。

〔18〕没有任何人能阻擋他。之，"禦"的賓語。

〔19〕疏，指時間隔得久遠。

〔20〕憔悴(qiáocuì)，困苦。

〔21〕這是説：在人民困苦時行仁政，最容易爲人民接受。

〔22〕置、郵，都是古代傳遞政令的方法。置驛，即馬遞；郵驛，即車遞(依朱熹
　　説)。

〔23〕好比解下倒弔着人的繩子。

〔24〕事情比古人少做了一半,而收效高一倍。

許　行(滕文公上)〔1〕

有爲神農之言者許行〔2〕,自楚之滕,踵門而告文公曰〔3〕:"遠方之人,聞君行仁政,願受一廛而爲氓〔4〕。"文公與之處〔5〕。其徒數十人,皆衣褐〔6〕,捆屨織席以爲食〔7〕。

陳良之徒陳相,與其弟辛,負耒耜而自宋之滕〔8〕,曰:"聞君行聖人之政,是亦聖人也,願爲聖人氓。"

〔1〕在本章中,許行等人出於對當時暴政的厭惡而提出恢復到原始共產社會的主張。孟子著重從社會分工的必然性和事物間的質的差別性批駁了許行之説。

〔2〕爲,這裏指研究。神農,傳説中的遠古酋長,是"三皇"之一,因爲相傳是他開始教人民耕種的,所以叫神農。言,等於説學説。先秦諸子中有一派是"農家",認爲如果世上所有的人都從事耕作,天下就會不治而治,因此假託神農之言主張"君臣並耕"。許行即屬這一派。

〔3〕滕(téng),國名,在今山東滕縣西南。踵,腳後跟,用如動詞。踵門,足至門(依朱熹説),指走到門上。

〔4〕廛(chán),一般百姓的住宅(依孫詒讓説,見《周禮正義·地官·載師》)。氓(méng),自外地遷來的民(依段玉裁説,見《説文解字注》)。

〔5〕與,給。處,名詞,住所,這裏即指"廛"。

〔6〕衣(yì),穿。褐(hè),粗毛編織的衣服,是當時貧苦人的衣服。

〔7〕捆,砸。屨,鞋。捆屨,即做鞋。編麻鞋草鞋時要邊編邊砸,可以使鞋結實。以爲食,等於説以此爲生。

〔8〕耒耜(lěisì),犁。鏵叫耜,犁柄叫耒。

陳相見許行而大悦,盡棄其學而學焉〔1〕。陳相見孟子,道許行之言曰:"滕君,則誠賢君也;雖然[2],未聞道也[3]。賢者與民並耕而食[4],饔飧而治[5];今也,滕有倉廩府庫[6],則是厲民而以自養也,惡得賢[7]!"

〔1〕第一個"學"字用如名詞,指所學的。第二個"學"字是動詞。

〔2〕雖然這樣。

〔3〕道,名詞,指許行所認爲的古聖賢治國之道。

〔4〕賢者,指古代的賢君。並,一起,一齊。

〔5〕饔(yōng),早餐。飧(sūn),晚飯。"饔飧"在這裏用如動詞,指自己做飯。治,指治理天下。

〔6〕倉廩(lǐn),糧食庫。府庫,藏財帛的地方。

〔7〕則是,那麽這是。厲,病。厲民,使人民困苦。自養,供養自己。惡(wū),哪裏。惡得賢,哪裏够得上稱爲賢君呢? 許行認爲滕君在當時雖然可稱爲賢君,但是還不能達到古聖賢的標準。

　　孟子曰:"許子必種粟而後食乎?"曰:"然。""許子必織布然後衣乎?"曰:"否。許子衣褐[1]。""許子冠乎[2]?"曰:"冠。"曰:"奚冠[3]?"曰:"冠素[4]。"曰:"自織之與?"曰:"否,以粟易之。"曰:"許子奚爲不自織[5]?"曰:"害於耕[6]。"曰:"許子以釜甑爨[7],以鐵耕乎[8]?"曰:"然。""自爲之與?"曰:"否,以粟易之。"

〔1〕褐是用毛編織的,所以不算是織布(依趙岐説)。

〔2〕冠,用如動詞,戴帽子。

〔3〕奚冠,戴什麽帽子。

〔4〕素,生絲織成的絹帛,不染色。這是説許行戴生絹做的帽子。

〔5〕奚爲,爲什麽。

〔6〕對耕種有妨害。

〔7〕釜(fǔ),鍋。甑(zèng),瓦做的蒸東西的炊具。爨(cuàn),炊,燒火

做飯。

〔8〕鐵,指鐵製的農具。

"以粟易械器者,不爲厲陶冶〔1〕;陶冶亦以械器易粟者,豈爲厲農夫哉?且許子何不爲陶冶,舍皆取諸其宮中而用之〔2〕?何爲紛紛然與百工交易〔3〕?何許子之不憚煩〔4〕?"

曰:"百工之事,固不可耕且爲也。""然則治天下,獨可耕且爲與〔5〕?有大人之事,有小人之事〔6〕。且一人之身而百工之所爲備〔7〕,如必自爲而後用之,是率天下而路也〔8〕。故曰:或勞心〔9〕,或勞力。勞心者治人,勞力者治於人〔10〕;治於人者食人〔11〕,治人者食於人:天下之通義也〔12〕。

〔1〕陶,燒製陶器。冶,冶煉鐵器。"陶、冶"在這裏指製造釜甑和鐵製農具的匠人。

〔2〕〔一切東西〕都衹從自己家裏拿來用。舍,止。按:"舍"字不好懂,姑從舊注。宮,室。注意:上古時"宮"還沒用來專指帝王的宮室。

〔3〕紛紛然,忙碌的樣子。百工,從事各種工藝生產的人。

〔4〕不憚煩,不怕麻煩。

〔5〕獨,單單,偏。

〔6〕在《孟子》中,"大人"與"君子"同義,指統治者;"小人"與"野人"同義,指被統治者。

〔7〕所爲,所做的東西。備,具備。這是説,一個人的生活要具備各行各業所生產的東西。

〔8〕路,疲勞,羸弱(依王念孫説,見《讀書雜誌》)。

〔9〕或,代詞,有人。

〔10〕勞心者、勞力者,指上文"大人、小人"。治於人,被人治。

〔11〕食(sì)，等於説供養。

〔12〕通義，一般的道理。按：這段話反映了孟子的政治觀點與歷史觀。他主張社會的發展需要人們有所分工，同時又認爲人民羣衆祇能從事體力勞動，養活統治階級，更把剝削階級和被剝削階級的對立看成永恒不變的合理的社會秩序。這就爲歷代統治者剝削和壓迫統治勞動人民提供了理論根據。

“當堯之時，天下猶未平〔1〕。洪水橫流〔2〕，氾濫於天下。草木暢茂，禽獸繁殖，五穀不登〔3〕，禽獸偪人〔4〕。獸蹄鳥迹之道〔5〕，交於中國〔6〕。堯獨憂之，舉舜而敷治焉〔7〕。舜使益掌火〔8〕，益烈山澤而焚之〔9〕，禽獸逃匿。禹疏九河〔10〕，瀹濟漯〔11〕，而注諸海〔12〕；決汝漢，排淮泗，而注之江〔13〕；然後中國可得而食也〔14〕。當是時也，禹八年於外，三過其門而不入，雖欲耕，得乎〔15〕？

〔1〕平，平定，指治理好。

〔2〕洪，大。橫流，不順水道，亂流。

〔3〕登，成熟。

〔4〕偪，後來寫作“逼”，這裏是威脅的意思。

〔5〕獸蹄鳥迹形成的道路。

〔6〕交，縱橫交錯。中國，指中原一帶。

〔7〕敷，治(依趙岐説)，指治水土。

〔8〕益，舜的臣。掌火，掌管火。這是説使益任主火之官。

〔9〕益在山澤燃起大火來燒它。烈，用如動詞。

〔10〕疏，開通。九河，相傳是禹在黃河下游爲了疏濬黃河而開鑿的九條支流，其故道已不可考。

〔11〕瀹(yuè)，疏導。濟(jǐ)、漯(tà)，都是水名，故道都在今山東省。

〔12〕注，使……流入。諸，之於。海，指今黃海。

〔13〕決,打開缺口,導引水流。汝,汝水,在今河南,東流入淮河。漢,漢水。排,排除,指排除水道淤塞。淮,淮河。泗,泗水,源出山東泗水縣,古代泗水在今江蘇淮陰附近入淮,今泗水流入運河,祇是古代泗水的上游。江,長江。按:汝漢淮泗四水,祇有漢水流入長江,這裏可能是記述的錯誤(依朱熹説)。

〔14〕指洪水退了,纔可以耕種並收穫糧食。

〔15〕得乎,等於説成嗎。

　　"后稷教民稼穡,樹藝五穀〔1〕,五穀熟而民人育〔2〕。人之有道也〔3〕,飽食、煖衣、逸居而無教〔4〕,則近於禽獸。聖人有憂之〔5〕,使契爲司徒〔6〕,教以人倫〔7〕:父子有親,君臣有義,夫婦有別,長幼有敘,朋友有信〔8〕。放勳曰:'勞之來之〔9〕,匡之直之〔10〕,輔之翼之〔11〕,使自得之〔12〕,又從而振德之〔13〕。'聖人之憂民如此,而暇耕乎?

〔1〕后稷,名棄,周的始祖。"稷"本是主管農事的官名,堯任命棄爲稷,周人因稱棄爲后稷("后"是"君"的意思)。稼穡(sè),農業上種叫稼,收叫穡,這裏泛指農事。樹、藝,都是種植的意思。

〔2〕育,生養,這裏有得以生存、繁殖的意思。

〔3〕人之有道也,等於説"人之爲道也"(依王念孫之説,是《經傳釋詞》引)。這句引起下文,是説關於人的道理。

〔4〕等於説吃得飽,穿得暖,住得安逸卻没有受到教育。

〔5〕有,通"又"。這是承上"堯獨憂之"而言。

〔6〕契(xiè),堯的臣子,商的始祖。司徒,官名,掌管教育等事。

〔7〕人倫,古代社會所規定的人與人之間的正常關係。以下五句即所謂五倫。

〔8〕别,分別。敘,通"序",等次。

〔9〕放勳,堯的號。勞(lào),慰勞。來(lài),使……來(來歸順)。

〔10〕匡,正,使……正直,即糾正。

〔11〕翼,保護。

〔12〕自得,指自得其善性。

〔13〕振,救濟。德,用如動詞,指對人民施恩惠。以上是堯囑咐契的話(依朱
　　　熹説)。

　　"堯以不得舜爲己憂,舜以不得禹、皋陶爲己憂〔1〕。
夫以百畝之不易爲己憂者,農夫也〔2〕。分人以財謂之惠,
教人以善謂之忠,爲天下得人者謂之仁〔3〕;是故以天下與
人易,爲天下得人難〔4〕。孔子曰〔5〕:'大哉,堯之爲
君〔6〕!惟天爲大,惟堯則之〔7〕,蕩蕩乎,民無能名
焉〔8〕!君哉,舜也〔9〕!巍巍乎,有天下而不與焉〔10〕!'
堯舜之治天下,豈無所用其心哉?亦不用於耕耳。

〔1〕皋陶(yáo),舜的法官。相傳禹和皋陶曾幫助舜治理天下。

〔2〕以田地種不好爲自己的憂慮的人,是農夫。夫(fú),句首語氣詞。百畝,
　　　參看第286頁《寡人之於國也》注〔8〕。易,治。

〔3〕這裏的"惠""忠""仁",是孟子隨文而做的解釋,並不能概括這三個詞在
　　　當時的全部涵義。

〔4〕把天下讓給人容易,但是要爲天下找到更賢的人卻很難。

〔5〕見《論語・泰伯》,但文字頗有出入。

〔6〕大哉,等於説偉大啊,是全句的謂語。下文"君哉"同。

〔7〕則,法則,用如動詞,效法。

〔8〕蕩蕩乎,廣大遼闊的樣子。名,用如動詞,指用言語來稱贊形容。

〔9〕君哉,指爲人君之道。

〔10〕巍巍乎,高大的樣子。與(yù),參與。不與,等於説不相干(依朱熹説)。
　　　有天下而好像跟自己不相干,是説不以有天下爲榮。

　　"吾聞用夏變夷者,未聞變於夷者也〔1〕。陳良,楚産

也〔2〕,悦周公、仲尼之道〔3〕,北學於中國;北方之學者,未能或之先也〔4〕。彼所謂豪傑之士也〔5〕。子之兄弟,事之數十年,師死而遂倍之〔6〕。昔者,孔子没〔7〕,三年之外,門人治任將歸〔8〕,入揖於子貢,相嚮而哭,皆失聲〔9〕,然後歸。子貢反,築室於場,獨居三年〔10〕,然後歸。他日,子夏、子張、子游,以有若似聖人,欲以所事孔子事之,强曾子〔11〕。曾子曰:'不可。江漢以濯之〔12〕,秋陽以暴之〔13〕,皓皓乎不可尚已〔14〕!'今也,南蠻鴃舌之人〔15〕,非先王之道;子倍子之師而學之,亦異於曾子矣。吾聞出於幽谷,遷於喬木者〔16〕,未聞下喬木而入於幽谷者。魯頌曰:'戎狄是膺,荆舒是懲〔17〕。'周公方且膺之〔18〕,子是之學〔19〕,亦爲不善變矣〔20〕。"

〔1〕夏,指當時中原各國(這些國家當時文化較發達)。變夷,使夷同化。變於夷,被夷同化。夷,見第292頁《齊桓晉文之事》注〔10〕。

〔2〕楚産,出生在楚地的人。當時楚地文化也很發達,但孟子仍斥之爲夷。

〔3〕周公,見第299頁《夫子當路於齊》注〔8〕。

〔4〕或,有人。先,用如動詞,指超過。之,"先"的賓語,指陳良。

〔5〕豪傑,才能出衆的人。

〔6〕倍,通"背",背叛。

〔7〕没,通"歿",死。

〔8〕任,擔子,指行李。治任,收拾行裝。上古時代,弟子爲老師服心喪三年(哀痛與喪父相仿,但不服喪服,所以稱心喪),所以三年過後門人散去。

〔9〕嚮,向。相嚮,面對面。失聲,悲不成聲。

〔10〕場,墓前供祭祀用的場地。子貢因對孔子感情深摯,所以又守墓三年。

〔11〕有若,即有子,參看第205頁《有子之言似夫子》注〔2〕。聖人,指孔子。

强（qiǎng），勉强。强曾子，勉强曾子〔也這樣做〕。

〔12〕濯，洗。以，介詞，用。“江漢”是“以”的賓語。下句結構同此。

〔13〕秋陽，秋天的太陽。周曆的七八月相當於夏曆的五六月，正是陽光最强的時候。暴（pù），曬，後來寫作“曝”。

〔14〕皓（hào），光明潔白。尚，通“上”。不可尚，指任何人達不到孔子的境界。

〔15〕鴃（jué），鳥名，又名伯勞，叫的聲音不好聽，孟子用“鴃舌”來比喻許行的話難聽。許行是楚人，所以孟子這樣説，這是孟子歧視非華夏之國的偏見。

〔16〕出於幽谷，遷於喬木，是用《詩經·小雅·伐木》的話。幽谷，幽暗的山谷。《詩經》是説鳥，孟子則用來比喻人改邪歸正。

〔17〕引自《詩經·魯頌·閟宫》。膺，擊。荆，國名，就是楚。舒，南方的小國，從屬於楚。懲，使人受創而警懼。

〔18〕方且，將要。

〔19〕是，指戎狄荆蠻。“是”是“學”的賓語，提前用“之”複指。

〔20〕變，即承上文“用夏變夷”的“變”。

　　“從許子之道，則市賈不貳，國中無僞[1]；雖使五尺之童適市[2]，莫之或欺[3]。布帛長短同，則賈相若[4]；麻縷絲絮輕重同[5]，則賈相若；五穀多寡同，則賈相若；屨大小同，則賈相若。”

　　曰：“夫物之不齊，物之情也[6]：或相倍蓰，或相什百，或相千萬[7]。子比而同之[8]，是亂天下也。巨屨小屨同賈，人豈爲之哉[9]？從許子之道，相率而爲僞者也，惡能治國家！”

〔1〕賈（jià），價格，後來寫作“價”。貳，同“二”。國中，都城中。

〔2〕五尺，相當於現在的三尺多。適，到……去。

〔3〕等於説没有人騙他。之,代詞。或,句中語氣詞。

〔4〕相若,相像,也就是相同。

〔5〕縷(lǚ),綫。

〔6〕情,指自然之理。

〔7〕或,有的。蓰(xǐ),五倍。什百、千萬,都是説的倍數。什,十倍。

〔8〕比,平列,等於説同等看待。同,等同起來,等於説劃一。

〔9〕孟子是説物之不齊是自然的道理,它們有精粗的分别,就和有大小的分別一樣。假如大鞋小鞋同價,人們豈肯做大鞋出賣呢? 若不論精粗,使之同價,人們又豈肯做精的出賣呢? (參用朱熹説)

攘　雞(滕文公下)

戴盈之曰〔1〕:"什一,去關市之征〔2〕,今兹未能〔3〕;請輕之〔4〕,以待來年然後已〔5〕。何如?"

孟子曰:"今有人日攘其鄰之雞者〔6〕,或告之曰:'是非君子之道。'曰:'請損之〔7〕,月攘一雞,以待來年然後已。'如知其非義,斯速已矣〔8〕,何待來年?"

〔1〕戴盈之,宋國大夫。

〔2〕什一,孟子所主張的古代田賦法,即征收農産品的十分之一。關市之征,指在關市征收的商業税。征,抽税。戴盈之是説,實行什一之賦,去掉關市之征。注意:什一指農業税,關市之征指商業税,這是兩件事。

〔3〕今兹,今年。

〔4〕輕之,使田賦和關市之征減輕些。

〔5〕來年,明年。已,停止,指完全廢除。

〔6〕現在有個每天偷鄰家的雞的人。這是假設之詞。攘,本指扣留自己跑來的家禽牲畜,和"偷"有些不同;在本文中就是偷的意思。者,代詞,指前面的"人"。

〔7〕損,減少。

〔8〕斯,則。已,停止。

陳 仲 子 (滕文公下)〔1〕

匡章曰〔2〕:"陳仲子,豈不誠廉士哉〔3〕!居於陵,三日不食,耳無聞,目無見也〔4〕。井上有李,螬食實者過半矣〔5〕,匍匐往將食之〔6〕,三咽〔7〕,然後耳有聞,目有見。"

〔1〕陳仲子,有人說就是於陵子仲,參看第108頁《趙威后問齊使》注〔18〕。陳仲子是齊國的隱士,不食不義之禄,孟子在這裏指出陳仲子不可能徹底體現自己的操守。

〔2〕匡章,齊人。

〔3〕廉,廉潔,指不取不義之財。

〔4〕聞、見,指聽覺、視覺。

〔5〕井臺上有李子,螬蟲吃掉果肉已經超過一半了。螬(cáo),樹上的一種蟲。

〔6〕匍匐,爬。將,拿過來。

〔7〕咽,嚥,吞。三咽,吞了三口。

孟子曰:"於齊國之士,吾必以仲子爲巨擘焉〔1〕。雖然,仲子惡能廉〔2〕!充仲子之操〔3〕,則蚓而後可者也〔4〕。夫蚓,上食槁壤〔5〕,下飲黄泉。仲子所居之室,伯夷之所築與〔6〕?抑亦盜跖之所築與〔7〕?所食之粟,伯夷之所樹與〔8〕?抑亦盜跖之所樹與?是未可知也〔9〕。"

〔1〕巨擘(bò),手的大拇指。孟子用來比喻陳仲子在齊國的士中是最好的。

〔2〕惡(wū),疑問代詞。惡能廉,怎能做到廉呢?

〔3〕充,滿,這裏是説無一處不貫徹體現。操,操守。

〔4〕蚓,蚯蚓。這是説假使要徹底體現陳仲子的操守,衹好變成蚯蚓。

〔5〕槁壤,乾土。

〔6〕伯夷,殷時孤竹國君長子,反對武王伐紂,不食周粟,餓死首陽山。伯夷
　　在封建時代一直被統治階級推崇爲廉潔之士。

〔7〕抑亦,作用同“抑”,還是。盜跖(zhí),相傳爲春秋時的大盜,名跖。

〔8〕樹,動詞,種植。

〔9〕孟子的意思是:陳仲子不能脱離別人而生活,一與別人發生關係,“廉”的
　　原則就被打破了。

　　　　曰:“是何傷哉?彼身織屨〔1〕,妻辟纑〔2〕,以易之也〔3〕。”

　　　　曰:“仲子,齊之世家也〔4〕。兄戴,蓋禄萬鍾〔5〕。以兄之禄爲不義之禄而不食也,以兄之室爲不義之室而不居也。避兄離母,處於於陵〔6〕。他日歸,則有饋其兄生鵝者〔7〕;己頻顣曰〔8〕:‘惡用是鶂鶂者爲哉〔9〕!’他日,其母殺是鵝也,與之食之〔10〕。兄自外至,曰:‘是鶂鶂之肉也!’出而哇之〔11〕。以母則不食〔12〕,以妻則食之;以兄之室則弗居,以於陵則居之;是尚爲能充其類也乎〔13〕?若仲子者,蚓而後充其操者也。”

〔1〕身,自己。

〔2〕辟(pī),績麻,就是把麻分開,把短的續長。纑(lú),練麻,即漂治麻縷。

〔3〕之,指“粟”“室”。

〔4〕世家,世世代代爲卿大夫的家族。

〔5〕戴,陳仲子兄之名。蓋(gě),齊地名,戴的采邑(戴收租税的地方)。鍾,
　　六斛四斗(一斛等於十斗)。

〔6〕處(chǔ)，居住。

〔7〕他日，另一日，等於説有一天。餽(kuì)，贈送。鶂，即鵝字。生鶂，活鵝。

〔8〕頻，通"顰"，皺眉。顣(cù)，皺着鼻子。頻顣，指皺着眉不高興的樣子。

〔9〕鶂鶂(yì)，鵝叫的聲音。爲，語氣詞。

〔10〕與，給。第一個"之"字指陳仲子，第二個"之"字指鵝。

〔11〕哇(wā)，吐。

〔12〕以，因。以母，因爲是母親〔的食物〕。下面三個"以"字同。

〔13〕這還算是能够把自己的操守體現在一切行爲當中嗎？類，同樣的事情。

弈　秋 (告子上)

　　孟子曰："無或乎王之不智也〔1〕。雖有天下易生之物也，一日暴之，十日寒之〔2〕，未有能生者也。吾見亦罕矣〔3〕，吾退而寒之者至矣〔4〕，吾如有萌焉何哉〔5〕！今夫弈之爲數〔6〕，小數也。不專心致志〔7〕，則不得也。弈秋，通國之善弈者也〔8〕。使弈秋誨二人弈：其一人專心致志，惟弈秋之爲聽〔9〕；一人雖聽之，一心以爲有鴻鵠將至〔10〕，思援弓繳而射之〔11〕。雖與之俱學，弗若之矣〔12〕。爲是其智弗若與〔13〕？曰：非然也〔14〕。"

〔1〕無，勿。或，通"惑"，想不通。乎，於。

〔2〕暴(pù)，曬。寒，用如動詞，使……寒，等於説凍。

〔3〕見，指見齊王。罕，稀少。

〔4〕寒之者，比喻和孟子抱不同主張的人，指姦佞諂媚之臣。

〔5〕在王身上有點爲善的萌芽，我又能怎麼樣呢？萌，植物的芽，這裏是比喻齊王在思想上接受孟子學説而爲善的苗頭。如……何，等於説如之何，即奈何。

〔6〕弈(yì)，下圍棋。數，指技藝。

〔7〕致,極,即"盡"的意思。致志,等於説用盡心思。

〔8〕弈秋,"秋"是人名,因善弈,所以稱"弈秋",這是古人稱名的習慣。通國,全國。

〔9〕等於説唯弈秋是聽,即衹聽弈秋的。

〔10〕鴻鵠(hú),就是鵠(依朱駿聲説,見《説文通訓定聲》),天鵝。

〔11〕援,取過來。繳,見第114頁《莊辛説楚襄王》注〔9〕。

〔12〕弗若,不如,不及。兩個"之"字都指上文專心致志的那個人。

〔13〕爲,通"謂",認爲。是,這個人。

〔14〕這個"曰"字表示同一人自問後的自答。非然,不是這樣。

舜發於畎畝之中(告子下)

　　孟子曰:"舜發於畎畝之中〔1〕,傅説舉於版築之間〔2〕,膠鬲舉於魚鹽之中〔3〕,管夷吾舉於士〔4〕,孫叔敖舉於海〔5〕,百里奚舉於市〔6〕。故天將降大任於是人也〔7〕,必先苦其心志,勞其筋骨,餓其體膚,空乏其身〔8〕,行拂亂其所爲〔9〕,所以動心忍性,曾益其所不能〔10〕。

〔1〕發,起,指被起用。畎(quǎn),田間的水溝。畝,田壟。"畎畝"連用泛指田野。據説舜耕於歷山,三十歲纔被堯舉用。

〔2〕傅説(yuè),殷代高宗武丁的相。舉,被舉用,被選拔。版,築土牆用的夾板。築,擣土用的杵。築牆時先把土倒在夾板中,再用築擣結實。據説傅説在傅巖(地名)爲人築牆,後來武丁就命他以傅爲氏。

〔3〕膠鬲(gé),參看第300頁《夫子當路於齊》注〔7〕。膠鬲最初販賣魚鹽,被周文王舉薦於紂。

〔4〕管夷吾,即管仲,參看第194頁《憲問》注〔1〕"桓公殺公子糾"。士,獄官。舉於士,指從獄官手裏被釋放並舉用。

〔5〕孫叔敖,姓孫,名叔敖,春秋時楚人,隱居海濱,後楚莊王舉以爲相。

〔6〕百里奚,春秋時虞人,曾被楚人捉去放牛,秦穆公知其名,把他贖買到秦,舉以爲相。舉於市,等於説從奴隸市場中被舉拔。

〔7〕任,責任,擔子。

〔8〕空乏,資財缺乏,使動用法。空乏其身,就是使他身受貧窮之苦。

〔9〕行,行爲。拂,違背。亂,擾。所爲,指想要做的。

〔10〕借此使他們心裏常常保持警惕,使他們的性格變得堅强,使他們增加了能力。動心,使心驚動。忍,堅。曾,通"增"。益,與增同義。增益其所不能,大意是説對他們本來不能做的事有所增加,等於説增加了他們的能力。

　　"人恒過〔1〕,然後能改;困於心,衡於慮,而後作〔2〕;徵於色,發於聲,而後喻〔3〕。入則無法家拂士〔4〕,出則無敵國外患者〔5〕,國恒亡。然後知生於憂患,而死於安樂也〔6〕!"

〔1〕恒,常。過,犯錯誤。

〔2〕困,苦,指苦苦思索。衡,通"横",梗塞,指不順利。作,奮起,指有所作爲。

〔3〕徵,察驗。色,容色,臉色。喻,了解。這幾句是説一般人没有預見性,要等到犯了錯誤然後能改;要等到困難來了纔着急,纔能奮發有爲;顯出臉色來,然後纔被人們所了解。

〔4〕入,指國内。法家,有法度的世臣。拂(bì),通"弼",匡正過失。拂士,能直諫匡過的臣。

〔5〕出,指國外。

〔6〕孟子的意思是憂患使人勤奮,因而得生;安樂使人怠惰,可使身亡。

常 用 詞(四)　65字

行走出入之適進退踰逸偪　決治　樹藝　事畜　保愛　傷害

比喻

　　誠僞善淫凶　疏戚　饑孰　滋烈贍　共同殊異

　　斤鈞鍾倍　政教法術勢數　朝野塗江關　官府　衣冠屨商賈
旅徒　年歲

188.【行】

（一）讀 háng。名詞。道路。《詩經·豳風·七月》：“遵彼
微~。”《詩經·周南·卷耳》：“寘彼周~。”（周行：大路，公路。）

（二）動詞。走路，走。跟“止”相對。《論語·述而》：“三
人~，必有我師焉。”引申爲走了，不留在原來的地方了。《論語·
微子》：“使子路反見之，至則~矣。”又：“孔子~。”又爲實際地做，
實施，辦。《論語·先進》：“子路問：‘聞斯~諸？’”《孟子·梁惠王
上》：“夫我乃~之，反而求之，不得吾心。”現代有雙音詞“實行”。

（三）副詞。將，快。曹丕《與吳質書》：“別來~復四年。”杜甫
《送率府程録事還鄉》：“鄙夫~衰謝。”（鄙夫：自謙之詞。）

（四）讀 xìng，去聲。名詞。行爲，一般指道德上的表現。《論
語·公冶長》：“聽其言而觀其~。”《莊子·逍遙遊》：“~比一鄉。”

（五）讀 háng。行列。《左傳·成公二年》：“屬當戎~，無所逃
隱。”杜甫《贈衛八處士》詩：“兒女忽成~。”

189.【走】

（一）跑，逃跑。《戰國策·楚策一》：“獸見之皆~。”《孟子·
梁惠王上》：“棄甲曳兵而~。”今成語有“~馬看花”。

（二）讀 zòu，去聲。奔向。《孟子·離婁上》：“民之歸仁也，猶
水之就下，獸之~壙也。”（壙：原野。）今成語有“~投無路”（但不再
讀去聲）。

[辨]行，走。古代所謂“行”，現代叫“走”（比較“行路”“走

路")。古代所謂"走",現代叫"跑"(比較"走馬""跑馬")。衹有華南方言(如粵方言、客家方言等)還保存古義。

190.【出】

出,出去,出來。跟"入"相對。《論語·先進》:"三子者~。"又特指"出門"。《孟子·梁惠王下》:"魯平公將~。"《離婁下》:"其良人~,則必饜酒肉而後反。""入"與"出"對舉時,在某些情況下,"入"表示國内或家内,"出"表示國外或家外。《孟子·告子下》:"入則無法家拂士,~則無敵國外患者,國恒亡。"從"出去"的意義引申爲"出妻"(休妻)。另引申爲超出,超過。《論語·鄉黨》:"祭肉不~三日。"又爲支出。《禮記·王制》:"量入以爲~。"又表示拿出。柳宗元《送薛存義序》:"凡民之食于上者,~其十一傭乎吏。"又爲出現。蘇軾《後赤壁賦》:"山高月小,水落石~。"

191.【入】

(一)進,進去,進來。《孟子·滕文公上》:"三過其門而不~。"注意:在這個意義上,古人說"入"不說"進"。"入"字與"出"字對舉,有時表示國内或家内。《論語·學而》:"弟子~則孝,出則弟。"

(二)納。《戰國策·秦策四》:"~其社稷之臣於秦。"《左傳·宣公二年》:"諫而不~。"

192.【之】

(一)動詞。到〔某地〕去。《孟子·梁惠王上》:"牛何~?"《戰國策·齊策四》:"驅而~薛。"又《趙策三》:"齊閔王將~魯。"又《楚策四》:"莊辛去~趙。"注意:上古漢語有"去之"的説法,但"去"字衹表示離開某地,"之"字方是表示到某地去。"莊辛去~趙"是説莊辛離開了楚國而到趙國去。

(二)指示代詞。此,這。《詩經·周南·桃夭》:"~子于歸。"

《莊子·逍遥遊》："～二蟲又何知？"

（三）人稱代詞。他，她，它（又指複數）。用作賓語。《孟子·梁惠王上》："是何異於刺人而殺～？"又："以羊易～。"《論語·爲政》："詩三百，一言以蔽～，曰：思無邪。"

（四）介詞。的。《孟子·梁惠王上》："王道～始也。"

193.【適】

（一）動詞。到〔某地〕去。《論語·子路》："子～衛。"《孟子·滕文公上》："雖使五尺之童～市，莫之或欺。"《莊子·逍遥遊》："彼且奚～也？"

（二）嫁。《儀禮·喪服》子夏傳："女子子～人者。"又《喪服》注："凡女行於大夫以上曰'嫁'，行於士庶人曰'～人'。"歐陽修《江鄰幾墓誌銘》："女三人，長～秘書丞錢袞，餘尚幼。"

（三）副詞。正巧，恰在這個時候。《戰國策·趙策三》："此時魯仲連～遊趙。"

（四）讀 dí，通"嫡"。正妻所生的。《左傳·文公十八年》："殺～立庶。"（庶：非正妻所生的。）

[辨] 之，如，適，往，赴。在到某地去的意義上，"之""如""適"沒有什麽分別。"之齊""如齊""適齊"可以互换；可能是方言的不同。"往"和這三個詞的分別較大。這三個詞帶直接賓語，而"往"不帶直接賓語，上古不説"往齊"。《孟子·滕文公下》："簞食壺漿往將食之。"目的地是不言而喻的。又《梁惠王上》："芻蕘者往焉，雉兔者往焉。"説"往焉"不説"往之"，就是因爲"往"字不能帶直接賓語。《孟子·滕文公下》："往之女家。"正是由於"往"不能帶直接賓語，所以後面再加動詞"之"字。"赴"字和其他四字分別很大，因爲它表示奔向（特别是奔向水火或凶險之境），而不是簡單的往。

"赴"字在詞性上卻跟"之""如""適"相同,因爲它能帶直接賓語。

194.【進】

(一)向前走,推進。跟"退"相對。《論語·雍也》:"非敢後也,馬不~也。"《左傳·僖公四年》:"師~,次于陘。"引申爲到朝廷去做官。《孟子·公孫丑上》:"治亦~,亂亦~。"又爲使到朝廷裏來,任用。《孟子·梁惠王下》:"國君~賢。"又爲向在上者推薦。司馬遷《報任安書》:"今少卿乃教以推賢~士。"

(二)獻納。《戰國策·齊策一》:"羣臣~諫。"《史記·廉頗藺相如列傳》:"身所奉飲而~食者以十數。"

[辨]進,入。"進"與"入"在古代不是同義詞。"進"的反面是"退","入"的反面是"出"。現代漢語所謂"進去""進來",古人衹說"入",不說"進"。例如"入門",在古代不能説成"進門"。

195.【退】

(一)向後走,後退。跟"進"相對。《周易》乾卦:"知進而不知~。"引申爲撤退。《左傳·僖公四年》:"師~,次于召陵。"又指從朝廷、從父親、從老師處回來。《詩經·召南·羔羊》:"~食自公。"(退食:退朝而食于家。自公:自公門而出。)《孟子·告子上》:"吾~而寒之者至矣。"《論語·季氏》:"鯉~而學詩。"(鯉:孔鯉。孔子之子。)又《爲政》:"~而省其私,亦足以發,回也不愚。"再引申爲不在朝廷任職。《孟子·公孫丑上》:"治則進,亂則~。"《楚辭·離騷》:"~將復修吾初服。"范仲淹《岳陽樓記》:"是進亦憂,~亦憂。"

(二)不與人競爭。《禮記·曲禮上》:"是以君子恭敬撙節~讓以明禮。"《史記·外戚世家》:"由此爲~讓君子。"引申爲退縮。《論語·先進》:"求也~,故進之。"

196.【踰】

越過。《詩經・鄭風・將仲子》:"無~我牆。""踰"又用於比喻或抽象的意義。《論語・子張》:"大德不~閑。"《孟子・梁惠王下》:"將使卑~尊,疏~戚。"注意:"踰"也可以寫作"逾"。

197.【逸】

(一)逃走。《左傳・桓公八年》:"隨侯~。"揚雄《解嘲》:"往者周網解結,羣鹿爭~。"引申爲奔跑得很快。《左傳・成公二年》:"馬~不能止。"引申爲隱遁。《論語・微子》:"~民伯夷、叔齊。"又《堯曰》:"舉~民。"又爲散失,如説"~文""~周書"。在這個意義上又可作"軼",如"~聞""~事"。也可作"佚"。又爲超出常格,卓越。《後漢書・蔡邕傳》:"太尉馬日磾馳往謂允曰:'伯喈(蔡邕之字)曠世~才,多識漢事,當續成漢史,爲一代大典。'"杜甫《春日憶李白》詩:"清新庾開府,俊~鮑參軍。"

(二)放縱,安逸,安樂。《孟子・滕文公上》:"~居而無教,則近於禽獸。"《戰國策・楚策四》:"專淫~侈靡,不顧國政。"這個意義也可寫作"泆""佚"。《左傳・隱公三年》:"驕奢淫泆,所自邪也。"《史記・三王世家》:"無長好佚樂馳騁弋獵淫康,而近小人。"

198.【偪】

侵逼,逼近。《孟子・滕文公上》:"禽獸~人。"《左傳・僖公五年》:"桓莊之族何罪,而以爲戮? 不唯~乎?"注意:"偪"後代多寫作"逼"。

199.【決】(决)

(一)打開缺口,導引水流。《孟子・滕文公上》:"~汝漢,排淮泗,而注之江。"又《告子上》:"~諸東方則東流。"引申爲洪水把堤岸沖開。《左傳・襄公三十一年》:"大~所犯,傷人必多。"

（二）判定，決定。《戰國策·趙策三》："平原君猶豫未有所～。"《楚辭·卜居》："余有所疑，願因先生～之。"

200.【治】

（一）舊讀平聲（chí）。治水，防禦它或疏導它。《孟子·告子下》："禹之～水，水之道也。"引申爲處理，進行某種工作。《孟子·滕文公上》："然則～天下獨可耕且爲與？"又："惡能～國家？"又："門人～任將歸。"又《梁惠王上》："奚暇～禮義哉？"《莊子·馬蹄》："伯樂善～馬，而陶匠善～埴木。"（陶：燒窑工人。匠：木匠。埴 zhí：陶土，黏土。）《左傳·成公三年》："二國～戎。"按："治"字的引申義應用甚廣，凡加於名詞的前面，就表示對此事物進行應有的處理。

（二）去聲。形容詞。治理好了的。特指國家被治理得很好，太平。跟"亂"相對。《論語·泰伯》："舜有臣五人而天下～。"《戰國策·齊策》："齊國大～。"

［辨］治，理。"治"是"治水"，"理"是"治玉"。治國家可以叫做"治"，也可叫做"理"。如"治亂"可以說成"理亂"。但是在這個意義上，上古多說"治"，少說"理"。唐代因避唐高宗李治的諱，於是常常把"治"說成"理"。如韓愈《原毀》："其國家可幾而理歟！"《送李愿歸盤谷序》："理亂不知。"柳宗元《永州韋使君新堂記》："將使繼公之理者，視其細知其大也。"這是讀唐人作品所應該注意的。

201.【樹】

（一）動詞。種植，栽種。《孟子·梁惠王上》："五畝之宅，～之以桑。"又《滕文公上》："后稷教民稼穡，～藝五穀。"又《滕文公下》："所食之粟，伯夷之所～與？抑亦盜跖之所～與？"成語有"十年~木,百年~人"。

(二)名詞。樹木。《左傳・昭公二年》:"有嘉~焉,宣子譽之。"《史記・孫子吳起列傳》:"龐涓死於此~之下。"

按:舊時於動詞的"樹"讀上聲,名詞的"樹"讀去聲。今無別。

[辨]樹,木。"樹"和"木"的顯著區別有兩點:(1)"樹"可以是動詞,"木"不可以用作動詞;(2)"木"可以當"木材"講,"樹"不可以當"木材"講。先秦的"樹"字,一般衹用作動詞。《詩經・鄭風・將仲子》:"無折我樹杞。"疏:"無損折我所樹之杞木。"這是正確的解釋。"樹"作爲動詞時,也不限於種木,還可以種草。《詩經・衛風・伯兮》:"焉得諼草(萱草),言樹之背(背:北堂)。"動詞"種"字,戰國時代纔出現。《孟子・滕文公上》:"許子必種粟而後食乎?"

202.【藝】(蓺)

(一)種植。《詩經・唐風・鴇羽》:"不能~黍稷。"《孟子・滕文公上》:"樹~五穀。"

(二)才能,技能,本領。《尚書・金縢》:"能多材多~。"

203.【事】

(一)事情。《孟子・梁惠王上》:"齊桓晉文之~,可得聞乎?"又《公孫丑上》:"故~半古之人,功必倍之。"注意:"事"字隨着上下文的不同,而帶有比較特殊的意義,如指"軍事""戰事""急事"等。《論語・季氏》:"季氏將有~於顓臾。"《左傳・成公二年》:"此車一人殿之,可以集~。"

(二)動詞。侍奉,指爲君主或父母服務。《左傳・隱公元年》:"欲與大叔,臣請~之。"《孟子・梁惠王上》:"必使仰足以~父母。"妻對夫也稱事。《史記・廉頗藺相如列傳》:"始妾~其父。"在國與國的關係上,也有所謂"事"。《孟子·梁惠王下》:"惟仁者爲能以大~小……惟智者爲能以小~大。"

(三)動詞。從事於。《漢書·張騫傳》:"漢方欲~滅胡。"杜甫《新婚別》詩:"努力~戎行。"

204.【畜】

(一)讀 xù。養。《孟子·梁惠王上》:"雞豚狗彘之~,無失其時。"又:"俯不足以~妻子。"

(二)讀 xù。積聚,儲藏。《孟子·離婁上》:"苟爲不~,終身不得。"《荀子·天論》:"~積收藏於秋冬。"這個意義又寫作"蓄"。《禮記·王制》:"無三年之蓄。"

(三)讀 chù。家養的禽獸。《左傳·昭公二十五年》:"爲六~五牲三犧,以奉五味。"(六畜:指馬牛羊雞犬豕)。

205.【保】

撫養。《尚書·康誥》:"若~赤子。"引申爲安。《孟子·梁惠王上》:"~民而王,莫之能禦也。"注意:這種"保"字還不是"保護"的意思,而祇是"安"的意思。下文"~四海""~妻子"也都祇是"安"的意思。又引申爲守住。《左傳·哀公二十七年》:"乃先~南里以待之。"

206.【愛】

(一)愛。《左傳·隱公元年》:"~其母。"引申爲憐惜。《左傳·僖公二十二年》:"~其二毛。"(二毛:指有花白頭髮的人。)

(二)捨不得,不願意放棄,吝惜。《孟子·梁惠王上》:"百姓皆以王爲~也。"又:"吾何~一牛?"《老子》四十四章:"甚~必大費。"注意:上古"愛"字很多是當"捨不得"講的,不要誤會爲"親愛"的"愛"。

207.【傷】

（一）受傷，特指戰鬥時遭受創傷。《左傳・成公二年》：“郤克~於矢。”引申爲損害。《論語・子張》：“其何~於日月乎？”“何傷”二字獨用（後面加“乎”字），原意是“損害了什麼”，可以譯成現代漢語“有什麼關係？”《論語・先進》：“何~乎？”“無傷”二字獨用（後面加“乎”字）原意是“没有損害什麼”，可以譯成現代漢語“没有什麼關係”。

（二）悲傷。《詩經・周南・卷耳》：“維以不永~。”

208.【害】

（一）損害，傷害。《左傳・僖公三十年》：“君亦無所~。”《論語・衛靈公》：“志士仁人，無求生以~仁，有殺身以成仁。”引申爲嫉妒。《史記・屈原賈生列傳》：“上官大夫與之同列，爭寵而心~其能。”又爲妨礙。《孟子・滕文公上》：“~於耕。”

（二）名詞。禍害，害處。跟“利”相對。《左傳・隱公元年》：“都城過百雉，國之~也。”又：“姜氏欲之，焉辟~？”《世説新語・雅量》：“客問淮上利~。”

（三）通“曷”。何不。《孟子・梁惠王上》：“湯誓曰：‘時日~喪。’”

209.【比】

（一）擺在一起。《文心雕龍・情采》：“五音~而成韶夏。”“比”又用於抽象意義，表示當作同類看待。《孟子・滕文公上》：“子~而同之，是亂天下也。”司馬遷《報任安書》：“刑餘之人，無所~數。”又：“而世俗又不能與死節者次~。”（次：也是“擺在一起”。）引申爲比較，較量。賈誼《過秦論》上：“試使山東之國與陳涉度長絜大，~權量力，則不可同年而語矣。”

（二）讀 bì，去聲。偏袒，偏心自己人。《左傳・襄公三年》："立其子，不爲～。"今成語有"朋～爲姦"。

（三）讀 bì，去聲。及。表示等到了〔那個時候〕。《孟子・梁惠王下》："～其反也，則凍餒其妻子。"有時"比及"連用。《論語・先進》："求也爲之，～及三年，可使足民。"

（四）《詩》六義之一。六義是：風，雅，頌；賦，比，興。"比"是比喻。白居易《與元九書》："關於美刺～興者。"（美：頌揚。刺：諷刺。）黄遵憲《人境廬詩草序》："復古人～興之體。"

210.【喻】

（一）曉得，了解。《戰國策・魏策四》："寡人～矣。"《孟子・告子下》："徵於色，發於聲，而後～。"

（二）天子告臣民、上告下叫喻，亦作"諭"。《史記・司馬相如列傳》："上聞之，乃使相如責唐蒙，因～告巴蜀民以非上意。"《漢書・司馬相如傳》作"諭"。

（三）比喻。《孟子・梁惠王上》："王好戰，請以戰～。"

注意："喻""諭"古代無分別，直到漢代還互相混用，後來漸漸有了分工。於"比喻"的意義用"喻"不用"諭"；在"曉得"或"使人知道"的意義上，用"諭"不用"喻"。

211.【誠】

（一）真心，不詭詐，不虚僞。跟"詐"相對，又跟"僞"相對。《周易》乾卦："脩辭立其～。"《禮記・樂記》："著～去僞。"

（二）副詞。實在，的確。《孟子・公孫丑上》："子～齊人也。"引申爲假設之詞。《戰國策・趙策三》："趙～發使尊秦昭王爲帝，秦必喜，罷兵去。"司馬遷《報任安書》："僕～以著此書，藏之名山，傳之其人，通邑大都，則僕償前辱之責，雖萬被戮，豈有悔哉？”

212.【僞】

人爲的。《荀子·性惡》：“人之性惡，其善者~也。”引申爲詭詐，不誠實。《孟子·滕文公上》：“從許子之道，相率而爲~者也。”又爲假的，非真的。《楚辭·哀郢》：“被以不慈之~名。”注意：在這個意義上，先秦説“僞”不説“假”。

213.【善】

（一）好，指美好。《莊子·逍遙遊》：“夫列子御風而行，泠然~也。”

（二）好，指有道德。跟“惡”相對。《論語·子路》：“不如鄉人之~者好之，其不~者惡之。”

（三）好，指高明，有本領，擅長。《孟子·告子上》：“弈秋，通國之~弈者也。”又《滕文公上》：“子是之學，亦爲不~變矣。”

（四）好，指做得對。《左傳·襄公三十一年》：“夫人朝夕退而游焉，以議執政之~否。”

（五）好，指令人滿意的。《論語·子罕》：“求~賈而沽諸？”（賈：同“價”。）

214.【淫】

（一）過分而不得當，過度。《戰國策·楚策四》：“專~逸侈靡。”《論語·八佾》：“關雎樂而不~。”《禮記·曲禮下》：“非其所祭而祭之，名曰~祀。”

（二）不正當的男女關係，淫邪。《左傳·宣公四年》：“~于郧子之女。”（郧：同“鄖”yún。春秋時國名，在今湖北安陸縣。）《楚辭·離騷》：“謠諑謂余以善~。”引申爲貪色，縱慾。《左傳·成公二年》：“今納夏姬，貪其色也；貪色爲~。”

215.【凶】

（一）不吉利。跟“吉”相對。《楚辭·卜居》：“此孰吉孰~？”

（二）饑荒。《孟子·梁惠王上》：“河內~，則移其民於河東。”又：“~年免於死亡。”

216.【疏】

（一）稀疏。跟“密”相對，又跟“數”相對。（“數”就是“密”。）《老子》七十三章：“天網恢恢，~而不失。”《漢書·霍光傳》：“~眉目，美須髯。”引申爲關係遠，不親。《孟子·梁惠王下》：“將使卑踰尊，~踰戚。”又引申爲同樣的行爲重複的時間相隔得久。也跟“數”相對。《孟子·公孫丑上》：“且王者之不作，未有~於此時者也。”

（二）疏通，特指疏通江河。《孟子·滕文公上》：“禹~九河。”現代變爲雙音詞“~通”。

（三）讀 shù，去聲。分條登記或分條陳説。《漢書·匈奴傳》：“~記以計識其人衆畜牧。”又《李廣蘇建傳》：“數~光過失。”（光：霍光。）引申爲上給皇帝的奏議。如漢鼂錯有《論貴粟~》。杜甫《秋興》詩（其三）：“匡衡抗~功名薄，劉向傳經心事違。”

（四）讀 shù，去聲。注解的一種。一般是疏通經義並對古人的注加以引申和説明。如《左傳》是杜預注，孔穎達疏。

注意：（一）可以寫作“疎”，（二）（三）（四）不可以寫作“疎”。

217.【戚】

（一）兵器之一種，像大斧。《詩經·大雅·公劉》：“弓矢斯張，干戈~揚。”陶潛《讀山海經》詩（其十）：“刑天舞干~。”

（二）憂患，悲哀。《莊子·大宗師》：“哭泣無涕，中心不~。”這種意義也寫作“慼”。《左傳·宣公二年》：“我之懷矣，自詒伊慼。”

(三)親,親屬。《孟子·梁惠王下》:"將使卑踰尊,疏踰~。"注意:上古所謂"戚",包括父母兄弟等。後代纔專指族外的親屬。

218.【饑】

五穀不成熟,荒年。《論語·先進》:"因之以~饉。"又《顏淵》:"年~,用不足。"

[辨]飢,饑。"飢"與"饑"古音不相同(飢屬脂部,饑屬微部);它們既不是異體字,也不是通用字。"飢"用於"飢餓","饑"用於"饑荒",分別是顯著的。《左傳》"饑""飢"絕不相混,《孟子》"饑"字有時當"飢餓"講,但"飢"字絕不當"饑荒"講。中古"飢""饑"讀音相同,纔漸漸混用了。

219.【孰】

(一)熟,煮熟了的。《左傳·宣公二年》:"宰夫胹熊蹯不~。"引申爲深透,深入。《荀子·議兵》:"凡慮事欲~。"《史記·廉頗藺相如列傳》:"唯大王與羣臣~計議之。"今成語有"深思~慮"。"~視"連用,指看了又看。《戰國策·齊策一》:"明日,徐公來,~視之。"今成語有"~視無睹"。這個意義後來寫作"熟"。

(二)五穀豐年。跟"饑"相對。又寫作"熟"。《孟子·滕文公上》:"五穀熟而民人育。"

(三)誰,哪個。《論語·雍也》:"哀公問弟子~爲好學。"《孟子·梁惠王上》:"鄒人與楚人戰,則王以爲~勝?"按:"孰"字多用於選擇問,跟"誰"不盡相同。又可指事物。《論語·八佾》:"是可忍也,~不可忍也?"這種意義不能寫作"熟"。

[辨]誰,孰。這兩個詞是同義詞,但也有細微的分別。"誰"專指人,"孰"則兼指物。"孰"用於選擇問,"誰"不用於選擇問。"孰與徐公美"不能説成"誰與徐公美";"弟子孰爲好學"不能説成"弟

子誰爲好學"。但是"孰"也用於非選擇問,當其指人時(如"孰爲夫子"),"孰"和"誰"就完全同義了。

220.【滋】

(一)增益,增長。《左傳·隱公元年》:"無使~蔓。"現代有雙音詞"~長"。

(二)副詞。更加。《孟子·公孫丑上》:"若是,則弟子之惑~甚。"《史記·魏其武安侯列傳》:"是以竇太后~不悦魏其等。"

221.【烈】

(一)火猛。《左傳·昭公二十年》:"夫火~,民望而畏之,故鮮死焉。"引申爲强烈,猛烈。[~士](1)視死如歸的勇士。《莊子·秋水》:"白刃交於前,視死若生者,~士之勇也。"(2)有節操、有作爲的人。曹操《步出夏門行(龜雖壽)》:"~士暮年,壯心不已。"

(二)事業。《孟子·公孫丑上》:"功~,如彼其卑也。"賈誼《過秦論》上:"及至始皇,奮六世之餘~。"

222.【贍】

讀 shàn。足够。《孟子·公孫丑上》:"以力服人者,非心服也,力不~也。"又《梁惠王上》:"此惟救死而恐不~,奚暇治禮義哉?"引申爲充足,豐富。《文心雕龍·情采》:"心術既形,英華乃~。"引申爲供給別人財物(後起義)。《晉書·羊祜傳》:"禄俸所資,皆以~給九族,賞賜軍士。"

223.【共】

(一)讀 gǒng,上聲。通"拱"。拱手。《論語·鄉黨》:"子路~之。"引申爲環繞。《論語·爲政》:"譬如北辰,居其所而衆星~之。"

(二)讀 gōng,平聲。通"供"。供給,供應。《左傳·僖公四年》:"王祭不~。"又《僖公三十年》:"行李之往來,~其乏困。"

(三)讀 gōng,平聲。通"恭"。《左傳·文公十八年》:"父義,母慈,兄友,弟~,子孝。"

(四)副詞。共同。《論語·子罕》:"可與~學。"又動詞,表示共同享受,或共同佔有。《論語·公冶長》:"與朋友~,敝之而無憾。"又表示具有共同的情況。《孟子·滕文公上》:"夏曰'校',殷曰'序',周曰'庠';'學'則三代~之。"

224.【同】

同,一樣。跟"異"相對。《孟子·滕文公上》:"布帛長短~,則賈相若。"又動詞,表示共同享受。《孟子·梁惠王下》:"與民~樂也。"又:"與百姓~之。"又表示同屬。《論語·微子》:"鳥獸不可與~羣。"

[辨]共,同。在"共同"的意義上,"共"和"同"仍有分別。"共"跟"分"相對,"同"跟"異"相對。作"一樣"講時,祇能用"同",所以"布帛長短同"不能換成"布帛長短共"。

225.【殊】

(一)死。《漢書·高帝紀》:"其赦天下~死以下。"(殊死以下:指死刑以下。)《史記·淮陰侯列傳》:"軍皆~死戰,不可敗。"

(二)不同,有分別。《文心雕龍·鎔裁》:"善敷者辭~而意顯。"范縝《神滅論》:"名~而體一也。"[~方](1)不同的方面。《漢書·藝文志》:"時世主,好惡~方。"(2)不同的區域。班固《西都賦》:"~方異類,至於三萬里。"引申爲特別的,卓越超羣的,特別好的。諸葛亮《出師表》:"蓋追先帝之~遇,欲報之於陛下也。"古詩《陌上桑》:"坐中數千人,皆言夫婿~。"

(三)副詞。起加强語氣的作用。略似現代漢語的"很"。《戰國策·趙策四》：“老臣今者~不欲食。”

226.【異】

（一）不同。跟“同”相對。《論語·微子》：“我則~於是。”又《先進》：“~乎三子者之撰。”引申爲奇特。柳宗元《鈷鉧潭西小丘記》：“不匝旬而得~地者二。”［~日］［~時］（1）往日，往時。《漢書·高帝紀》下有“~日”秦民公大夫（第七級爵位）以上的，能和縣令抗禮（平等對待）的記載。又《食貨志》下載“~時”有小車的商人分等納税。（2）將來。《戰國策·齊策六》：“願王之察之~日。”白居易《與元九書》：“~時相見。”胡銓《上高宗封事》：“且安知~時金人無厭之求，不加我以無禮如劉豫也哉?”［~物］不同之物。《莊子·大宗師》：“假於~物，託於同體。”引申爲：（1）指别的行業。《國語·齊語》：“不見~物而遷焉。”今成語有“見~思遷”。（2）指死亡的人。賈誼《鵩鳥賦》：“化爲~物兮，又何足患?”杜甫《北征》詩：“殘害爲~物。”（3）指珍奇的物品。《後漢書·班昭傳》：“每有貢獻~物。”

（二）奇怪，覺得奇怪。《孟子·梁惠王上》：“王無~於百姓之以王爲愛也。”陶潛《桃花源記》：“漁人甚~之。”

227.【斤】

（一）斧子一類的工具。《孟子·梁惠王上》：“斧~以時入山林。”《莊子·徐无鬼》：“匠石運~成風。”（石：人名。）

（二）稱物的單位。《墨子·號令》：“賜黄金二十~。”《戰國策·齊策四》：“孟嘗君予車五十乘，金五百~。”

（三）［~~］明察的樣子。《詩經·周頌·執競》：“~~其明。”今成語有“~~計較”。

228.【鈞】

（一）三十斤。《孟子·梁惠王上》：“吾力足以舉百~。”

(二)陶匠做陶器時,模子下面旋轉的工具叫鈞。《淮南子·原道》:"~旋轂轉。"用於比喻,"大鈞"或"洪鈞"指天。賈誼《鵩鳥賦》:"大~播物兮。"張華《答何劭》:"洪~陶萬類。"

(三)通"均"。同樣。《孟子·告子上》:"~是人也,或爲大人,或爲小人。"

229.【鍾】

(一)量名。六斛四斗。《孟子·滕文公下》:"兄戴,蓋禄萬~。"

(二)積聚。《國語·周語下》:"澤,水之~也。"《世説新語·傷逝》:"情之所~,正在我輩。"成語有"一見~情"。

[辨]鐘,鍾。"鐘"是"鐘鼓"的"鐘","鍾"是"量名",一般是區別開來的。有時候,"鍾"也被假借爲"鐘"。《孟子·梁惠王上》"將以釁鐘",或本作"鍾"。但是"千鍾""萬鍾"的"鍾"和"鍾情"的"鍾"卻不寫作"鐘"。"姓鍾"的"鍾"也不能寫作"鐘"。

230.【倍】

(一)背向,背着。《戰國策·趙策三》:"天子弔,主人必將~殯柩。"《史記·淮陰侯列傳》:"右~山陵。"引申爲違背。《孟子·滕文公上》:"師死而遂~之。"

(二)加倍。《孟子·公孫丑上》:"故事半古之人,功必~之。"《文心雕龍·鎔裁》:"雖翫其采,不~領袖。"

231.【政】

統治管理的工作,特指國家的統治管理。《論語·子路》:"衛君待子而爲~。"《孟子·梁惠王上》:"察鄰國之~,無如寡人之用心者。"

232.【教】

（一）動詞。教導。司馬遷《報任安書》：“～以慎於接物，推賢進士爲務。”又名詞。教育。《孟子·梁惠王上》：“謹庠序之～。”又《滕文公上》：“飽食煖衣，逸居而無～，則近於禽獸。”

（二）名詞。文體的一種。諸侯、王公的命令叫“教”。蕭統《文選序》：“又詔誥～令之流，表奏牋記之列。”引申爲官府的文告。蘇軾《答謝民師書》：“所示書～及詩賦雜文。”又爲書信中的敬詞，指對方的話或要求。蘇軾《答謝民師書》：“未能如～。”

（三）讀 jiāo。動詞。使。一般多用於詩詞。杜甫《奉酬嚴公》詩：“草茅無徑欲～鋤。”白居易《琵琶行》：“曲罷常～善才服。”（善才：唐代樂師之稱。）金昌緒《春怨》詩：“打起黃鶯兒，莫～枝上啼。”

233.【法】

（一）法令，法律。上古的“法”，着重在規定刑罰。《老子》五十七章：“～令滋彰，盜賊多有。”《韓非子·五蠹》：“儒以文亂～，俠以武犯禁。”

（二）制度。賈誼《過秦論》上：“內立～度，務耕織。”

（三）動詞。效法，學習好的榜樣。《孟子·公孫丑上》：“則文王不足～與？”

（四）方法，辦法，法子。《墨子·備城門》：“子墨子曰：‘守城之～，必數城中之木，十人之所舉爲十挈，五人之所舉爲五挈。’”又《旗幟》：“守城之～，木爲蒼旗，火爲赤旗。”

234.【術】

（一）道路，街巷。《禮記·月令》：“皆脩封疆，審端徑～。”（端：正其徑路。）《漢書·刑法志》：“圜圂～路。”左思《蜀都賦》：“亦有甲第，當衢向～。”

(二)道。《孟子·梁惠王上》:"是乃仁~也。"枚乘《上書諫吴王》:"上不絕三光之明,下不傷百姓之心者,有王~也。"引申爲方式,方法。《孟子·告子下》:"教亦多~矣。"王安石《答司馬諫議書》:"所操之~多異故也。"[方~]技藝。古代把懷有特種技能者如醫藥、卜筮等歸爲一類,叫"方~"。《後漢書》有《方術列傳》。《北史·周澹傳》:"多方~,尤善醫藥。"

235.【勢】

(一)力量,權力。《荀子·正論》:"天子者~位至尊,無敵於天下。"《戰國策·齊策四》:"斗趨見王爲好~,王趨見斗爲好士。"

(二)形勢,某種情況所形成的局面。《孟子·告子上》:"今夫水,搏而躍之可使過顙,激而行之可使在山,是豈水之性哉?其~則然也。""勢"又用作狀語,表示具體情況所決定。《孟子·離婁上》:"公孫丑問曰:'君子之不教子何也?'孟子曰:'~不行也。'"成語有"~不兩立"。[其~]用作狀語表示"勢必"。《史記·淮陰侯列傳》:"今井陘之道,車不得方軌,騎不得成列,其~糧食必在其後。"又:"此所謂驅市人而戰之,其~非置之死地,使人人自爲戰。"引申爲機會。《孟子·公孫丑上》:"雖有智慧,不如乘~。"《莊子·秋水》:"時~適然。"

236.【數】

(一)數目,數量。《莊子·秋水》:"號物之~謂之萬。"

(二)技藝,特指博弈之類的技藝。《孟子·告子上》:"今夫弈之爲~,小~也。"

(三)占卜。《楚辭·卜居》:"~有所不逮,神有所不通。"再引申爲命運。王維《老將行》:"衛青不敗由天幸,李廣無功緣~奇。"又舊日迷信有"天~""大~""氣~""劫~"等説法。

（四）幾（表示不確定的數目）。《孟子·梁惠王上》：“～口之家可以無飢矣。”又《滕文公上》：“其徒～十人。”

（五）讀 shǔ，上聲。計算。《莊子·秋水》：“雜而下者不可勝～也。”

（六）讀 shuò。時間相隔得短。跟“疏”相對。《論語·里仁》：“朋友～，斯疏矣。”《禮記·祭義》：“祭不欲～，～則煩。”

（七）讀 cù。密。跟“疏”相對。《孟子·梁惠王上》：“～罟不入洿池。”

237.【朝】

（一）讀 zhāo。早晨。跟“暮”“夕”相對。《論語·里仁》：“～聞道，夕死可矣。”《莊子·逍遙遊》：“～菌不知晦朔。”［崇～］［終～］從天明至食時（將近日中的時間）為終朝（崇朝）。《詩經·鄘風·蝃蝀》：“崇～其雨。”《老子》二十三章：“飄風不終～。”

（二）讀 cháo。動詞。朝見，臣在早晨拜見君主。《左傳·宣公二年》：“盛服將～。”《戰國策·趙策三》：“率天下諸侯而～周。”又表示使朝見。《孟子·梁惠王上》：“欲辟土地，～秦楚，而撫四夷也。”

（三）讀 cháo。名詞。朝廷，朝見君主的地方。《孟子·梁惠王上》：“使天下仕者皆欲立於王之～。”《戰國策·齊策一》：“於是入～見威王。”引申為朝代。杜牧《赤壁》詩：“自將磨洗認前～。”

238.【野】

（一）郊外，田野。《孟子·梁惠王上》：“耕者皆欲耕於王之～。”《史記·淮陰侯列傳》：“使～無所掠。”又形容詞。不是城市的，不是家中豢養的。《莊子·天地》：“民如～鹿。”引申為朝廷之外。如“在～”。

（二）粗野，不文。跟"文"相對。《論語·雍也》："質勝文則~。"

239.【塗】

（一）路。《論語·陽貨》："遇諸~。"《孟子·梁惠王上》："~有餓莩而不知發。"這種意義又寫作"涂"。《戰國策·趙策三》："將之薛，假~於鄒。"後代又寫作"途"。陶淵明《歸去來辭》："實迷~其未遠，覺今是而昨非。"今成語有"道聽~説""半~而廢"。

（二）泥。《孟子·公孫丑上》："立於惡人之朝，與惡人言，如以朝衣朝冠坐於~炭。"《莊子·秋水》："此龜者，寧其死爲留骨而貴乎？寧其生而曳尾於~中乎？"引申爲塗飾。《穀梁傳·襄公二十四年》："臺榭不~。"又爲塗抹，塗改（後起義）。李商隱《韓碑》："點竄堯典舜典字，~改清廟生民詩。"

240.【江】

專有名詞。長江，揚子江。《孟子·滕文公上》："決汝漢，排淮泗，而注之~。"又："~漢以濯之。"引申爲一般的河流（後起義）。注意："江"字一般總是指長江，如"江東"是長江之東。"江南"是長江之南。即使在後代，除非加上另一個江名（如"浙江"），或加上數目字（如"三江""九江"），或"江山"連用，否則仍指長江。杜甫《秋興》詩："~間波浪兼天湧，塞上風雲接地陰。""江間"指長江中間。

[辨]江，河。"江"與"河"既然都是專名，當然不是同義詞。後代被引申爲一般河流的意義時，則變爲同義詞。但是，北方的河流多稱"河"，如漳河、渭河等；南方的河流多稱"江"，如湘江、灕江、嘉陵江等，都是受了"江""河"的本義的影響。

241.【關】

（一）門閂。《左傳·襄公二十三年》："臧紇斬鹿門之~以出。"

又動詞。關門(門上了閂)。陶淵明《歸去來辭》:"門雖設而常~。"

(二)出入國境的關口。《周禮·地官·司關》:"凡四方之賓客敂~,則爲之告。"(敂 kòu:到。賓客:指來朝聘的諸侯,卿大夫等。)引申爲國防上的關。賈誼《過秦論》上:"秦人開~而延敵。"又爲關卡,稅關。《孟子·滕文公下》:"去~市之征。"

(三)通過,經歷。《韓非子·問田》:"不試於屯伯,不~乎州郡,故有失政亡國之患。"《漢書·霍光傳》:"上令吏民得奏封事,不~尚書。"

(四)關連,關涉。司馬遷《報任安書》:"夫以中才之人,事有~於宦豎,莫不傷氣,而況於慷慨之士乎?"

242.【宮】

(一)房屋,住宅。《論語·子張》:"譬之~牆。"《孟子·滕文公上》:"且許子何不爲陶冶,舍皆取諸其~中而用之?"後來專指帝王所住的房屋,宮殿(秦漢以後的意義)。賈誼《過秦論》中:"作阿房~。"杜甫《詠懷古迹》詩(其四):"先主窺吳幸三峽,崩年亦在永安~。"

(二)五聲之一。古代音樂,宮商角徵羽爲五聲。《禮記·樂記》:"~亂則荒,其君驕。"

(三)古代五刑之一,閹割之刑。《尚書·呂刑》:"~辟疑,赦;其罰六百鍰。"

[辨]宮,室。先秦時代,"宮"與"室"是同義詞。自從"宮"字專指帝王住宅以後,它就和"室"字大有區別了。

243.【府】

(一)藏財物的地方。《孟子·滕文公上》:"今也滕有倉廩~庫,則是厲民而以自養也。"《史記·項羽本紀》:"籍吏民,封~庫,而待將軍。"成語有"天~之國"。"天府"原意是天的倉庫。

（二）官府。諸葛亮《出師表》："宮中~中,俱爲一體。"引申爲大官的住宅。如"~第"。又爲對人家庭的尊稱。如"~上"。

244.【衣】

（一）衣服,有時候特指上衣。《詩經·邶風·綠衣》："綠兮~兮,綠~黃裳。"（裳:讀 cháng。下衣。）又《豳風·七月》："九月授~。"[布~]平民。《戰國策·魏策四》："大王嘗聞布~之怒乎?"

（二）讀 yì,去聲。動詞。穿〔衣〕。《孟子·梁惠王上》："老者~帛食肉。"又《滕文公上》："許子~褐。"又指給人穿衣。《詩經·小雅·斯干》："載~之裳。"

245.【冠】

（一）古代帽子的總稱。《楚辭·漁父》："新沐者必彈~。"又爲動詞。戴冠。《孟子·滕文公上》："許子~乎?"

（二）讀 guàn,去聲。古代的一種禮。古代男子二十歲時舉行成人禮,開始戴冠。[~者]指成年人。《論語·先進》:"~者五六人。"[弱~]指剛成年。王勃《滕王閣序》："無路請纓,等終軍之弱~。"

（三）讀 guàn,去聲。超出衆人的,居第一位的,到了頂的。《漢書·丙吉傳》："蕭曹爲~。"（蕭:蕭何;曹:曹參。）白居易《與元九書》："~于卷首。"今雙音詞有"~軍"。

246.【屨】

鞋子。《孟子·滕文公上》："其徒數十人,皆衣褐,捆~織席以爲食。"注意:上古沒有"鞋"字,"屨"就是"鞋"。

247.【商】

（一）做生意的人。《左傳·僖公三十三年》："鄭~人弦高將市於周。"《孟子·梁惠王上》:"～賈皆欲藏於王之市。"

（二）五聲之一。《禮記·樂記》:"～亂則陂，其官壞；角亂則憂，其民怨。"（陂 pō：不平。）《古詩十九首》:"清～隨風發，中曲正徘徊。"

（三）星宿名，即心宿。杜甫《贈衛八處士》詩:"人生不相見，動如參與～。"

（四）朝代名。成湯取代夏之後建立的王朝。盤庚時遷於殷，所以又稱爲"殷"或"殷～"。

（五）估量，計算。《漢書·趙充國傳》:"虜必～軍進退，稍引去。"［～略］［～推］［～量］表示討論。《晉書·阮籍傳》:"籍嘗於蘇門山遇孫登，與～略終古及栖神導氣之術。"引申爲現代的"商量"。

248.【賈】

（一）讀 gǔ。賣。《詩經·邶風·谷風》:"～用不售。"（用：因此。售：賣出去。）又爲買。《左傳·昭公二十九年》:"平子每歲～馬。"引申爲招惹。《左傳·桓公十年》:"吾焉用此以～害也。"

（二）讀 gǔ。做生意的人。《孟子·梁惠王上》:"商～皆欲藏於王之市。"

（三）讀 jià。價格。《論語·子罕》:"求善～而沽諸?"（沽：賣。）《孟子·滕文公上》:"布帛長短同，則～相若。"這個意義後來寫作"價"。

［辨］商，賈。運貨販賣的叫"商"，囤積營利的叫"賈"。所以説"行商坐賈"。後世不再區別。

249.【旅】

（一）軍隊五百人爲旅。《左傳·哀公元年》:"有田一成，有衆一～。"引申爲一般的軍隊。《論語·先進》:"加之以師～。"《詩經・大雅・皇矣》："王赫斯怒,爰整其~。"又爲衆。成語有"~進~退"(隨衆進退)。

(二)行。"行旅"二字連用,表示旅行的人。《孟子・梁惠王上》:"行~皆欲出於王之塗。"引申爲寄居。《史記・陳杞世家》:"羈~之臣。"

250.【徒】

(一)步行。《周易》賁卦:"舍車而~。"《論語・先進》:"不可~行也。"按:不憑藉交通工具叫"徒",所以陸行不用車叫"~行",水行不用船叫"~涉"。引申爲步兵。《左傳・昭公二十五年》:"帥~以往。"

(二)徒黨。有時候指手下的人。《左傳・宣公二年》:"倒戟以禦公~。"有時候指同類。《論語・微子》:"吾非斯人之~與而誰與?"有時候指同一集團,同一學派,同一政治主張的人。《論語・先進》:"非吾~也。"又《微子》:"是魯孔丘之~與?"《孟子・梁惠王上》:"仲尼之~,無道桓文之事者。"引申爲徒弟,門徒。《吕氏春秋・誣徒》:"人之情,惡異於己者,此師~相與造怨尤也。"又:"所加於人,必可行於己,若此則師~同體。"

(三)空。形容詞。《孟子・離婁上》:"~善不足以爲政,~法不能以自行。"又副詞。徒然,没有效果。《左傳・襄公二十五年》:"齊師~歸。"今成語有"~勞無功"。

(四)副詞。衹,但,僅僅。《戰國策・魏策四》:"夫韓魏滅亡,而安陵以五十里之地存者,~以有先生也。"《孟子・公孫丑上》:"非~無益,而又害之。"《史記・廉頗藺相如列傳》:"强秦之所以不敢加兵於趙者,~以吾兩人在也。"

251.【年】

（一）年成，收成。《春秋·宣公十六年》：“冬，大有～。”《詩經·周頌·豐年》：“豐～多黍多稌。”鄭箋：“豐年，大有年也。”

（二）年。《孟子·滕文公上》：“禹八～於外，三過其門而不入，雖欲耕，得乎？”

（三）年齡。《戰國策·趙策四》：“～幾何矣？”《孟子·萬章上》：“～已七十矣。”引申爲壽命。《莊子·逍遥遊》：“小～不及大～。”又《養生主》：“可以盡～。”

252.【歲】

（一）木星。古人分黃道爲十二個星次，大致和西洋的十二宮相當。木星每年運行一個星次，十二年爲一周。十二星次的名稱是“星紀”“大梁”等。《左傳·襄公二十八年》：“～在星紀。”（星紀：大致相當於摩羯宮。）

（二）年。《莊子·秋水》：“死已三千～矣。”《孟子·盡心下》：“由孔子而來，至於今，百有餘～。”引申爲時間，光陰。《論語·陽貨》：“日月逝矣，～不我與。”這種意義後代常以“歲月”連用。陶潛《雜詩》八首：“～月不待人。”又：“荏苒～月頹。”

（三）年齡。《莊子·漁父》：“六十九～矣。”

（四）年成，年景，收成。《左傳·哀公十六年》：“國人望君如望～焉。”《戰國策·齊策四》：“～亦無恙耶？”《孟子·梁惠王上》：“人死，則曰：‘非我也，～也。’”又：“王無罪～。”

［辨］年，歲。在年齡和年成的意義上，二者是同義詞，但是在習慣用法上有些差別。在表示年齡的時候，“年”字多放在數目字的前面（“年七十”）。偶有放在數目字後面的，如《左傳·僖公二十三年》：“對曰：‘我二十五年矣！又如是而嫁，則就木焉。請待

子。'"這種情況古代少見,後代更不這樣説。"歲"字則放在數目字的後面("七十歲")。"年"不泛指"光陰","歲"不表示"壽命"。習慣上"望歲"(盼望豐收)不説"望年","忘年交"(不拘年齡輩份的朋友)不説"忘歲交"等等。

古漢語通論
(十一)詞類的活用

在古代漢語裏,某詞屬於某一詞類還是比較固定的,各類詞在句中的職務也有一定的分工。例如名詞經常用作主語、賓語、定語,動詞經常用作謂語,形容詞經常用作定語、謂語和狀語(《戰國策・趙策四》"趙太后新用事""老臣病足,曾不能疾走",又"齊湣王已益弱"),等等。這種情況,古今是相同的。

但是,在上古漢語裏,詞類活用的現象比現代漢語更多一些,有些詞可以按照一定的語言習慣而靈活運用。古書中比較常見的是名詞用如動詞,形容詞用如動詞,名詞用作狀語,動詞用作狀語,等等。由於仿古的關係,在後世古文家的作品裏,還常常可以見到這類活用的情況。

在這一節裏,我們準備討論以下幾個問題:(1)名詞用如動詞,(2)動詞、形容詞、名詞的使動用法,(3)形容詞、名詞的意動用法,(4)名詞用作狀語,(5)動詞用作狀語。

1.名詞用如動詞①

古代漢語名詞可以用如動詞的現象相當普遍。例如:

從左右,皆肘之。(左傳・成公二年)

---

① 這裏所討論的祇限於用如一般的動詞。名詞的使動用法和意動用法見下文。

晉靈公不君。(左傳・宣公二年)

孟嘗君怪其疾也,衣冠而見之。(戰國策・齊策四)

鄂侯爭之急,辨之疾,故脯鄂侯。(戰國策・趙策三)

馬童面之,指王翳曰:"此項王也。"(史記・項羽本紀)

夫子式而聽之。(禮記・檀弓下)

曹子手劍而從之。(公羊傳・莊公十三年)

假舟楫者,非能水也,而絕江河。(荀子・勸學)

左右欲刃相如。(史記・廉頗藺相如列傳)

秦師遂東。(左傳・僖公三十二年)

漢敗楚,楚以故不能過滎陽而西。(史記・項羽本紀)

上面所舉的例子可以分爲兩類:前九個例子是普通名詞用如動詞,後兩個例子是方位名詞用如動詞。

　　我們怎能知道某一名詞用如動詞呢? 這是由上下文決定的。我們鑒別某一名詞是不是用如動詞,須要從整個句子的意思來考慮,同時還要注意它在句中的地位,以及它前後有哪些詞類的詞和它相結合,跟它構成什麼樣的句法關係①。就一般情況説,代詞前面的名詞用如動詞("肘之""面之"),因爲代詞不受名詞修飾;副詞特別是否定副詞後面的名詞用如動詞②("遂東""不君");能願動詞後面的名詞也用如動詞("能水""欲刃")。此外還有一些辨認的方法,比如説,肯定了賓語以後,就會知道賓語前面的名詞用如動詞("脯鄂侯""手劍")。

2.動詞、形容詞、名詞的使動用法

　　所謂動詞的使動用法,顧名思義,就是主語所代表的人物並不

---

① 　這些,同樣適用於觀察名詞在句中是否用如使動或意動,見下文。

② 　參看古漢語通論(九)。

施行這個動詞所表示的動作,而是使賓語所代表的人或事物施行
這個動作。例如《左傳·隱公元年》:"莊公寤生,驚姜氏。"這不是
說莊公本人吃驚,而是說莊公使姜氏吃驚。

　　在古代漢語裏,不及物動詞常常有使動用法。不及物動詞本
來不帶賓語,當它們以使動用法出現在句中的時候,也就能帶有賓
語了。例如:

　　　　焉用亡鄭以陪鄰?(左傳·僖公三十年)

　　　　晉人歸楚公子穀臣與連尹襄老之屍於楚,以求知罃。(左傳·
成公三年)

　　　　大車無輗,小車無軏,其何以行之哉?(論語·爲政)

　　　　小子鳴鼓而攻之可也。(論語·先進)

　　　　求也退,故進之;由也兼人,故退之。(同上)

　　　　故遠人不服,則修文德以來之。(論語·季氏)

　　有時候不及物動詞的後面雖然不帶賓語,但是從上下文的意
思看,仍是使動用法。例如《論語·季氏》:"遠人不服而不能來
也。"這個"來"字是使遠人來的意思。

　　古代漢語及物動詞用如使動的情況比較少見。及物動詞本來
帶有賓語,在形式上和使動用法沒有什麼區別,區別祇在意義上。
使動的賓語不是動作的接受者,而是主語所代表的人物使它具有
這種動作。例如《孟子·梁惠王上》"朝秦楚",不是齊宣王朝見秦
楚之君,相反地,是齊宣王使秦楚之君朝見自己。

　　下面各句中的及物動詞是使動用法:

　　　　問其病,曰:"不食三日矣。"食之。(左傳·宣公二年)

　　　　左右以君賤之也,食以草具。(戰國策·齊策四)

　　　　(食:讀爲 sì。)

晉侯飲趙盾酒。（左傳·宣公二年）

（飲：讀爲 yìn。）

這些動詞由於後代把它們讀成另一個音，與純粹的及物動詞區別開來，就顯得是另一個詞了。

但是後代並没有改變所有的使動用法的及物動詞的讀音，而且改變讀音的也不限於使動用法的動詞，因此我們不能完全根據古書注解裏的讀音來判斷一個及物動詞在具體的句子裏是純粹的及物動詞或是使動用法。要判斷是純粹的及物動詞或是使動用法，非從上下文觀察不可。試仍以"朝"字爲例：《孟子·公孫丑上》"武丁朝諸侯"和《孟子·公孫丑下》"孟子將朝王"，結構相同，前一個"朝"字是使動用法，後一個"朝"字是純粹的及物動詞。又如《漢書·李廣蘇建傳》"欲因此時降武"，《史記·項羽本紀》"涉間不降楚"，前一個"降"字是使動用法，後一個"降"字是純粹的及物動詞。我們在這些地方一定要辨認清楚，以免發生誤解。

使動用法是古代漢語的語法特點之一。它實際上是以動賓式的結構表達了兼語式的内容，我們試把兼語前面的表示使令意義的動詞去掉，並把兼語後面的動詞移到兼語前面去，這樣就成了使動。試比較——

使姜氏驚。　　　　　驚姜氏。

晉侯使趙盾飲酒。　　晉侯飲趙盾酒。

顯而易見，使動用法比兼語式的句法精煉。我們這樣分析，祇是爲了便於了解使動用法，不是説使動用法是由兼語式改造過來的，相反地，在上古漢語裏，這種兼語式反而是罕見的。這一點應該注意。

使動用法這個語法特點造成一些特殊現象。舉例説，"勝之"

和"敗之"意義相同，就因爲"勝"字被用爲一般的及物動詞，而
"敗"字是使動用法，"戰勝了他"和"打敗了他"（使他打了敗仗），
意義就是一樣的了。

　　在古代漢語裏，形容詞也常常被用如使動，使賓語所代表的人
或事物具有這個形容詞所表示的性質或狀態。例如《論語·堯曰》
"君子正其衣冠"，"正"字用如使動，意思是使其衣冠正。下面各句
中的形容詞是使動用法：

　　　　今媼尊長安君之位。（戰國策·趙策四）

　　　　冉有曰："既庶矣，又何加焉？"曰："富之。"（論語·子路）

　　　　以正君臣，以篤父子，以睦兄弟，以和夫婦。（禮記·禮運）

　　　　是以君子遠庖廚也。（孟子·梁惠王上）

　　　　抑王興甲兵，危士臣，構怨於諸侯，然後快於心與？（同上）

　　　　什一，去關市之征，今茲未能；請輕之。（孟子·滕文公下）

　　　　固國不以山溪之險。（孟子·公孫丑下）

　　　　必先苦其心志，勞其筋骨，餓其體膚，空乏其身。（孟子·告
子下）

　　前面我們已經敘述過名詞用如一般動詞的情況。在古代漢語
裏，名詞也偶然用如使動。例如：

　　　　吾見申叔，夫子所謂生死而肉骨也。（左傳·襄公二十二年）

　　　　（杜預注："已死復生，白骨更肉。"）

　　　　齊桓公合諸侯而國異姓。（史記·晉世家）

第一例"生死"與"肉骨"爲對。"生死"不是並列結構，而是動賓結
構，"生"字是不及物動詞用如使動，意思是使死者復生；同樣，"肉
骨"也不是並列結構，而是動賓結構，"肉"字是名詞用如使動，意思
是使白骨生肉。正因爲"生死""肉骨"是兩個動賓結構，所以中間

能用"而"字連接。第二例"國"字是名詞用如使動,意思是使異姓立國。

古代漢語裏名詞用如使動的情況非常罕見,這裏就不多談了。

3.形容詞、名詞的意動用法

所謂形容詞的意動用法,不是説使賓語所代表的人或事物具有這個形容詞所表示的性質或狀態,而是主觀上認爲他具有這種性質或狀態。例如《孟子·盡心上》"孔子登東山而小魯",不是説孔子使魯國變小了,而是説孔子登上東山覺得魯國小了(以魯爲小)。再舉一些例子:

> 左右以君賤之也,食以草具。(戰國策·齊策四)
> 以賢勇知。(禮記·禮運)
> 甘其食,美其服,安其居,樂其俗。(老子八十章)
> 是故明君貴五穀而賤金玉。(晁錯:論貴粟疏)

形容詞用如意動,它後面的成分就是它的賓語。從意思上看,"甘其食"就是以其食爲甘,"美其服"就是以其服爲美。這也是非常精煉的句法。

在古代漢語裏,名詞也可以用如意動。名詞用如意動,意思是把賓語所代表的人或事物看成爲這個名詞所表示的人或事物。例如:

> 夫人之,我可以不夫人之乎?(穀梁傳·僖公八年)
> 不如吾聞而藥之也。(左傳·襄公三十一年)
> 故人不獨親其親,不獨子其子。(禮記·禮運)
> 友風而子雨。(荀子·賦)

關於形容詞用如使動和意動,有兩件事情值得注意:

第一,我們衡量形容詞用如動詞(使動、意動)和衡量名詞用如動詞,其標準大致相似。就一般情況說,代詞前面的形容詞一定用如使動或意動("富之""輕之""苦其心志"是使動,"賤之""甘其食"是意動),因爲代詞照例是不被形容詞所修飾的,代詞前面的形容詞衹能用如動詞。此外,肯定了賓語之後,就會知道賓語前面的形容詞用如動詞("危士臣"是使動,"賢勇知"是意動),等等。

第二,同一個形容詞在句中是使動用法還是意動用法,常常是靠上下文來分辨。例如"左右以君賤之也","賤"字用如意動,因爲它不是使之賤的意思;但是《孟子·告子上》"趙孟之所貴,趙孟能賤之","賤"字則用如使動,因爲它是使之賤的意思。

4.名詞用作狀語

我們這裏所討論的用作狀語的名詞,是指普通名詞來說的。普通名詞用作狀語,有的表示比喻,有的表示對待人的態度,有的表示處所或工具。下面分別加以敘述。

第一,表示比喻。這是拿用作狀語的那個名詞所表示的人或事物的行動特徵,來描繪動詞所表示的行動的方式或狀態。例如:

豕人立而啼。(左傳·莊公八年)

狐鳴呼曰:"大楚興,陳勝王。"(史記·陳涉世家)

其後秦稍蠶食魏。(史記·魏公子列傳)

天下雲集而響應,嬴糧而景從。(賈誼:過秦論)

各鳥獸散,猶有得脫歸報天子者。(漢書·李廣蘇建傳)

"人立而啼",意思是像人似地站着啼哭。其餘由此類推。這種用法,修辭的意味非常濃厚。

第二,表示對待人的態度。這是把動詞賓語所代表的人,當作用作狀語的那個名詞所表示的人或事物來對待。例如:

彼秦者,……虜使其民。(戰國策·趙策)

今而後知君之犬馬畜伋。（孟子・萬章下）

（君：指魯繆公。伋 jí：孔子的孫子子思的自稱。）

君爲我呼入，我得兄事之。（史記・項羽本紀）

齊將田忌善而客待之。（史記・孫子吳起列傳）

"虜使其民"，意思是把秦國的人民當作俘虜（奴隸）來使用。其餘由此類推。

第三，表示處所或工具。例如：

舜勤於民事而野死。（國語・魯語上）

童子隅坐而執燭。（禮記・檀弓上）

夫以秦王之威，而相如廷叱之。（史記・廉頗藺相如列傳）

秦王車裂商君以徇。（史記・商君列傳）

（車裂：用車把人肢體拖裂，是古代的酷刑。徇：示衆。）

羣臣後應者，臣請劍斬之。（漢書・霍光傳）

上面所舉的五個例子，前三個是表示處所的，後兩個是表示工具的。這類用作狀語的名詞，有的雖然前面可以加上適當的介詞去理解，但是不宜認爲是省略了介詞。試以"童子隅坐而執燭"爲例，如果説成"童子於隅坐而執燭"，倒反不大合乎古代的語言習慣了。同樣的，"車裂商君"也不宜認爲是"以車裂商君"的省略。

以上我們討論了普通名詞用作狀語。我們怎能知道某一普通名詞用作狀語呢？用作狀語的名詞和用作主語的名詞一樣，其位置都在動詞（謂語）的前面，因此，就一般情況説，凡動詞（謂語）前面的名詞在意思上不能認爲是用作主語的，就應該認爲是用作狀語。根據同樣的道理，有些名詞性詞組，它們在句中的作用，實際上和用作狀語的單個名詞大略相同。例如：

力不足者中道而廢。（論語・雍也）

樂歲終身飽。(孟子·梁惠王上)

縱江東父兄憐而王我,我何面目見之!(史記·項羽本紀)

　　在討論古代漢語名詞用作狀語的時候,我們應該注意時間名詞的用法。古代漢語的時間名詞,和現代漢語的時間名詞一樣,它們在句中爲狀語以表示時間修飾,可以説是這一類詞的經常性的職務之一。例如:

五月辛丑,大叔出奔共。(左傳·隱公元年)

夜縋而出。(左傳·僖公三十年)

朝濟而夕設版焉。(同上)

長驅到齊,晨而求見。(戰國策·齊策四)

這一點,無須多加討論。須要討論的是古代漢語中"歲""月""日"等字的用法。這些字,按照古代的語言習慣常常被用作狀語,但是,它們用作狀語時所表示的意義和它們平時的意義有所不同,已經不是單純的時間修飾。

　　第一,"歲""月""日"放在具有行動性的動詞前面,有"歲歲"(每年)、"月月"(每月)、"日日"(每天)的意思,表示行動的頻數或經常。例如:

良庖歲更刀,割也;族庖月更刀,折也。(莊子·養生主)

今有人日攘其鄰之雞者。(孟子·滕文公下)

　　第二,"日"字放在動詞或形容詞的前面,當"一天一天"講,表示情況的逐漸發展。例如:

田單兵日益多,乘勝,燕日敗亡。(史記·田單列傳)

事日急。(史記·魏其武安侯列傳)

賤妾守空房,相見常日稀。(古詩爲焦仲卿妻作)

　　第三,"日"字用在句首主語的前面,當"往日"講,用來追溯過去。例如：

　　　　日君以夫公孫段爲能任其事，而賜之州田。（左傳·昭公七年）

　　　（君：指晉平公。州：地名。）

　　　　日起請夫環，執政弗義，弗敢復也。（左傳·昭公十六年）

　　　（起：韓起自稱。弗敢復：不敢復求環。）

這些用法都不是現代漢語單個的時間名詞“年”“月”“日”所能有的。

5.動詞用作狀語

　　動詞用作狀語的情況頗爲罕見。用作狀語的動詞一般祇限於不及物動詞。例如：

　　　　廣……殺其二人，生得一人，果匈奴射雕者也。（史記·李將軍列傳）

　　　　爭割地而賂秦。（賈誼：過秦論）

　　但是動詞用作狀語之後，用“而”字（或“以”字）和動詞謂語連接，這種情況就比較多了。例如：

　　　　夜縋而出。（左傳·僖公三十年）

　　　　坐而假寐。（左傳·宣公二年）

　　　　詠而歸。（論語·先進）

　　　　子路拱而立。（論語·微子）

　　　　仰而視之。（莊子·秋水）

　　　　箕踞以罵。（戰國策·燕策三）

　　　（箕踞：像簸箕似地蹲坐在地上，這是一種傲慢的姿態。）

至於用動賓詞組作狀語，那就更多了。它們多數是表示行爲的方式的，有一些是表示時間的。有時加“而”字（或“以”字），有時不加。例如：

觸槐而死。(左傳·宣公二年)

太后曰:"老婦恃輦而行。"(戰國策·趙策四)

保民而王,莫之能禦也。(孟子·梁惠王上)

有牽牛而過堂下者。(同上)

挾太山以超北海。(同上)

以上表示方式。

故君父至尊親,送其終也,有時而既。(楊惲:報孫會宗書)

先帝知臣謹慎,故臨崩寄臣以大事也。(諸葛亮:出師表)

以上表示時間。

動詞(或動賓詞組)用作狀語,在詞序上和連動式一樣,在意思上和連動式不同。連動式一般表示一先一後的行爲,不分主次,例如"公入而賦"(《左傳·隱公元年》),"入而徐趨,至而自謝"(《戰國策·趙策四》),"右援枹而鼓"(《左傳·成公二年》)。動詞(或動賓詞組)用作狀語,是修飾動詞謂語的,有主有次,我們必須細玩文意,加以區別。

(十二)人稱代詞,指示代詞,者字,所字

代詞大致可以分爲三類,即人稱代詞、指示代詞和疑問代詞。關於疑問代詞,我們在古漢語通論(十)裏已經討論過了,現在討論人稱代詞和指示代詞。此外,還討論兩個特別的代詞:"者"字和"所"字。

1.人稱代詞

人稱代詞有"吾""我""予"(余),"女"(汝)"爾""若""而""乃","其""之"等。

(1)"吾""我""予"(余)都屬於第一人稱。例如:

吾日三省吾身。（論語·學而）

老吾老，以及人之老；幼吾幼，以及人之幼。（孟子·梁惠王上）

我非愛其財而易之以羊也，宜乎百姓之謂我愛也。（同上）

三人行，必有我師焉。（論語·述而）

願夫子輔吾志，明以教我。（孟子·梁惠王上）

詩云：“他人有心，予忖度之。”夫子之謂也。（孟子·梁惠王上）

啟予足，啟予手。（論語·泰伯）

王如用予，則豈徒齊民安？天下之民舉安。（孟子·公孫丑下）

余收爾骨焉！（左傳·僖公三十二年）

自始合，而矢貫余手及肘。（左傳·成公二年）

名余曰正則兮，字余曰靈均。（楚辭·離騷）

　　在上古漢語裏，“我”和“予”（余）可以用作主語、賓語、定語；“吾”可以用作主語、定語，但一般不用作賓語。《莊子·齊物論》“今者吾喪我”，這是一個典型的例子，不能換成“今者我喪吾”或“今者吾喪吾”。但是這祇是位置的關係；如果在否定句裏，賓語放在動詞的前面，卻又可以用“吾”字了。例如：

居則曰：“不吾知也。”（論語·先進）

我勝若，若不吾勝。（莊子·齊物論）

（我勝你，你勝不了我。）

　　(2)“女”（汝）“爾”“若”“而”“乃”都屬於第二人稱。例如：

力不足者中道而廢，今女畫。（論語·雍也）

往之女家。（孟子·滕文公下）

（去到你的家，指出嫁。）

誨女知之乎？（論語·爲政）

爾何曾比予於管仲！（孟子·公孫丑上）

盍各言爾志？（論語·公冶長）

如或知爾，則何以哉？（論語·先進）

五侯九伯，若實征之，以夾輔周室。（史記·齊世家）

（《左傳》作“女實征之”。）

吾翁即若翁。（史記·項羽本紀）

吾語若。（莊子·人間世）

且而與其從辟人之士也，豈若從避世之士哉？（論語·微子）

必欲烹而翁，則幸分我一杯羹。（史記·項羽本紀）

必欲烹乃翁，幸分我一杯羹。（漢書·項籍傳）

“而”和“乃”都有一個特點，就是不能用作賓語（連否定句的賓語都不能）。它們一般也不用作主語。這樣，常見的情況就祇是用作定語了。

（3）“其”和“之”同屬第三人稱，“其”字略等於現代漢語“他的”“她的”“它的”；“之”字略等於現代漢語的“他”“她”“它”。例如：

管仲以其君霸，晏子以其君顯。（孟子·公孫丑上）

今吾於人也，聽其言而觀其行。（論語·公冶長）

二國圖其社稷，而求紓其民。（左傳·成公三年）

愛共叔段，欲立之。（左傳·隱公元年）

師之所為，鄭必知之。（左傳·僖公三十二年）

雖有天下易生之物也，一日暴之，十日寒之，未有能生者也。

（孟子·告子上）

上面的例子表明：“其”字祇能用作定語，“之”字祇能用作賓語。

在上古漢語裏，“其”字不能用作主語。在許多地方“其”字很像主語，其實不是；這是因為“其”字所代替的不是簡單的一個名

詞,而是名詞加"之"字①。例如:

　　孟子,吾見師之出而不見其入也。(左傳·僖公三十二年)

　　("不見其入"等於說不見師之入。)

　　且夫水之積也不厚,則其負大舟也無力。(莊子·逍遙遊)

　　王若隱其無罪而就死地,則牛羊何擇焉?(孟子·梁惠王上)

　　("隱其無罪而就死地"等於說隱牛之無罪而就死地。)

這些地方的"之"字不能譯爲現代漢語的"的"。同理,這些地方的"其"字也不能譯爲"他的""她的""它的",祇能譯爲"他""她""它"。但是,從語法結構上看,正如這些地方的名詞必須認爲是定語一樣,"其"字也必須認爲是定語,不能認爲是主語。因爲這種"其"字祇能和後面的成分合成一個詞組作整個句子的主語(如"其負大舟")或賓語(如"其入"),而不是"其"字本身能用作主語。這是古今語法的一個不同之點。中古以後,偶然有人把"其"字用作主語,那是不合上古語法規律的。古文家仍舊遵用上古語法。

　　上古第三人稱代詞不用作主語,在這種情況下,或者用名詞做主語,或者省略主語。例如:

　　若從君之惠而免之,以賜君之外臣首,首其請於寡君而以戮於宗,亦死且不朽。(左傳·成公三年)

　　(用名詞"首"做主語。)

　　孔子下,欲與之言。趨而辟之,不得與之言。(論語·微子)

　　("趨而辟之"的主語是"接輿","不得與之言"的主語是"孔子"。)

　　"之"和"其"雖然同屬第三人稱,但是可以靈活運用:有時候是說話人本人自稱,有時候是指稱對話人。例如:

---

① 這種"之"字的用法將在古漢語通論(十三)裏討論。

若從君之惠而免之,以賜君之外臣首,首其請於寡君而以戮於宗,亦死且不朽。(左傳·成公三年)

("免之"的"之":説話人知罃自稱。)

士季曰:"諫而不入,則莫之繼也。會請先,不入,則子繼之。"(左傳·宣公二年)

("莫之繼也"的"之":指稱趙盾。"則子繼之"的"之":士季自稱。)

〔滕世子〕謂然友曰:"吾他日未嘗學問,好馳馬試劍;今也,父兄百官不我足也,恐其不能盡於大事,子爲我問孟子。"(孟子·滕文公上)

("恐其不能盡於大事"等於説恐我之不能盡於大事。)

天子發政於天下之百姓,言曰:"聞善而不善,皆以告其上。……"(墨子·尚同上)

(而:與。其上:你們的上司。)

有時候,"其"字不能解作"他的""她的""它的",衹能解作"那""那樣的"。這種"其"字是指示代詞。例如:

或曰:"以子之矛陷子之楯,何如?"其人弗能應也。(韓非子·難一)

臣竊以爲其人勇士,有智謀。(史記·廉頗藺相如列傳)

富與貴,是人之所欲也;不以其道得之,不處也。(論語·里仁)

夏后殷周之盛,地未有過千里者也,而齊有其地矣。雞鳴狗吠相聞,而達乎四境,而齊有其民矣。(孟子·公孫丑上)

在上古漢語裏,人稱代詞是單複數同形的。這就是説,"我們"仍用"吾""我"等字表示,"你們"仍用"女""爾"等字表示,"他們的"仍用"其"字表示,"他們"仍用"之"字表示,並不像後代用"我等”“汝等”“彼等”。例如：

　　魯衞諫曰：“齊疾我矣！其死亡者皆親暱也。子若不許，仇我必甚。”（左傳·成公二年）

　　子路、曾皙、冉有、公西華侍坐。子曰：“以吾一日長乎爾，毋吾以也。居則曰：‘不吾知也。’如或知爾，則何以哉？”（論語·先進）

　　百工居肆以成其事。（論語·子張）

　　（肆：作坊。）

　　彼奪其民時，使不得耕耨以養其父母。（孟子·梁惠王上）

　　詩三百，一言以蔽之，曰：思無邪。（論語·爲政）

　　故遠人不服，則脩文德以來之。既來之，則安之。（論語·季氏）

　　“吾儕”“若屬”等，等於説“我們這一班人”“你們這一班人”。例如：

　　吾儕何知焉？（左傳·昭公二十四年）

　　若屬皆且爲所虜！（史記·項羽本紀）

　　古人常用謙稱和尊稱。謙稱代替了第一人稱，尊稱代替了第二人稱。謙稱和尊稱都是名詞（或形容詞用如名詞），不是代詞，所以它們不受代詞規律的制約（在否定句中不放在動詞前面）；但是，從詞義上説，它們又表示了“我”或“你”。例如：

　　昭王南征而不復，寡人是問。（左傳·僖公四年）

　　雖然，必告不穀。（左傳·成公三年）

　　欲與大叔，臣請事之。（左傳·隱公元年）

　　小人有母，皆嘗小人之食矣。（同上）

　　老婦恃輦而行。（戰國策·趙策四）

　　僕非敢如此也。（司馬遷：報任安書）

　　愚以爲宮中之事,事無大小,悉以咨之。(諸葛亮:前出師表)

以上是謙稱。

　　越國以鄙遠,君知其難也。(左傳·僖公三十年)

　　大王嘗聞布衣之怒乎?(戰國策·魏策四)

　　王無異於百姓之以王爲愛也。(孟子·梁惠王上)

　　陛下亦宜自謀。(諸葛亮:前出師表)

　　吾不能早用子,今急而求子。(左傳·僖公三十年)

　　諾! 先生休矣!(戰國策·齊策四)

　　頃者足下離舊土,臨安定。(楊惲:報孫會宗書)

以上是尊稱。

　　此外,自稱其名也是一種謙稱,稱人之字也是一種尊稱。例如:

　　文倦於事,憒於憂,而性懧愚,沉於國家之事,開罪於先生。
(戰國策·齊策四)

　　丘也聞有國有家者,不患寡而患不均,不患貧而患不安。(論
語·季氏)

　　惲家方隆盛時,乘朱輪者十人。(楊惲:報孫會宗書)

以上自稱其名。

　　今少卿抱不測之罪。(司馬遷:報任安書)

　　東野之役於江南也,有若不釋然者。(韓愈:送孟東野序)

以上稱人之字。

　　總的來看,古代漢語的人稱代詞用得少些,有兩個原因:(1)古
代漢語省略主語的地方較多,而且第三人稱代詞不用作主語;(2)
謙稱和尊稱代替了人稱代詞。

　　2.指示代詞

　　古代漢語的指示代詞有"是""此""斯""茲""彼"等。例如:

德之不脩,學之不講,聞義不能徙,不善不能改,是吾憂也。
(論語·述而)

是乃仁術也。(孟子·梁惠王上)

當是時也,禹八年於外,三過其門而不入,雖欲耕,得乎?
(孟子·滕文公上)

故謀用是作,而兵由此起。(禮記·禮運)

王如知此,則無望民之多於鄰國也。(孟子·梁惠王上)

逝者如斯夫,不舍晝夜!(論語·子罕)

有美玉於斯。(同上)

言舉斯心加諸彼而已。(孟子·梁惠王上)

彼一時,此一時也。(孟子·公孫丑下)

文王既没,文不在兹乎!(論語·子罕)

就一般説,"是""此""斯""兹"是近稱,表示"這""這個""這
裏"等;"彼"是遠稱,表示"那""那個""那裏"。值得注意的是:
"是"字和現代漢語的"是"字不同。"是"和"此"是同義詞,它們常
常可以互換,試比較:

是心足以王矣。(孟子·梁惠王上)

此心之所以合於王者,何也?(同上)

今其人在是。(戰國策·趙策三)

其人在此。(同上)

"是""此""彼"可以指人,略等於説"這人""那人"。例如:

爾何曾比予於是!(孟子·公孫丑上)

此誰也?(戰國策·齊策四)

或問子産。子曰:"惠人也。"問子西。曰:"彼哉!彼哉!"
(論語·憲問)

(祇説"那人哪! 那人哪!"不加以評論。)

後來"彼"字發展成爲帶有人稱代詞的性質,差不多完全等於現代的"他"或"他們"。例如:

> 彼丈夫也,我丈夫也,吾何畏彼哉?(孟子·滕文公上)

> 彼陷溺其民。(孟子·梁惠王上)

但是,"彼"字始終没有完全喪失它的指示性。由於它表示遠指,所以它又常常帶着輕視的意味(如"彼哉! 彼哉!")。它到底不是正式的人稱代詞,所以古代漢語裏一般不用它來表示"他"或"他們"的意義。

指示代詞"是""此"等字可以用作主語、定語、賓語。"是"字用作賓語有時候可以放在動詞的前面。例如:

> 爾貢包茅不入,王祭不共,無以縮酒,寡人是徵;昭王南征而不復,寡人是問。(左傳·僖公四年)

先秦時代,"之"字也用作指示代詞,等於説"此"或"彼"。例如:

> 之子于歸,宜其室家。(詩經·周南·桃夭)

> (于歸:出嫁。)

> 之二蟲又何知?(莊子·逍遥遊)

"夫"(fú)字,也是一個指示代詞,但是指示性很輕,和現代漢語對譯時有時可以不必譯出。例如:

> 小子何莫學夫詩?(論語·陽貨)

> 食夫稻,衣夫錦。(同上)

> 非夫人之爲慟而誰爲?(論語·先進)

有時候,一個比較複雜的結構被用作賓語,"夫"字放在動詞和賓語的中間,還是指示代詞。例如:

　　　　君子疾夫舍曰欲之而必爲之辭。（論語・季氏）

　　　　左右曰：“乃歌夫‘長鋏歸來’者也。”（戰國策・齊策四）

　　指示代詞還有“然”字和“爾”字，它們經常用作句子的謂語。
“然”字略等於現代漢語的“這樣”“那樣”“這麽”“那麽”。

　　　　其誰曰不然？（左傳・隱公元年）

　　　　河東凶亦然。（孟子・梁惠王上）

　　　　物皆然，心爲甚。（同上）

單説“然”字，是應答之詞，表示“是的”“正是這樣”。例如：

　　　　王曰：“然。”（孟子・梁惠王上）

　　“爾”字的用途没有“然”字那樣普遍。它也表示“這樣”“那
樣”。例如：

　　　　相去萬餘里，故人心尚爾。（古詩十九首）

　　　　問君何能爾？心遠地自偏。（陶淵明：飲酒詩）

　　古代漢語還有一個無定代詞“或”字值得提出來説一説。這個
“或”字通常用來指人，而且祇用作主語。例如：

　　　　或問乎曾西曰：“吾子與子路孰賢？”（孟子・公孫丑上）

　　　　或告之曰：“是非君子之道。”（孟子・滕文公下）

　　　　如或知爾，則何以哉？（論語・先進）

現代漢語没有和它相當的代詞，譯成現代漢語可以作“有人”。

　　有時候“或”字前面出現先行詞，“或”字指代其中的某些人或
某一個人。例如：

　　　　唐人或相與謀。（左傳・定公三年）

　　　　（有些唐國人在一起商議。）

　　　　宋人或得玉。（左傳・襄公十五年）

　　　　（有一個宋國人得到一塊玉。）

在古代漢語裏,常常用兩個以上的"或"字,前後相應,以表示列舉。在這種情況下,"或"字仍然是無定代詞,它既可以指人(譯爲"有人"),又可以指物(譯爲"有的")。例如:

　　或百步而後止,或五十步而後止。(孟子·梁惠王上)

　　夫物之不齊,物之情也:或相倍蓰,或相什百,或相千萬。(孟子·滕文公上)

這種用法的"或"字並不是表示選擇的連詞,不能譯爲"或者",這是應該注意的。

3."者"字

"者"字是一個特別的指示代詞,它通常用在形容詞、動詞或動詞詞組的後面組成一個名詞性的詞組,表示"……的人""……的事物"。例如:

　　老者安之,朋友信之,少者懷之。(論語·公冶長)

　　仁者不憂,知者不惑,勇者不懼。(論語·憲問)

　　飢者易爲食,渴者易爲飲。(孟子·公孫丑上)

　　往者不可諫,來者猶可追。(論語·微子)

　　仲尼之徒無道桓文之事者。(孟子·梁惠王上)

　　雖有天下易生之物也,一日暴之,十日寒之,未有能生者也。(孟子·告子上)

　　不爲者與不能者之形何以異?(孟子·梁惠王上)

有時候,"者"字用在主謂結構的後面組成一個名詞性的詞組。例如《論語·雍也》:"力不足者中道而廢,今女畫。"

"者"字詞組譯成現代漢語有時候可以簡單地譯作"……的",但是古代漢語的"者"並不等於現代漢語的"的",因爲這兩個字的性質和用法並不完全相同。例如"勇者"固然可以譯作"勇敢的",

但是現代還可以說"勇敢的人",而古代卻不能說"勇者人"。現代能說"誰的""我的""木頭的"之類,古代的"者"字沒有這種用法。

"者"字還可以用在數詞後面表示幾種人,幾件事情,或者幾樣東西。"的"字沒有這種用法。例如:

老而無妻曰鰥,老而無夫曰寡,老而無子曰獨,幼而無父曰孤。此四者,天下之窮民而無告者。(孟子·梁惠王下)

("四者"指代鰥寡獨孤四種人。)

子貢問政。子曰:"足食,足兵,民信之矣。"子貢曰:"必不得已而去,於斯三者何先?"曰:"去兵。"(論語·顏淵)

("三者"指代足食、足兵、民信之三件事情。)

魚,我所欲也;熊掌亦我所欲也。二者不可得兼,舍魚而取熊掌者也。(孟子·告子上)

("二者"指代魚和熊掌兩樣東西。)

下面附帶說一說語氣詞"者"字的用法。

語氣詞"者"字用在判斷句的主語後面表示提頓,這在古漢語通論(七)里已經說過。這種"者"字又常常用在"有"字的賓語後面,和"有"字及其賓語組成一個名詞性詞組,作下文的主語("有"字的賓語衹是下文概念上的主語)。例如:

有顏回者好學,不遷怒,不貳過。不幸短命死矣。(論語·雍也)

楚之南有冥靈者,以五百歲爲春,五百歲爲秋;上古有大椿者,以八千歲爲春,八千歲爲秋。(莊子·逍遙遊)

窮髮之北有冥海者,天池也。(同上)

齊人有馮諼者,貧乏不能自存。(戰國策·齊策四)

宋人有曹商者,爲宋王使秦。(莊子·列禦寇)

在時間詞"今""昔"等字的後面也常常用"者"字，例如：

老臣今者殊不欲食。（戰國策·趙策四）

今者臣來，過易水，蚌方出曝。（戰國策·燕策二）

昔者，吾舅死於虎，吾夫又死焉，今吾子又死焉。（禮記·檀弓下）

昔者所進，今日不知其亡也。（孟子·梁惠王下）

古者蒼頡之作書也，自環者謂之"私"，背私謂之"公"。（韓非子·五蠹）

曩者辱賜書，教以慎於接物，推賢進士爲務。（司馬遷：報任安書）

有時候不用"者"字，例如"今吾子又死焉"；有時候換用"也"字，例如"今也，制民之產，仰不足以事父母，俯不足以畜妻子，樂歲終身苦，凶年不免於死亡"（《孟子·梁惠王上》）。

語氣詞"者"字又常常用在假設分句或結果分句的後面表示停頓。例如：

入則無法家拂士，出則無敵國外患者，國恒亡。（孟子·告子下）

然而不勝者，是天時不如地利也。（孟子·公孫丑下）

4."所"字

"所"字也是一個特別的指示代詞，它通常用在及物動詞的前面和動詞組成一個名詞性的詞組，表示"所……的人""所……的事物"。"所"字所指代的一般是行爲的對象。例如：

奪其所憎而與其所愛。（戰國策·趙策三）

管仲，曾西之所不爲也。（孟子·公孫丑上）

許君焦瑕，朝濟而夕設版焉，君之所知也。（左傳·僖公三

十年)

　　君子於其所不知,蓋闕如也。(論語·子路)

　　王之所大欲可得聞與?(孟子·梁惠王上)

這種"所"字詞組譯成現代漢語有時候可以簡單地作"(所)……的",但是古代漢語的"所"不等於現代漢語的"的",因爲這兩個字的性質和用法不相同。

　　由於"所"字和動詞結合以後組成的詞組帶有名詞性,所以能夠被定語所修飾(通常用介詞"之"字爲介),例如"曾西之所不爲""君之所知""須臾之所學"(《荀子·勸學》),等等。"其"字代替一個名詞加"之",所以也能做"所"字詞組的定語,例如"其所憎""其所愛"。

　　"所"字詞組雖然帶有名詞性,但是離開上下文,它本身一般不能明白表示是人還是事物,更不能具體表示是什麼人、什麼事物。因此還可以在動詞後面再加名詞,舉出人或事物的名稱。例如:

　　仲子所居之室,伯夷之所築與? 抑亦盜跖之所築與? 所食之粟,伯夷之所樹與? 抑亦盜跖之所樹與? 是未可知也。(孟子·滕文公下)

　　光不敢以圖國事,所善荆卿可使也。(史記·刺客列傳)

　　我們還要注意和及物動詞結合以後"所"和"者"的異同。例如"所見"指代"見"的對象,"見者"指代行爲的主動者。試比較:

　　始臣之解牛之時,所見無非牛者。(莊子·養生主)

　　(我看見的牛没有不是全牛的。)

　　見者驚猶鬼神。(莊子·達生)

　　(看見的人都吃驚,以爲像鬼神那樣。)

但是,如果動詞前面用了"所"字,那麼動詞後面的"者"字就指代行

爲的對象了,這時"所"字起着指示行爲對象的作用,"所……者"這樣的詞組仍然帶有名詞性。例如:

所愛者,撓法活之;所憎者,曲法誅滅之。(史記·酷吏列傳)

其所善者,吾則行之;其所惡者,吾則改之。(左傳·襄公三十一年)

孟嘗君曰:"視吾家所寡有者。"(戰國策·齊策四)

"所"字又常常用在介詞"從""以""爲""與"等字的前面,指代介詞所介紹的對象,它們所表示的是:行爲發生的處所,行爲賴以實現的工具手段和方式方法,産生某種行爲的原因,以及與行爲有關的人物,等等。"所"字和介詞以及介詞後面的動詞(或動賓詞組)相結合組成的詞組也帶有名詞性。例如:

楚人有涉江者,其劍自舟中墜於水,遽契其舟,曰:"是吾劍之所從墜。"(呂氏春秋·察今)

(表示劍從墜的地方。)

彼兵者,所以禁暴除害也,非爭奪也。(荀子·議兵)

(表示用來禁暴除害的工具。)

其竭力致死,無有二心,以盡臣禮,所以報也。(左傳·成公三年)

(表示用來報答的方式。)

儒以文亂法,俠以武犯禁,而人主兼禮之,此所以亂也。(韓非子·五蠹)

(表示亂的原因。)

古之人所以大過人者無他焉,善推其所爲而已矣。(孟子·梁惠王上)

(表示大過人的原因。"者"字稱代,"所"字指示。)

梁乃召故所知豪吏，諭以所爲起大事。（史記·項羽本紀）

（表示起大事的原因。）

所爲見將軍者，欲以助趙也。（戰國策·趙策三）

（表示見將軍的原因。"者"字稱代，"所"字指示。）

其妻問所與飲食者，則盡富貴也。（孟子·離婁下）

（表示與之飲食的人。"者"字稱代，"所"字指示。）

其實上古漢語的"所"字本來就可以直接用在及物動詞、不及物動詞或動賓詞組的前面，指代上述與行爲有關的各個方面，並不需要介詞表示。例如：

冀之北土，馬之所生，無興國焉。（左傳·昭公四年）

（"所"指代生的處所。）

其北陵，文王之所辟風雨也。（左傳·僖公三十二年）

（"所"指代避風雨的處所。）

南方有鳥焉，名曰蒙鳩，以羽爲巢，而編之以髮，繫之葦苕。風至苕折，卵破子死。巢非不完也，所繫者然也。（荀子·勸學）

（注意：繫的對象是巢，繫巢的處所是葦苕，"所繫者"指葦苕而言。"者"字稱代，"所"字指示。）

西方有木焉，名曰射干，莖長四寸，生於高山之上，而臨百仞之淵。木莖非能長也，所立者然也。（同上）

（"所立者"表示立的處所，指高山而言。"者"字稱代，"所"字指示。）

蘭槐之根是爲芷，其漸之滫，君子不近，小人不服。其質非不美也，所漸者然也。（同上）

（注意：漸的對象是芷，用來漸芷的東西是滫，"所漸者"指滫而言。"者"字稱代，"所"字指示。）

大官大邑,身之所庇也。(左傳·襄公三十一年)

("所"指代託庇的憑藉。)

諾,恣君之所使之!(戰國策·趙策四)

("所"指代"使之"的方式方法。這句是說任憑您怎樣支使他。)

他日,子夏、子張、子游以有若似聖人,欲以所事孔子事之,強曾子。(孟子·滕文公上)

("所"指代"事孔子"之道,等於說欲以所以事孔子事之。)

彼曾史楊墨師曠工倕離朱,皆外立其德,而以爌亂天下者也,法之所无用也。(莊子·胠篋)

("所"指代"无用"的道理或原因,等於說法之所以無用也。)

邪穢在身,怨之所構。(荀子·勸學)

("所"指代"構"的原因,等於說怨之所以構。)

這種用法似乎比較特殊,其實應該說這也是上古漢語"所"字的基本用法。後來介詞的運用日益普遍,出現了"所從……""所以……""所爲……""所與……"等等①,但是這種基本用法並沒有完全被這類新興的結構所代替,所以我們在同一篇作品裏既能看到"大官大邑,身之所庇也"的說法,又能看到"大官大邑,所以庇身也"的說法。

在上古漢語裏,"所"字還可以用在某些帶有形容性的詞語的前面,指代描述的對象。這樣組成的詞組也帶有名詞性。例如:

---

① 注意:上古漢語的"所以……"和現代漢語的"所以"不同,現代的"所以"是連詞,上古和它大致相當的是"故",例如"求也退,故進之;由也兼人,故退之"(《論語·先進》)。但是現代的"所以"是從上古的"所以……"發展來的,這裏不準備細說。

殺所不足而爭所有餘，不可謂智。（墨子·公輸）

（“所不足”指人民而言，“所有餘”指土地而言。）

　　夫處窮閭阨巷，困窘織屨，槁項黃馘者，商之所短也；一悟萬乘之主而從車百乘者，商之所長也。（莊子·列禦寇）
但是這種用法在古書裏並不常見。

　　在古代漢語裏，我們常常見到“有所……”“無所……”“何所……”的説法。例如：

　　平原君猶豫未有所決。（戰國策·趙策三）

　　故人不獨親其親，不獨子其子，使老有所終，壯有所用，幼有所長，矜寡孤獨廢疾者皆有所養，男有分，女有歸。（禮記·禮運）

　　所貴於天下之士者，爲人排患、釋難、解紛亂而無所取也；即有所取者，是商賈之人也。仲連不忍爲也。（戰國策·趙策三）

　　若舍鄭以爲東道主，行李之往來，共其乏困，君亦無所害。（左傳·僖公三十年）

　　我之大賢與，於人何所不容？（論語·子張）

　　任天下勇武，何所不誅？（史記·淮陰侯列傳）

“有所……”“無所……”是動賓詞組，“所”字詞組用作動詞“有”或“無”的賓語。“何所……”是主謂倒裝的疑問句式，“所”字詞組用作主語，“何”字用作謂語，“何所不容”就是“所不容（者）何”；這種説法在意思上帶有周遍性，“何所不容”意思是“無所不容”。

🏛 中華書局

初版責編	趙　誠
三版責編	劉尚慈
四版責編	秦淑華
封面設計	王增實　周　玉